Torsten Erdbrügger
Ilse Nagelschmidt
Inga Probst

Arbeit als Narration
Ein interdisziplinärer Werkstattbericht

Torsten Erdbrügger
Ilse Nagelschmidt
Inga Probst

Arbeit als Narration

Ein interdisziplinärer Werkstattbericht

Gedruckt mit Unterstützung der

Hans **Böckler Stiftung**

Fakten für eine faire Arbeitswelt.

Titelbild
© Style-Photography – Fotolia.com

1. Auflage Mai 2015

Umschlaggestaltung
Volker Pecher, Essen

Satz und Gestaltung
Maik Gensch und Heike Amthor | Klartext Verlag

Druck und Bindung
Prime Rate Kft., Budapest

© Klartext Verlag, Essen 2015
ISBN 978-3-8375-1188-8

Alle Rechte der Verbreitung, einschließlich der Bearbeitung für Film, Funk, Fernsehen, CD-ROM, der Übersetzung, Fotokopie und des auszugsweisen Nachdrucks und Gebrauchs im In- und Ausland sind geschützt.

www.klartext-verlag.de

Bibliografische Information der Deutschen Bibliothek
Die Deutsche Bibliothek verzeichnet diese Publikation in der Deutschen Nationalbibliografie; detaillierte bibliografische Daten sind im Internet über http://www.dnb.de abrufbar.

Inhalt

Torsten Erdbrügger/Inga Probst
Arbeit als Narration – Zur Einleitung 7

Friedericke Hardering
Erzählen über Arbeit? Verlust- und Fortschrittsnarrative der Arbeit 25

Sabine Pfeiffer
Im Kern und doch nicht sichtbar? Narrative der Arbeit in der Arbeits- und
Industriesoziologie 37

Peter Birke
Zwischen Soziologie und Weltgeschichte................................. 49

Jürgen Bönig
Narrative der Arbeit in Museen... 63

Axel Haunschild
Erzählungen wider Willen
Arbeitsnarrative in den Wirtschaftswissenschaften und in der
Arbeitswissenschaft.. 77

Christoph Scheuplein
Narrationen der Arbeit in der deutschsprachigen Humangeographie.......... 89

Gottfried Schweiger
Arbeit – Eine philosophische Reflexion................................... 103

Torsten Erdbrügger
Von welcher Arbeit erzählt Literatur(wissenschaft)? 115

Erwähnte und zitierte Literatur... 133

Die Beiträger_innen des Bandes 149

Torsten Erdbrügger/Inga Probst
Arbeit als Narration – Zur Einleitung

Arbeit ist als soziales Phänomen »grundsätzlich und immer schon gesellschaftlich bestimmt«[1], weil Wesen und Wert von Arbeit nicht suisuffizient festgelegt werden können bzw. sich zumindest an einem gesamtgesellschaftlich zuvor ausgehandelten Konsens orientieren müssen. Arbeit hat zudem eine Sinnstiftungsfunktion und ist als Identifikationsmuster individueller Lebensentwürfe tief im kollektiven Bewusstsein der Gegenwart verankert. Die massive Präsenz von Arbeit als Thema und Topos nicht nur in politischen und gesellschaftswissenschaftlichen Fachdiskursen provoziert die Frage, wie dieses Kulturphänomen in den verschiedenen Fächern reflektiert wird und auf welche Weise es interdisziplinär erschlossen werden kann.

Die Erzählbarkeit von Arbeit stellt ein zentrales Problem dar, das für alle mit dem Themenkomplex Arbeit in Verbindung stehenden Wissenschaften höchste Relevanz besitzt. Das Begriffspaar Narration/Narrativität wird mit diesem Fokus aus der literaturwissenschaftlichen Erzähltheorie herausgelöst und interdisziplinär geöffnet. Der Preis, den die Narratologie dafür zu zahlen hat, ist, wie bei jeder disziplinären Öffnung, eine Komplexitätsreduktion; der Gewinn jedoch besteht nicht nur in einer Offenlegung der fachintern gepflegten Reden über Arbeit. Die Frage nach den Erzählweisen von Arbeit bedeutet in einem ersten Schritt eine kritische Introspektion der eigenen fachdisziplinären Erzählgewohnheiten, die oftmals unbewusst und unhinterfragt hingenommen und praktiziert werden. In einem zweiten Schritt können die Erträge dieser Selbstbefragungen, die hier gesammelt vorliegen, im Sinne einer kulturwissenschaftlichen Verschaltung verwendet werden, die mit den Worten von Hartmut Böhme und Klaus R. Scherpe darin besteht, »die heterogenen, hochspezialisierten, gegeneinander abgeschotteten Ergebnisse der Wissenschaften zu ›dialogisieren‹.«[2]

Von Arbeit zu sprechen, gleich ob in politischen, alltagspraktischen oder wissenschaftlichen Diskursen, setzt voraus, dass ein Subjekt existiert, das erzählt; und es

---

1   Manfred Füllsack: Arbeit, Wien 2009, 18.
2   Hartmut Böhme/Klaus R. Scherpe: »Zur Einführung«, in: Dies.: Literatur und Kulturwissenschaften. Positionen, Theorien, Modelle, Reinbek 1996, 4–27, hier: 12.

setzt ebenso voraus, dass im Akt des Erzählens auf einen Begriff (Arbeit) referiert wird, der diskursiv präformiert und einem beständigen Bedeutungswandel ausgesetzt ist. Semantische Verschiebungen manifestieren sich dabei zwar in Begriffen und Redeweisen, sind aber an einen Erzähler[3] gebunden, der von den bestimmten Begriffen Gebrauch macht (und andere meidet). Der Narratologe Gérard Genette betont die Rolle des Erzählers, wenn er ausführt,

> *Geschichte und Narration existieren für uns also nur vermittelt durch die Erzählung. Umgekehrt aber ist der narrative Diskurs oder die Erzählung nur das, was sie ist, sofern sie eine Geschichte enthält, da sie sonst nicht narrativ wäre [...], und insofern eben von jemandem erzählt wird, denn sonst wäre sie (wie etwa eine Sammlung archäologischer Dokumente) überhaupt kein Diskurs.*[4]

Es zeigt sich, dass der Erzähler bei der Wahl dessen, was er für narrationswürdig erachtet und was nicht, eine Selektionsleistung aufbringt. Erzählen ist immer Auswählen, was erzählt wird. Bei wiederholtem (Nach-)Erzählen einer Geschichte durch einen Erzähler oder eine Erzählgemeinschaft können nicht (mehr) narrationswürdige Begriffe oder Plotmuster aus dem Erzählschema herausfallen, weil sie nicht dem individuellen Bedürfnis oder der gesellschaftlichen Rahmung, also dem (wissenschaftlichen / politischen / aufmerksamkeitsgesteuerten) Mainstream entsprechen. Wie die Erinnerung ist damit auch das Erzählen gesellschaftlich sanktioniert und, mit den Worten Maurice Halbwachs', in gewisser Hinsicht ›gerahmt‹. Wenn Halbwachs von der gesellschaftlichen Rahmung von Erinnerung spricht, bezieht er sich weniger auf das individuelle als auf das kollektive Gedächtnis, weniger auf den vorsprachlichen Akt der Erinnerung als auf dessen Veräußerung, mit dem sie in einen gesellschaftlichen Diskurs eintritt, letztlich auf das Sagbare.

Bezogen auf die Kategorie Arbeit lässt sich feststellen, dass sie keinen festen Bedeutungskern hat, sondern Gegenstand vieler diskursiver Grabenkämpfe war und ist. Günter Voß stellt in seinem umfassenden Aufsatz zur Geschichte des Begriffs heraus, wie selbst in der Arbeits- und Industriesoziologie bis in die 1980er Jahre ein (unartikulierter) Konsens darüber bestand, Arbeit mit Erwerbsarbeit gleichzusetzen und damit im Umkehrschluss andere Formen der Arbeit, wie etwa die Reproduktionsarbeit auszuschließen.[5] Voß konstatiert eine »notorische Unbestimmtheit«[6] der »Fundamentalkategorie«[7] Arbeit, die selbst schon zu einem Masternarrative der wissenschaftlichen Auseinandersetzung mit Arbeit geworden zu sein scheint, denn auch der Philosoph Jan Müller konstatiert, dass »die Ausdrücke ›arbeiten‹ und ›Ar-

---

3   Wir folgen der (sprachökonomischen) Konvention, die erzählende Instanz gemäß der narratologischen Terminologie mit der männlichen Form als »Erzähler« zu bezeichnen.

4   Gérard Genette: Die Erzählung. Aus dem Französischen von Andreas Knopp, Paderborn ³2010, 13.

5   G. Günter Voß: »Was ist Arbeit? Zum Problem eines allgemeinen Arbeitsbegriffs«, in: F. Böhle/G.G. Voß/G. Wachtler (Hg.): Handbuch Arbeitssoziologie, Wiesbaden 2010, 23–81.

6   Ebd., 23.

7   Ebd., 24.

beit‹ notorisch vielfältig«[8] seien. Es herrscht also weder in den Fachdisziplinen noch gesamtgesellschaftlich ein sprachpolitischer Konsens darüber, was Arbeit ist und was nicht, was noch dadurch verkompliziert wird, dass das Wort ›arbeiten‹ auch eine metaphorische Verwendungsweise etabliert hat.[9]

Selbst wenn Arbeit im vorliegenden Band mit Erwerbsarbeit synonym gesetzt wird, muss diese semantische Symbiose im Zeichen eines massiven Wandels der Arbeitswelt und der zunehmenden Auflösung von Normalerwerbsverhältnissen immerhin fraglich und vorläufig erscheinen. Vor allem die kontrastive Profilbildung des Arbeitsbegriffs durch seinen Gegensatz, die Nichtarbeit, wird damit brüchig. Nicht nur die Entgrenzung von Arbeitszeit (also die Aufgabe des geregelten Arbeitstages und der gesellschaftspolitisch überwachten Einhaltung von Ruhepausen wie Wochenenden) und Arbeitsraum (durch das Phänomen des Überall-arbeiten-Könnens;[10] im Büro, im Zug, am heimischen Küchentisch, im Urlaub etc.), sondern auch Formen unbezahlter Arbeit (an der eigenen Biographie, in kollaborativen Netzwerken, in Blogs, aber auch im Ehrenamt, in der familiären Pflege u.v.m.) tragen zu einer Verunsicherung des Begriffes von Arbeit bei, wenn sich

> *Arbeit und das, was wir bisher durch ihren Begriff ausschlossen, also die Nicht-Arbeit, in einer Weise durchmischen, die unsere zukünftige Arbeit maßgeblich prägen wird und die uns einen grundlegend anderen Umgang mit unseren knappheitsreduzierten Aktivitäten abverlangen wird.*[11]

Arbeit als Narration lenkt angesichts dieser Begriffsverwirrungen den Fokus weg von den Bemühungen, den opaken Terminus verbindlich zu definieren. Stattdessen geht es unter der Prämisse, dass ›Arbeit‹ ein Diskursgeflecht darstellt, mit dem titelgebenden Schlagwort der Narration darum, aufzuzeigen, dass ›Arbeit‹ eine historisch wandelbare Erzählung ist. In diesem Sinne unternimmt Günter Voß in seiner Begriffsbestimmung nichts anderes als eine Rekonstruktion von Erzählweisen über Arbeit und deren Wandelbarkeit.

Das folgende Textbeispiel stellt eine solche Erzählweise aus der postfordistischen Gegenwart dar. Problematisiert werden darin neuere computergestützte, projektbasierte, kreative und zugleich prekäre Arbeitsformen und deren Auswirkungen auf das arbeitende Subjekt:

> *An die Stelle der alten hierarchischen Betriebsorganisation trat das System der Gruppen, die über ihre Selbstausbeutung beraten durften. Alte »Tugenden« wie etwa die Pünktlichkeit waren weniger wichtig geworden, dafür wurde es wieder*

---

8 Jan Müller: »Ist ›Arbeit‹ eine Metapher? Und wie arbeiten wir mit ihr?«, in: F. Heidenreich/J.-C. Manod/A. Oster (Hg.): Arbeit neu denken. Reponser le travail, Berlin 2003, 24–46, hier: 24.
9 Vgl. ebd.
10 Vgl. dazu einleitend Hans J. Pongratz/G. Günter Voß: Arbeitskraftunternehmer. Erwerbsorientierungen in entgrenzten Arbeitsformen, Berlin 2003, bes. 242.
11 Füllsack: Arbeit, 108.

> *Mode, quasi neben den Maschinen zu schlafen – den Computern: wie in der Manchesterzeit. Die Einzelne sollte sich »frei« fühlen, wenn sie nur bereit war, ihre Kreativität auch messen und bewerten zu lassen. Neue Ranking-Systeme führten quasi eine Art Stücklohn für geistige Arbeit ein. Für all diese Segnungen war dann noch der Preis ungesicherter, meist nur kurzlebiger Beschäftigungen zu zahlen. So war der neue Subjekt-Typ entstanden, der kaum noch durch Aufseher gesteuert werden musste, weil er sich selbst beherrschte im Interesse des Kapitals.*[12]

Da der Text von einem Kollektivsubjekt erzählt, das sich sowohl im »System« als auch im Pars pro toto von »Die Einzelne« verbirgt, erhebt er Anspruch auf eine summierende Epochendiagnose, für die bestimmte Arbeitsformen eine Typik (wenn nicht: Totalität) reklamieren. Andere Arbeitsformen, wie z.B. manuelle Arbeit, Industriearbeit, der ganze Bereich dessen, was unter den scheinbar verabschiedeten Begriff des »Normalarbeitsverhältnisses« fällt, werden nicht erzählt. Das legt die Vermutung nahe, dass diese Arten von Arbeit nicht narrationswürdig erscheinen – sei es, weil ihre Story nicht spannend, sondern redundant ist, sei es, weil sie tatsächlich gesellschaftlich so randständig geworden sind, dass die hier erzählte Geschichte zur neuen Normalität[13] werden konnte.

Fragt man über den Gegenstand der erzählten Geschichte hinausgehend nach der Art und Weise, *wie* diese Narration den Charakter der Arbeit im neoliberalen Postfordismus präsentiert, so lassen sich Anleihen beim Muster der Schöpfungsgeschichte (»So war der neue Subjekt-Typ entstanden…«) mit starken narrativen Elementen nachzeichnen. Zu deren Konventionen gehört auch die Verwendung des narrativen Präteritums, der den (immer) nachträglichen Erzählakt markiert. Der Standpunkt des Erzählers ist außerhalb des Geschehens, die erzählte Zeit unterliegt einer starken Raffung (die Periode von den 1970er Jahren bis heute), ist aus Perspektive des Erzählers, der dies im Plusquamperfekt unterstreicht, aber abgeschlossen (»waren weniger wichtig geworden«; »war entstanden«) und für den retrospektiven Narrationsakt verfügbar. Darauf deuten zunächst die durch Anführungszeichen markierten (»Tugenden«; »frei«) und die nichtmarkierten Ironisierungen (»über ihre Selbstausbeutung beraten durften«) hin, die eine kritische Distanz zwischen der Erzählerposition und der erzählten Welt suggerieren.

Den erzählerischen Überblick weist aber auch der historisierende Vergleich zweier ›Welten von Gestern‹ aus, der alte und neue Tugenden nebeneinanderstellt, »Betriebssystem« und »System der Gruppen«, »Manchesterzeit« und Postfordismus, Maschinen und Computer kontrastiert und durch die Verwendung der historischen Vergleichsfolie eine indirekte Wertung der verglichenen Epoche in die Erzählung einzieht. Die Erzählung wird mithilfe des dominant verwendeten Präteritums zur Story, die mit Füllworten »quasi«, »dann noch« nicht wissenschaftliche Objektivität, sondern Mündlichkeit und damit erzählerische Subjektivität behauptet. Was der

---

12 Michael Jäger/Thomas Seibert: Alle zusammen. Jede für sich. Die Demokratie der Plätze, Hamburg 2012, 28.
13 Zur Normalismusdebatte vgl. Jürgen Link: »Flexibilisierung minus Normalität gleich Prekarität? Überlegungen über Prekarisierung als Denormalisierung«, in: O. Marchart (Hg.): Facetten der Prekarisierungsgesellschaft. Prekäre Verhältnisse. Sozialwissenschaftliche Perspektiven auf die Prekarisierung von Arbeit und Leben, Bielefeld 2013, 205–215.

Erzähler berichtet, ist eine Mischung aus behaupteten Tatsachen (»An die Stelle [...] trat«) und indirekt erzählter Rede. Letztere bezieht sich indes nicht, auch wenn das nicht explizit angegeben wird, auf einen konkreten, möglicherweise empirischen Sprecher, sondern betrifft vielmehr die Wiedergabe (bzw. Erwähnung) eines sprachlichen Akts, dem kein Subjekt zugeordnet werden kann, und der deshalb wohl als (breiter) gesellschaftlicher Diskurs beschrieben werden muss: »Die Einzelne sollte sich ›frei‹ fühlen« verweist in der indirekten, erzählten Rede darauf, dass jemand (oder eben ein Diskurs) existiert hat, der den Satz gesprochen hat: Die Einzelne soll sich frei fühlen. – Die Hervorhebung des Adverbs »frei« markiert als Erzählerkommentar zusätzlich die Differenz zwischen Erzähler und erzähltem Diskurs.

Dass es sich bei dieser Erzählung nicht um einen literarischen Text, sondern um eine politische Flugschrift eines Politologen und eines Philosophen handelt, mag aufgrund der hier eingenommenen Erzählhaltung verwundern, hängt indes nicht unwesentlich mit dem Thema des Textes zusammen, aus dem dieser Ausschnitt entnommen ist: In *Alle zusammen. Jede für sich* üben die beiden Autoren aus einer neo-marxistischen Perspektive mit Foucault gegen Foucault eine Kritik der durch Poststrukturalismus und Postmoderne theoretisch untermauerten Dezentrierung des Subjekts, das sich in Diskursfäden verliere, zersplittert sei und sich nur noch im vielzitierten »Patchwork der Minderheiten« (Lyotard) assoziieren könne, ansonsten aber jeglichen Stellvertreteranspruch aufgegeben habe. Dies sei angesichts aktueller Krisen und des Aufkommens neuer Protestkulturen (Occupy etc.) zu überdenken. Eingedenk ihres Versuchs, poststrukturalistische Subjektivitätspostulate für kollektive Proteste fruchtbar zu machen, erklärt sich, dass sich der Text (und der oben zitierte Textausschnitt im Besonderen) nicht des Standpunktes der Erzähler enthalten kann. Wissenschaftliche Objektivität wird – im Einklang mit einer im poststrukturalistischen Denken manifestierten Favorisierung der Singularitäten – durch die verwendete Erzählhaltung unterminiert. Die Position des Erzählers als Meinungsbildner, die in diesem Fall mit gutem Recht als identisch mit der Haltung der Autoren zu nennen ist, wird damit gestärkt, der Erzähler/Autor als handelndes, autonomes Subjekt markiert, auch wenn sich der Erzähler im Text nicht selbst zu erkennen gibt, sich nicht benennt, kein Lesepublikum anspricht.

Damit wird Autorschaft reanimiert, die der (Post-)Strukturalismus prominent infrage gestellt hat. Argumentativ ruht die von Roland Barthes und Michel Foucault artikulierte radikale Zurückweisung des Autorsubjekts auf der (post)strukturalistischen Skepsis gegenüber der Autonomie des Subjekts im allgemeinen auf, das im »Zeitalter [seiner] Dezentrierung«[14] – im Sinne Foucaults als Unterworfenes – nur mehr als diskursiver Passageort imaginiert werden kann. Dabei ist die Rede vom »Tod des Subjekts« (Foucault), in dessen Licht sich alle anderen postulierten Tode konturieren lassen, keinesfalls wörtlich zu nehmen. Mit Michel Foucault ist der Tod, den er bespricht, zu spezifizieren als Tod »des Subjekts als Ursprung und Grundlage des Wissens, der Freiheit, der Sprache und der Geschichte.«[15] Damit wird indes nicht der Autor per se getötet, sondern lediglich als Instanz kultureller Deutungshege-

---

14 Andreas Reckwitz: Subjekt, Bielefeld ²2010, 5.
15 Michel Foucault: »Die Geburt einer Welt [Gespräch mit J.-M. Palmier]«. Aus dem Französischen von Michael Bischoff, in: Ders.: Dits et écrits. Bd.1, hrsg. von D. Defert/F. Ewald unter Mitarbeit von J. Lagrange, Frankfurt a.M. 2001, 999–1002, hier: 1002.

monie verabschiedet und theoretisch transformiert zu einem Produkt selbst schon kultureller Hervorbringungen, deren Kontexte es zu rekonstruieren gilt.[16]

Roland Barthes hat seine Zurückweisung des (Autor-)Subjekts nicht als theoretische Fiktion verstanden wissen wollen, sondern sich selbst in dem Prozess der Auflösung eines festen, selbstbestimmten Subjektes mit klar definierbaren Außengrenzen verortet, am wirkmächtigsten zu Beginn seiner Antrittsvorlesung am College de France, in der er sich als »unsicheres Subjekt« vorstellt.[17] Schreiben im Ganzen ist für Roland Barthes kein Ausdruck von Subjektivität, sondern deren Verhinderung. In seinem epochemachenden Aufsatz zum *Tod des Autors* schreibt er, also Nicht-Er, dass im Schreiben die Stimme ihren Ursprung verliere und der Autor damit in seinen eigenen Tod eintrete:[18] »Das Schreiben ist dieses Neutrum, dieses Zusammengesetzte, diese Schrägheit, die unser Subjekt ausrinnen, das Schwarzweiß, das jede Identität, angefangen, bei der des schreibenden Körpers, verlorengehen läßt.«[19] Und weil jeder Text »ein Geflecht von Zitaten [ist], die aus den tausend Brennpunkten der Kultur stammen«, »kann der Schriftsteller immer nur eine frühere, und niemals ursprüngliche Geste nachahmen; seine einzige Macht besteht darin, die Schreibweisen zu mischen, sie dergestalt gegeneinander auszuspielen, daß er sich nie auf eine von ihnen stützt.«[20]

Diese Auflösung des Autors/Erzählers im Geflecht der Diskurse bleibt nicht unwidersprochen. So weist Jürgen Kreft in Auseinandersetzung mit Michel Foucaults Autorbegriff[21] die Position der absoluten Verabschiedung des Autors als poststrukturalistisch-theoretisches Phantasma zurück. Dabei argumentiert er weniger über den Gegensatz von Verabschiedung und Beharrung des Autorsubjekts, als vielmehr aus der literaturwissenschaftlichen Analyse der Figur des impliziten Autors heraus, der, so Krefts Hauptthese, mit seiner poststrukturalistischen Verabschiedung umso machtvoller werde.

Die mehrheitlich innerdisziplinären narratologischen Diskurse, ob der Poststrukturalismus den Erzähler nun ›töte‹ oder lediglich seine Stellung verschiebe, ist für die hier gestellte Frage insofern bedeutsam, als sie die ansonsten oft übergangene Autorposition zumindest ex negativo kontextualisiert. Wie über Arbeit erzählt wird, ist immer auch davon mitbestimmt, wer über Arbeit erzählt.

Über die Diskussion um Autorschaft hinaus hat sich, was die Frage nach der Relevanz von Erzählungen noch einmal unterstreicht, seit langem eine interdisziplinäre Aufwertung des Textes etabliert, die mit dem Ethnologen Clifford Geertz Kultur als Ganzes als einen ›Text‹ im Sinne eines Zeichenensembles definiert, den es zu

---

16 Vgl. Reckwitz: Subjekt, 25.

17 Roland Barthes: Leçon/Lektion. Französisch und Deutsch. Antrittsvorlesung im Collège de France. Aus dem Französischen von Helmut Scheffel, Frankfurt a.M. 1980, 3.

18 Roland Barthes: »Der Tod des Autors«, in: Ders.: Das Rauschen der Sprache.(Kritische Essays IV). Aus dem Französischen von Dieter Hornig, Frankfurt a.M. 2006, 57–63, hier: 57.

19 Ebd.

20 Ebd., 61.

21 Maßgeblich im Vortrag: »Was ist ein Autor?« Aus dem Französischen von Hermann Kocyba. In: Michel Foucault: Schriften zur Literatur, hrsg. v. D. Defert und F. Ewald unter Mitarbeit von J. Lagrange. Frankfurt a.M. 2003, 234–270.

interpretieren gilt. Die Akteure einer Sozietät handeln nach kulturellen (= textuellen) Mustern, nach einem unbekannten Text, der ihnen selbst nicht bewusst ist, und auf dessen Dechiffrierung die hermeneutische Kulturanalyse mit einem Akt des Lesens und Deutens antwortet. »Ethnographie zu betreiben«, lautet Geertz´ pointiert metaphorische Formulierung, »gleicht dem Versuch, ein Manuskript zu lesen, das [...] in vergänglichen Beispielen geformten Verhaltens geschrieben ist.«[22]

Zum Ensemble der interdisziplinären Aufwertung einer Beschäftigung mit Erzählmustern gehören neben Geertz der Ansatz des New Historicism Stephen Greenblatts, der Kultur als narrative Verhandlung bestimmt, und Hayden Whites Bestimmung des literarischen Gehaltes historiographischer Texte. Während Greenblatt von einer textuellen Interaktion literarischer Texte und außerliterarischer Diskurse ausgeht, die den literarischen Text zu einem »mikroskopischen Gewebe aus Diskursfäden«[23] deprivilegiert bzw. die Narratologie für die Kulturanalyse aufwertet, indem der Text reprivilegiert werde, untersucht White narrative Muster der Geschichtsschreibung entlang der Kategorien Tragödie, Komödie, Romanze und Satire und entlang der Sprachfiguren Metapher, Metonymie, Synekdoche und Ironie, die nicht nur den historiographischen, sondern nach White jeglichen Diskurs charakterisieren.

Unbeschadet aller poststrukturalistischen Diskussionen um die Autorposition wird Erzählen in diesen Zugriffen zu einer Grundeigenschaft von Kultur und ihrer Analyse erhoben. In den Worten der Narratologin und Kulturwissenschaftlerin Mieke Bal lässt sich von einer »omnipresence of narrative in culture«[24] sprechen – und nicht nur für orale, sondern für sämtliche Kulturen. Deshalb ist Erzählanalyse Kulturanalyse, wie Hayden White formuliert: »To raise the question of the nature of narrative is to invite reflection on the very nature of culture and, possibly, even on the nature of humanity itself.«[25] Albrecht Koschorke ergänzt Whites Beobachtung mit dem Hinweis, dass Erzählen folglich keine »Sonderwelt neben der wirklichen Welt hervorbringt, sondern in die gesellschaftliche Praxis hineinwirkt und selbst ein bestimmendes Element dieser Praxis ist.«[26] Und auch wenn Doris Bachmann-Medick feststellt, »Literatur, Texte, Filme, Medien sind Träger kultureller Darstellung und Kodierung, wie sie für Prozesse des Kulturtransfers entscheidend sind«[27], dann sind damit in einem weiten Textverständnis Texte bezeichnet, die erzählen, also nach nar-

---

22 Clifford Geertz: »Dichte Beschreibung. Bemerkungen zu einer deutenden Theorie von Kultur«, in: Ders.: Dichte Beschreibung. Beiträge zum Verstehen kultureller Systeme. Aus dem Englischen von Brigitte Luchesi und Rolf Bindemann, Frankfurt a.M. 1983, 7–43, hier: 15.

23 Moritz Baßler: »New Historicism und der Text der Kultur. Zum Problem synchroner Intertextualität«, in: M. Csáky/R. Reichensperger (Hg.): Literatur als Text der Kultur, Wien 1999, 23–40.

24 Mieke Bal: »Close Reading Today: From Narratology to Cultural Analysis«, in: W. Grünzweig/A. Solbach (Hg.): Grenzüberschreitungen. Narratologie im Kontext/Transcending Boundaries. Narratology in Context, Tübingen 1998, 19–40, hier: 19.

25 Hayden White: »The Value of Narrativity in the Representation of Reality«, in: W.J.T. Mitchell (Hg.): On Narrative, Chicago 1981, 1–23, hier: 1

26 Albrecht Koschorke: Wahrheit und Erfindung. Grundzüge einer allgemeinen Erzähltheorie, Frankfurt a.M. 2012, 25.

27 Doris Bachmann-Medick: »Einleitung«, in: Dies. (Hg.): Kultur als Text. Die anthropologische Wende in der Literaturwissenschaft, Frankfurt a.M. 1996, 7–64, hier: 8.

ratologischen Gesichtspunkten analysiert werden können. Zu ergänzen wäre, dass die genannten Medien indes nicht nur der reinen Wiedergabe der Vermittlung von Inhalt dienen, sondern diesen Inhalt im Akt des Erzählens, in der Einnahme bestimmter Erzählhaltungen und Perspektiven (Fokalisierung) immer auch mitformen und letztlich erst produzieren. Erzählen ist damit

> *nicht bloß eine reproduktive, den erzählten Inhalten gegenüber nachrangige Tätigkeit [...], kein bloßes Rekapitulieren after the fact. Die Pointe des linguistic turn, in dessen Folge auch das Erzählen als semiotische Aktivität interessant wurde, liegt vielmehr in seinem aktivischen Verständnis von Bezeichnungsvorgängen: Das Bezeichnen interveniert in die Welt, die es scheinbar nur widerspiegelt, und lässt sie in einem kreativen Aneignungsprozess in gewisser Weise überhaupt erst entstehen.*[28]

Die Analyse dieser Produktionsprozesse im Erzählen ist es, dem die kulturwissenschaftliche Erzählforschung Rechnung tragen will. Die Aufmerksamkeit für narratologische Fragestellungen, den die interdisziplinär breitenwirksame Aufwertung des Textbegriffes mit sich bringt, hat bislang jedoch kaum zu einer kulturwissenschaftlichen Ausweitung der Narratologie geführt.

Auch der vorliegende Band wird diese Lücke nicht füllen. Wichtiger erscheint es uns, in einem ersten Schritt eine Sensibilisierung für Fragen des Narrativen in die Diskussion überhaupt erst einzubringen, die alle an der Rede über Arbeit beteiligte Disziplinen verbindet. Bei diesem Versuch ist festzustellen, dass, obwohl die Narratologie eine genuin literaturwissenschaftliche Disziplin darstellt, die sich nur langsam kulturwissenschaftlichen Fragestellungen öffnet, literaturwissenschaftliche Arbeiten selbst sich in Bezug auf die eigene Erzählhaltung und deren Analyse äußerst bedeckt halten. Die Position des Sprechers, seine/ihre Beteiligung an der Formung von Diskursen im Akt des Erzählens, der Einsatz stilistischer Mittel und Tropen, die Auswahl dessen, was als narrationswürdig betrachtet wird, und dessen, was aus der wissenschaftlichen Erzählung ausgeschlossen wird, bleibt allzu oft ein blinder Fleck selbst in narratologischen Arbeiten. Aber erst dann, wenn sich die Fachdiskurse mit einem ternären narratologischen Modell, das neben den beiden aristotelischen Kategorien des Was (Inhalt) und des Wie (Form) auch das Wo (die Performanz, den Akt des Erzählens) berücksichtigen,[29] selbst befragen und darüber in Austausch treten, lässt sich in den Blick nehmen, wie die Wissenschaften an der Definition und der Modellierung dessen, was gemeinhin als Arbeit betrachtet wird, dadurch *dass* und dadurch *wie* sie es in den Blick nehmen und sprachlich vermitteln, aktiv teilhaben.

Die damit gestellte Frage nach den Narrationen von Arbeit erweist sich so als außerordentlich anschlussfähig für interdisziplinäre wissenschaftstheoretische Fragestellungen im Kontext der geistes- und sozialwissenschaftlichen Forschung. Erzählbarkeit zu de-konstruieren impliziert einen Prozess der Selbstreflexion. Über Arbeit kann, so der Tenor der Beiträge dieses Bandes, nur dann fundiert erzählt wer-

---

28 Koschorke: Wahrheit und Erfindung, 22.
29 Vgl. Wolfgang Müller-Funk: Die Kultur und ihre Narrative. Eine Einführung, Wien/New York 2008, 55.

den, wenn nicht nur gegenwärtige und historische Arbeitsdiskurse wissenschaftlich reflektiert werden, sondern auch das fachwissenschaftliche Narrativ einer kritischen Hinterfragung unterzogen wird. Hierfür bietet die kulturwissenschaftlich aufgestellte, erzähltheoretisch fundierte Literaturwissenschaft Begriffe und Analysemethoden.

Der Begriff des Narrativs darf bei allem, was bis hierher gesagt wurde, nicht als eine Ersetzung, sondern als eine Konkretisierung des Diskurs-Begriffes verstanden werden. Narration hat ihre Berechtigung in der Rede von Arbeit deshalb, weil das Narrativ im Gegensatz zum Diskurs auf einen Erzähler rückführbar bleibt, der als (immer zu gleichen Teilen bewusst wie unbewusst) handelndes Subjekt konzipiert wird. Damit ist dem »notorischen Problem«, das die Diskursanalyse »mit dem Übergang von einem Wissenapriori zum anderen hat«[30], beizukommen:

> *Während Diskurse oder symbolische Ordnungen in gewisser Weise immer schon da sind, das heißt von den handelnden Individuen nur ›vollstreckt‹ werden können […], lenkt die Erzählanalyse die Aufmerksamkeit auf die Dynamik eines permanenten Fort- und Umbildens von Erfahrungshorizonten, an der die Akteure selbst gestalterisch mitbeteiligt sind.*[31]

Für diejenigen Disziplinen, die sich wie die Soziologie und die Geschichtswissenschaft mit Akteuren, oder, wie die Literaturwissenschaft, mit Erzählern beschäftigen, ist deshalb der Begriff des Narrativs im Forschungsdesign ertragreich. Dieser Begriff hat gegenwärtig zwar eine gewisse interdisziplinäre Konjunktur, nicht jedoch eine letztgültige Definition erfahren. Da die Erzähltextanalyse in der Frage nach den Erzählweisen und den in ihnen verwendeten Figuren und Begriffen große Schnittmengen mit einer historischen Semantik hat, sollte sie allerdings für den historisch-semantischen Wandel von Begriffen soweit sensibilisiert sein, gar nicht erst die Möglichkeit einer letztgültigen Definition anzunehmen. Vorläufig jedoch lässt sich unter Narration ein Terminus verstehen, der den Akt des Erzählens und das Prozessuale mit einschließt und dabei exakter ist als jener einem alltäglichen Sprachgebrauch entnommene Begriff der Erzählung, die zudem daran krankt, im Deutschen sowohl die Narration wie das Narrativ zu bezeichnen.[32] Gegenüber der Narration ist das Narrativ eine »theoretisch strenger gefaßte Kategorie, die auf das Muster abzielt«[33], nämlich auf ein Plotschema, in dem einzelne Elemente ausgetauscht werden können, ohne dass sich das Schema ändert. Solch »erzählerische Generalisierungen« bedingen und konfigurieren die in ihnen enthaltenen Elemente, ohne sie letztgültig und invariabel festzuschreiben.[34]

Die zentrale Leistung von Narrationen besteht darin, Vergangenheit zu be-greifen, den erzählerischen Zugriff auf Vergangenes (insofern die Narration sich zur Geschichte immer in einem zeitlich nachgeordneten Verhältnis befinden muss) zu behaupten,

---

30 Koschorke: Wahrheit und Erfindung, 101.
31 Ebd., S. 103.
32 Vgl. Müller-Funk: Die Kultur und ihre Narrative, 15.
33 Ebd.
34 Vgl. Koschorke: Wahrheit und Erfindung, 30f.

durch Wiedererzählen einerseits und durch Ausschluss andererseits zu kanonisieren und damit aus der Masse möglicher Informationen jene überlieferungswürdigen zu filtern. Auf dieselbe Art kann eine Narration aber auch Fehlstellen aufdecken, Unerzähltes, Verdrängtes, Verlorengegangenes wiederfinden und re-semantisieren. Narrationen werden zu gesellschaftlichen und individuellen Sinnstiftern, weil sie die Vergangenheit (genauer: einen bestimmten Teil der Vergangenheit) verfügbar halten und das historische Neben- und Durcheinander in eine lineare Folge bringen, die sowohl kausal als auch temporal sein kann. In diesem Sinne fungieren Erzählungen weniger als Transportmittel (für Wissensinhalte) denn als Filter, insofern sie bestimmte Elemente oder Details einer Erzählung bei der Wiedergabe weglassen. Wie Koschorke formuliert, gewinnt das Narrativ »seine formende Kraft durch Aussparung dessen, was sich als kommunikativ ungeeignet erweist. Dadurch entlastet es die Kommunikation vor der Gefahr eines *communication overflow* – allerdings um den Preis der Verarmung ihrer Inhalte.«[35] Weil Narrationen mit diesem Ausschlussverfahren Orientierung und – im Akt des Erzählens – Positionierung bieten, tragen sie maßgeblich zur individuellen und kollektiven Identitätssicherung bei, sind »zentral für die Darstellung von Identität, für das individuelle Erinnern, für die kollektive Befindlichkeit von Gruppen, Regionen, Nationen, für ethnische und geschlechtliche Identität.«[36]

Insofern Arbeit – und damit wären die zwei Sphären Arbeit *und* Narration zu verbinden – als gesellschaftlicher Sinnstifter par excellence funktioniert, der Mensch nur in Form des homo laborans anerkannter Teil der westlichen Gesellschaften ist – Gesellschaften, die angesichts immer knapperer Arbeitsressourcen, wie einige Kritiker pointieren, inzwischen dazu übergegangen sind, Arbeit zu simulieren[37] –, liegt die Frage nach der Identitätsbildung durch Arbeit und durch Erzählen auf der Hand. Richard Sennett hat in *Der flexible Mensch* das Identitätsproblem benannt, das dann besteht, wenn der homo narrans sich nicht mehr als homo laborans in einer versichernden linearen Rückschau erzählen kann: »Wie kann ein Mensch in einer Gesellschaft, die aus Episoden und Fragmenten besteht, seine Identität und Lebensgeschichte zu einer Erzählung bündeln?«[38] Die Antwort der Literaturwissenschaft wäre sicherlich ein fragmentarisches, gesampeltes oder gar polyphones Erzählen, wie es die Literatur seit der Moderne kennzeichnet, das jedoch einer avantgardistischen Höhenkammliteratur vorbehalten bleibt und damit vielleicht distinktionsstiftend für eine intellektuelle Leserschicht, aber kaum identitätsstiftend für eine größere Gruppe von Individuen sein kann. Eine »perspektivische Selbstverkürzung durch Linearität und gemütliche Distanznahme (im Akt des Erzählens und des narrativen Nachvollzuges)«[39] scheint bei der identitätsstiftenden Arbeitserzählung unumgänglich und

---

35 Ebd., 32.
36 Müller-Funk: Die Kultur und ihre Narrative, 17.
37 Vgl. Jan Kruse: »Kritik der disziplinierenden Simulation. Ein soziologisches Fragment über ›postmoderne‹ Arbeitsgesellschaften«, in: parapluie, 27/2011, o.S.; online unter: http://parapluie.de/archiv/arbeit/simulation/
38 Richard Sennett: Der flexible Mensch. Die Kultur des neuen Kapitalismus. Aus dem Amerikanischen von Martin Richter, Berlin ⁸2010, 31.
39 Müller-Funk: Die Kultur und ihre Narrative, 30.

wäre eher im Bereich der wissenschaftlichen Erzählung als in der individuellen Selbstvergewisserung problematisch.

Die Beiträge des Bandes sind, den literaturwissenschaftlichen Beitrag eingeschlossen, nicht von Narratologen verfasst. Es geht den Autor_innen nicht um eine genaue Wahrung der narratologischen Terminologie, sondern um die Frage, wie in den jeweiligen Disziplinen von Arbeit erzählt wird. Die vorliegenden Beiträge gehen von der Einsicht in die narrative Verfasstheit der disziplinären Äußerungen über Arbeit aus. Mit dem Ziel, eine basale Verständigung über die Fachgrenzen hinweg zu ermöglichen und die oftmals bereits im verwendeten Sprachduktus und Fachvokabular sich manifestierende Abschottung disziplinären Spezialwissens nach außen zu überwinden, sollen lediglich die grundlegenden Parameter der Erzählanalyse die Basis für die Werkstattberichte der Beiträgerinnen bilden: *Wer* erzählt *was wie*?

Das *Wer* bezieht sich auf den Erzähler, den Akteur, den Teilnehmer am wissenschaftlichen Diskurs. Die Frage zielt weniger auf eine Kritik einzelner wissenschaftlicher Positionen als vielmehr grundlegend darauf, ob sich kollektive Autorschaft, wissenschaftliche Schulen, Strömungen, Meinungen innerhalb der Fachgrenzen identifizieren lassen, welchen Verbreitungsgrad sie haben und welche Deutungsmacht ihnen zukommt. Weiterführende Forschung zu diesem Punkt könnte die Befunde zum Ausgangspunkt einer detaillierten Untersuchung des Modus[40] und der Fokalisierung nehmen.

Das *Was* der Erzählung, also ihr zentraler Gegenstand, ist in den präsentierten Beispielen die Arbeit und deren Wandel. Die Frage zielt darauf, welche Formen der Arbeit und welche daraus abgeleiteten Begriffe in den Fokus des wissenschaftlichen Interesses gerückt werden und welche ausgeschlossen bleiben. Hierher gehört auch die Frage, in Relation zu was und in welchem gesellschaftlichen Rahmen die Rede von Arbeit eingebettet wird, weil es der Gesellschaft als Resonanzraum und Aushandlungsarena bedarf, die bestimmt, was als Arbeit angesehen und positiv sanktioniert wird.

Die Frage nach dem *Wie* betrifft die Arten der Narration im Kern. Welche Redeweisen, welche Erzählungen von Arbeit werden geführt? Warum werden bestimmte Erzählungen dominant? Welche Perspektiven nehmen die Erzähler ein und was fällt durch diese Perspektivierung aus der Erzählung heraus? Lassen sich erzählerische Muster ablesen, nach denen die Erzählungen strukturiert sind, indem sie Arbeit etwa als Erfolgs- oder im Gegenteil als Verlustgeschichte, als Konfliktnarrativ oder als Paradoxie erzählen?

Die Frage nach der Narration hat auch den Effekt, dass die eigene Perspektive beim Schreiben zumindest in vielen der hier publizierten Texte, stärker als in den meisten Fachdiskursen üblich, mitreflektiert wird. Die Beiträger_innen des Bandes sind, indem sie nach den Erzählweisen von Arbeit in ihren Disziplinen fragen und

---

40 ›Modus‹ bezeichnet in der Erzähltextanalyse den Grad an Mittelbarkeit, also die Distanz des Erzählers zum Erzählten, und die Perspektivierung des Geschehens in Relation zum Standpunkt des Erzählers, der wahlweise eine Übersicht, eine Mitsicht oder eine Außensicht einnehmen kann. Vgl. zur Orientierung die Einführung von Matias Martinez/Michael Scheffel: Einführung in die Erzähltheorie, München 1999, 47–67.

diese beschreiben, als Wissenschaftler immer zugleich Erzähler_innen *und* Erzählforscher_innen.

Die vorliegenden Beiträge sind von Vertreter_innen der Soziologie und der Geschichtswissenschaft, der Technikgeschichte und der Arbeitswissenschaft, der Philosophie und der Literaturwissenschaft, der Humangeographie und der Museums-Praxis verfasst. Das Spektrum der beteiligten Disziplinen ist damit zwar breit, aber nicht vollständig. Es fehlen etwa Beiträge aus der Ethnologie und der Politikwissenschaft, den Gender Studies und der Arbeitspsychologie.

Erzählungen von Arbeit spannen sich in der **Arbeitssoziologie**, wie **Friedericke Hardering** argumentiert, zwischen zwei Polen auf: Sie treten als Fortschritts- oder als Verlusterzählungen auf den Plan und sind auf je spezifische Weise an die historiographische Standarderzählung von Arbeit angeschlossen. Hardering fasst diese Standarderzählung in Ihrem Beitrag in Anlehnung an die Definition Jürgen Kockas als eine Erzählung der Inwertsetzung von Arbeit, die Arbeit im Zivilisationsprozess zunächst als Zwang und Notwendigkeit, dann als Beruf(ung) und schließlich als subjektiver und gesellschaftlicher Sinnhorizont sine qua non beschreibt.

Möchte man meinen, angesichts der historischen Entwicklung der Arbeit diene diese zur positiven Identifikationsfolie, zeigt der Blick auf die Narrative von Arbeit in der Soziologie einen gegenteiligen Befund: Nur selten werden die Veränderungen der Arbeitswelt der vergangene Dekaden positiv, sondern mehrheitlich negativ erzählt: der Zwang (zu flexiblerer, mobilerer, kurzfristigerer usw. Arbeit) überwiegt das Angebot (derselben). Erzählt werden damit auch in den Grenzen des Fachdiskurses eher als Bedrohungen und Belastungen des Arbeitssubjekts verschlagwortete Erfahrungen, denn ihre sinn- und identitätsstiftende Funktion, und zwar sowohl in gegenwärtiger wie in historisierender Perspektive seit den 1970er Jahren. Hardering weist auf diese Leerstelle innerhalb soziologischer Arbeitserzählungen hin und betont, wie die Hinterfragung fachwissenschaftlicher Erzählweisen für eben solche Leerstellen sensibilisieren kann.

Diese Tendenz zur negativen Erzählung der Entwicklung der Arbeitsgesellschaft nimmt **Sabine Pfeiffer** zum Anlass, innerhalb der **Arbeits- und Industriesoziologie** nach narrativen Leerstellen zu suchen. Arbeit, so ihre Grundthese, stellt den unerzählten – und damit unsichtbaren Kern – dieser Disziplin dar, in der Narration vor allem als Methode qualitativer Sozialforschung und im Anschluss an Jean-François Lyotards Diagnose des Endes der grands récits als »große Erzählung« fungiert, an der sich die Arbeits- und Industriesoziologie selbst narrativ beteilige. Das erzählerische Muster dieser Beteiligung sieht Pfeiffer in der Form der zugespitzten These, die empirische Befunde zu einer vorausschauenden Zeitdiagnose verdichtet. Der Gewinn dieser, zum Zeitpunkt ihrer Artikulation innerdisziplinär hoch umstrittenen Thesen, liege darin, einen gemeinsamen – und, so ließe sich ergänzen, für andere Disziplinen aufgrund der zum Typus verdichteten Abstraktheit hoch anschlussfähigen – Deutungsdiskurs zu etablieren.

Zu kritisieren ist an den großen Erzählungen der Arbeits- und Industriesoziologie umgekehrt genau dieser anschlussfähige Schematismus, der oftmals die konkrete Arbeit aus dem Blick geraten lässt, wie Pfeiffer am Beispiel der U-förmigen Montagearbeit veranschaulicht. Indem klassische soziologische Erzählmuster hierfür

Narrative der Rationalisierung oder der Intensivierung pflegen, bleiben die leiblichen und stofflichen Dimensionen der Arbeit auf der Stecke. Diesen Befund verdichtet Pfeiffer zu der Beobachtung, die Disziplin sei zu einem Narrateur ohne eigenständiges inhaltliches Narrativ geworden.

Peter Birke verhandelt die Verunsicherungen der bundesdeutschen Arbeitsgeschichte. Diese bestehen – mit konzisem Blick auf die **Zeitgeschichte** – maßgeblich in drei Dimensionen, den Herausforderungen neuer, wesentlich flexibilisierter und prekarisierter Arbeitswelten seit der Passage zum Postfordismus, zweitens einer transnationalen, wenn nicht globalgeschichtlichen Perspektive auf die ökonomischen Verflechtungen von Arbeitsprozessen und drittens dem Desiderat einer begriffstheoretischen Reformulierung dessen, was unter Arbeit überhaupt zu verstehen sei. Birke erzählt die Geschichte der Arbeitsgeschichte der letzten Dekaden dabei nicht ausschließlich als Verunsicherungs-, sondern zugleich als eine (in Überwindung begriffene) Verlustgeschichte. Verloren, so Birke, war angesichts der im Postfordismus internalisierten Subjektivierungsstrategien vor allem eine Betrachtung der Arbeitsgeschichte als Geschichte betrieblicher Kämpfe – getragen von autonomen Subjekten. Dagegen betonen die meisten Erzählerinnen und Erzähler des Subjektivierungsdiskurses in der historisch-soziologischen Forschung den geronnenen, entsubjektivierten, immer schon vermachteten Charakter des Subjekts. Dies führe zu einer doppelten Verzerrung: Fordismus werde zur Karikatur einer »subjektlosen« Vergangenheit, und das gegenwärtige Subjekt auf eine rein passive Rolle als Unterworfenes reduziert.

Eine Neubetrachtung der bundesdeutschen Arbeitsgeschichte, so das Plädoyer des Beitrags, hätte nicht zuletzt die Aufgabe, die Uneingelöstheit des postfordistischen Autonomieversprechens zu thematisieren. Eine solche Historisierung kann sich nicht länger vor allem auf Institutionengeschichte verstehen und auf die Aushandlungen zwischen staatlichen, privatwirtschaftlichen und gewerkschaftlichen Gruppierungen beschränkt bleiben. Diese müsse zwar weiterhin im Zentrum der Arbeitsgeschichte verankert bleiben, aber, so das abschließende Desiderat, um eine globalhistorische Perspektive und um die Frage nach der Umkämpftheit subjektivierender Tendenzen der Gegenwart ergänzt werden, wenn Zeitgeschichte im Sinne der Transformationen der Arbeitswelt zeitgemäß bleiben will.

Jürgen Bönig liefert in seinem Beitrag eine Methodenkritik der Technikgeschichte und einen Werkstattbericht aus der Museumspraxis. Ausgehend von der Konzeption des Museums der Arbeit in Hamburg fragt Bönig aus Perspektive der **Museologie** und der **Technikgeschichte**, wie sich der Wandel von Arbeit im Museum überhaupt erzählen lasse, welche Narrative fokussiert, welche unter den räumlich begrenzten Bedingungen des konkreten Ausstellungsortes einerseits, aber auch in Folge uneingestandener Prämissen des Narrateurs andererseits marginalisiert werden. Uneingestandene Prämisse der Technikgeschichte, so Bönig, sei die oft unhinterfragte Akklamation des Narrativs vom technischen Fortschritt als Haupttriebfeder gesellschaftlicher Veränderung, also die Vorstellung, der Wandel von Technik unterliege der gleichen naturwissenschaftlichen Zwangsläufigkeit wie deren Funktionieren. Dass zu jedem technischen Fortschritt aber immer Akteure gehören, die den Fortschritt forcieren, von ihm profitieren, sich mit ihm arrangieren müssen, dass technische und gesellschaftliche Entwicklung aufs Engste verknüpft sind, und dass jeder technische Wandel einen Wandel der Individuen erzwingt, die mit der Technik affiziert sind, ist ein Problem, das sich schwer in eine museale Erzählung fassen lasse.

Daher müsse eine Ausstellung, die die Geschichte der Arbeit im Industriezeitalter nicht als eine Geschichte der Technik und der industriellen Produktionsmitel, sondern als Geschichte der menschlichen Arbeit erzählt, den Wandel von Technik und von Arbeit wesentlich als einen konfliktgesteuerten Wandel im Kopf der Individuen, als menschliche Anpassungsleistung erzählen. Die Geschichte der Arbeit, die im Museum erzählt wird, ist, wie jede Geschichte, starken Selektionsprozessen unterworfen. Das Museum kann nur in begrenztem Umfang Exponate einer gewissen Größe und Verständlichkeit arrangieren. Damit läuft die Erzählung jedoch Gefahr, ganze Arbeitsbereiche, die sich nicht in Exponaten darstellen lassen, auszublenden, kooperative Arbeitsprozesse auf das Handeln von Individuen zu verkürzen und die Geschichte der Arbeit im Industriezeitalter insgesamt als positive Entwicklung weg von Mühe, Dreck und Lärm darzustellen. Bönig weist vehement darauf hin, dass dieser Verkürzung nur begegnet werden könne, wenn man die Geschichte der Arbeit nicht von den Maschinen aus erzählt, sondern von den Menschen, die diese Maschinen bedienen.

In den **Wirtschaftswissenschaften** und der **Arbeitswissenschaft** ist Arbeit zwar ein maßgeblicher Bezugspunkt der disziplinären Debatten, wird jedoch, wie **Axel Haunschild** pointiert, zu einem Faktor unter anderen innerhalb ökonomischer Beziehungen. Hier wird tendenziell nicht nur die Arbeit, sondern auch der Arbeitende Mensch zuallererst als Produktionsfaktor gefasst. Für die Betriebswirtschafts- und die klassische Organisationslehre betriebswirtschaftlicher Personalforschung, die Problemlösungsprozesse auf Unternehmensziele orientiert, sei eine Arbeitsorientierung kaum prägend. Die Arbeitskraft wird primär als Humanressource gefasst und die Disziplin bleibt insgesamt kapital- und nicht arbeitsorientiert.

Ähnliches gilt für die Arbeitswissenschaften: Mit dem Ziel, gesicherte wissenschaftliche Erkenntnisse zu produzieren, die als Grundlage für Gestaltungsempfehlungen von Arbeitssystemen und -plätzen dienen, erscheint Arbeit an sich nicht erzählenswert. Auch hier wird Arbeitskraft primär als Ressource verhandelt. Die Narrative der Wissenschaft folgen der Erzähllogik von Markt und Wettbewerb, in denen das Arbeitssubjekt keine Autorschaft reklamieren kann und folglich stumm bleibt. Sinn und Subjektivität spezifischer Arbeit samt dem identitätsstiftenden Charakter von Arbeitserzählungen bleiben so tendenziell unartikuliert. Die disziplinäre Ausrichtung an quantitativen und nicht qualitativen Methoden klammert subjektive Geschichten aus und sorgt damit letztlich auch dafür, dass die Frage, wie Arbeit in der Disziplin selbst ›erzählt‹ wird, gar nicht erst gestellt wird.

Den Satus quo der arbeitsorientierten **Humangeographie**, den **Christoph Scheuplein** porträtiert, hat deutliche Anknüpfungspunkte an die von Haunschild beschriebenen Foki der Arbeitswissenschaft, die hier räumlich gewendet und konkretisiert werden. Der Beitrag liefert eine Bestandsaufnahme, wie Arbeit in der Humangeographie – wenn überhaupt – verhandelt und erzählt wird. Insofern für die Humangeographie eine äußerst plurale Thematisierung von Arbeit konstatiert wird, nimmt der Beitrag einen multiperspektivischen Überblick vor.

Dafür macht Scheuplein in einem ersten Schritt deutlich, wie Arbeit und Raum zueinander in Beziehung stehen und sich gegenseitig bedingen (können). Die konkreten Felder der Humangeographie bestehen dann in der Analyse der Verteilung von Arbeit im Raum, was sowohl im Sinne staatlicher Raumordnung als Überwindung regionaler Unterschiede als auch in Bezug auf Entwicklungschancen (urbaner) Räume, etwa durch Etablierung von Kreativwirtschaftsstandorten, sowohl in Hinblick auf regionale Deindustrialisierungsprozesse als auch in Bezug auf die Organisation von Beschäftigten in einem lokalen Umfeld gilt. Für diese Kontexte ruft Scheupleins Beitrag die maßgeblichen Narrative innerhalb der Disziplin, ihren Entstehungskontext und ihre Entwicklung auf, macht nachdrücklich aber auch auf die Randstellung innerhalb des Faches aufmerksam, die die Bearbeitung einiger der genannten Themen als ›Standortnachteil‹ für akademische und privatwirtschaftliche Karrieren erscheinen lässt.

Auch **Gottfried Schweiger** fügt sich mit seinem Beitrag zur narrativen Verhandlung von Arbeit in der **Philosophie** in den Reigen der Skepsis gegenüber einer fachinternen normativen Definition dessen, was Arbeit ist. Nur hätte die Philosophie anders als die anderen hier vertretenen Disziplinen auch eine lange Geschichte der begrifflichen Kämpfe zu erzählen, so dass Schweiger die Feststellung, dass die Rede über Arbeit gesellschaftlich konstituiert sei, zum Ausgang seiner Reflexion nimmt. Das Verhältnis von Arbeit und Gesellschaft erweist sich bei näherer Betrachtung als ein dialektisches, in dem Arbeit auf Gesellschaft auf Arbeit wirkt. Dieser Rahmung ist auch das arbeitende Subjekt unterworfen, das unter dem Aspekt seiner Anerkennungsbedürftigkeit im Fokus von Schweigers Ausführungen steht.

Damit wird der Kern der gesellschaftlichen Rede über Arbeit umkreist, insofern Tätigkeiten, die konsensuell als Arbeit bewertet werden, mehr Anerkennung erfahren, als solche, die im gesellschaftlichen Horizont keine Arbeit darstellen. Arbeit garantiert damit Anerkennung – wenn auch nicht per se, denn der Beitrag verweist auf die Koppelung von Anerkennung an (beruflichen) Erfolg. Damit wird nicht das reine Haben und Machen von Arbeit zum Gewährleister gesellschaftlicher Anerkennung, sondern diese werden einer Marktlogik untergeordnet. Angesichts dieser Deutungshoheit des Marktes auch im Bereich der Anerkennung stellt Schweiger die Frage, ob Arbeit heute damit ethischen Maßstäben genügen kann, an den Beginn seiner Überlegungen, die, als Narrativ der Anerkennungstheorie, nicht den Status quo, nicht das Wesen, sondern das Ideal von Arbeit (»wie sie sein soll«) befragen.

Torsten Erdbrügger sieht sich in seinem Beitrag vor das Problem gestellt, dass die Erzählungen der **Literaturwissenschaft** nicht losgelöst von den Erzählungen der Literatur beschrieben und verstanden werden können. Aus Perspektive der Germanistik zeichnet der Aufsatz deshalb die Entwicklung einer ›Literatur der Arbeitswelt‹ mit Fokus auf das zwanzigste Jahrhundert nach. Darauf aufbauend wird die Diskussion um An- oder Abwesenheit des Themas Arbeit in der Gegenwartsliteratur rekonstruiert. Hier zeigt sich, dass Arbeit gegenwärtig aber auch literaturgeschichtlich weniger als konkrete Handlung beschrieben, denn als Diskurs erzählt wird. Es geht den literarischen Werken weniger um die Beschreibung von manuellen Prozessen als um die psychologischen Auswirkungen neuer Formen flexibilisierter, entgrenzter und subjektivierter Arbeit.

Allerdings scheint mit Blick auf die fachinternen Auseinandersetzungen mit dieser Problematik das Problem auf, durch notwendige Theorieimporte, vornehmlich aus der Soziologie, den eigenen Horizont zu verengen und Arbeitsweisen aus dem analytischen Fokus auszuschließen, die den breitenwirksamen Masternarratives der Soziologie und der populärwissenschaftlichen Diskurse nicht entsprechen. Im Bemühen, die eigenen Analysen interdisziplinär zu legitimieren, gerät der bislang nicht sehr umfangreichen literaturwissenschaftlichen Forschung zu künstlerischen Inszenierungen von Arbeit, die narratologische Untersuchung der zugrunde gelegten Texte zu leicht aus dem Blickfeld. Damit bestehe die Gefahr, die Erzählungen anderer Disziplinen lediglich zu reproduzieren und den eigenständigen Beitrag, den Literatur mit der Darstellung, Zuspitzung und Erklärung des Verhältnisses von Individuum und Arbeit leisten kann, zu übersehen.

Trotz der Diversität der disziplinären Zugänge und der im jeweiligen Fach vorherrschenden Fachdiskurse fällt beim Lesen der Beiträge dieses Bandes auf, dass Narrationen existieren, auf die sich interdisziplinär alle Beiträger_innen einigen können. Hierzu zählt primär die Bedeutung der kontextuellen und – im weitesten Sinne – gesellschaftlichen Rahmung des Begriffes, den sich Gesellschaft von Arbeit macht. Hierzu gehört auch die Akzeptanz eines Wesenswandels der Arbeit, die sich – bezogen auf das 20. und 21. Jahrhundert – als ein Wandel der Arbeitsbedingungen in der Passage vom Fordismus zum Postfordismus darstellt. Und dazu gehört – drittens – die Annahme, dass Arbeit mehr als nur den reinen Broterwerb darstellt, auch wenn dies in einigen Disziplinen nicht zum Kern der fachlichen Narrationen gehört.

Arbeit wird dann zum individuellen und gesamtgesellschaftlichen Sinnstifter, dessen Bedeutung sich zu potenzieren scheint, je prekärer die angebotene Arbeit und die Sicherheiten, die diese noch bieten kann, werden. Ohne hier in die Diskussion um Wert und Sinn der Arbeit einsteigen zu wollen, lässt sich beobachten, wie bestimmte Redeweisen von Arbeit sich zu wissenschaftlich in hohem Maße anschlussfähigen Narrativen verdichtet haben. Ihre ›Dichte‹ lässt sich – auch – daran ablesen (und sogar empirisch nachweisen), wie häufig bestimmte Narrationsstifter allein in den Beiträgen dieses Bandes genannt, paraphrasiert oder zitiert werden. Zu diesen Gründungs-Texten gehören maßgeblich die Arbeiten von G. Günter Voß und Hans J. Pongratz zur Figur des Arbeitskraftunternehmers, einige Beiträge aus dem *Handbuch Arbeitssoziologie* sowie der von Jürgen Kocka und Claus Offe herausgegebene Band *Geschichte und Zukunft der Arbeit*. Diese Texte liefern nicht zuletzt Grundmuster des Erzählens über Arbeit in der Gegenwart und nicht zufällig stellen viele Arbeiten zum Thema Variationen dieser Grundmuster dar.

Zum besseren Nachvollzug der an den Erzählungen über Arbeit beteiligten Narrateure und Narrationen ist die verwendete Literatur der Einzelbeiträge am Endes dieses Bandes zu einer Gesamtbibliographie zusammengestellt, die zwar keinen Anspruch auf Vollständigkeit erheben kann und will, aber einen orientierenden Überblick über die textuelle Manifestation der Rede über Arbeit in den hier zu Wort gekommenen Wissenschaften liefert.

Dass die Beiträger_innen überhaupt in einen Austausch getreten sind, ist der freundlichen Förderung des Projektes durch die Hans-Böckler-Stiftung zu danken. Aus ihren Mitteln wurde bereits 2012 die internationale Tagung *Omnia vincit labor? Narrative der*

Arbeit und Arbeitskulturen in medialer Reflexion an der Universität Leipzig ermöglicht. *Arbeit als Narration* war der Titel der auf den Ergebnissen dieser Tagung aufbauenden Werkstatt, die die Frage nach der Erzählbarkeit von Arbeit interdisziplinär geöffnet hat. Für die Finanzierung des Workshops und der vorliegenden Publikation gilt der Hans-Böckler-Stiftung unser herzlicher Dank.

Der Lektüre der Beiträge dieses Bandes sei abschließend vorausgeschickt, dass die gendergerechte Schreibweise den Beiträger_innen überlassen und weder aus sprachökonomischen noch aus geschlechterpolitischen Gründen vereinheitlicht wurde. Im Namen der Beiträger_innen sprechen wir dennoch, wenn wir betonen, dass sowohl die Verwendung des generischen Maskulinums als auch die Doppelnennung maskuliner und femininer Formen, sowohl der Gender_Gap als auch das Binnen-I, sofern nicht anderweitig kontextualisiert, immer alle Geschlechter miteinbezieht.

Friedericke Hardering
Erzählen über Arbeit?
Verlust- und Fortschrittsnarrative der Arbeit

Einleitung[1]

Zu den populärsten Beiträgen der Soziologie zu Beginn der 2000er Jahre kann Richard Sennetts Bestseller *Der flexible Mensch* gezählt werden. Sennett beschreibt hier anhand von verschiedenen Lebensgeschichten, wie die moderne Arbeitswelt den Menschen mit neuen Anforderungen konfrontiert. Das Buch beginnt mit der Geschichte von Rico, der auf den ersten Blick eine erfolgreiche Karriere absolviert hatte. Allerdings berichtete Rico, dass er unter den Anforderungen der modernen Arbeitswelt litt: Seine Sorge war, durch ständige Umzüge und permanenten Stress die Kontrolle über sein eigenes Leben zu verlieren und vom Leben getrieben zu werden. Anhand von Ricos Geschichte deutet Sennett die mangelnde Kontinuität und Erzählbarkeit der Lebensgeschichte als Bedrohung des Menschen im modernen Kapitalismus. Er fragt provozierend: »Wie kann ein Mensch in einer Gesellschaft, die aus Episoden und Fragmenten besteht, seine Identität und Lebensgeschichte zu einer Erzählung bündeln«[2]?

Sennetts *Der flexible Mensch* ist in vielerlei Hinsicht für die Frage des Zusammenhanges von Arbeit und Narration interessant: Erstens, weil er in seinen Ausführungen auf eine Vorstellung von menschlicher Identität verweist, nach der dem Sich-erzählen-Können eine Zentralstellung für die gelingende Identitätsbildung zukommt.[3]

---

1   Ich danke allen Teilnehmenden des Workshops für ihre hilfreichen Anregungen, die teilweise in die vorliegende Publikation eingegangen sind.
2   Richard Sennett: Der flexible Mensch. Die Kultur des neuen Kapitalismus, aus dem Amerikanischen von Martin Richter, Berlin 1998, 31.
3   Zum Konzept der »narrativen Identität« vgl. Jürgen Straub: »Biographische Sozialisation und narrative Kompetenz. Zu einigen psychologischen Voraussetzungen lebensgeschichtlichen Denkens«, in: E. Hoerning (Hg.): Biographische Sozialisation, Stuttgart 2000, 137–163;

Zweitens, weil Sennetts Monographie selbst die Erzählung von Geschichten als wesentliche Darstellungsweise nutzt, was auch maßgeblich zur Popularität des Werkes beigetragen haben dürfte. Neben diesen beiden Punkten scheint mir aber noch ein dritter für den Konnex von Arbeit und Narration relevant zu sein, denn *Der flexible Mensch* steht als soziologische Diagnose für eine bestimmte Art, über den Wandel der Arbeit als Zunahme von Bedrohungen für den Menschen nachzudenken. Insofern bestärkt Sennetts Werk eine bestimmte Erzählweise über die Arbeitswelt, nach der sich immer neue Belastungen für den Einzelnen durch strukturelle Veränderungen der Arbeit auftun.

Insgesamt findet in der deutschsprachigen soziologischen bzw. arbeitssoziologischen Literatur eine Reflektion über den Zusammenhang von Arbeit und Narration kaum statt. Von den genannten drei Perspektiven auf Arbeit und Narration ist der Zusammenhang von Identität und Erzählbarkeit sicherlich derjenige, dem größere Aufmerksamkeit zu Teil geworden ist.[4] Auch der *narrative turn* in den Kultur- und Sozialwissenschaften dürfte dazu beigetragen haben, dass sich seit der Jahrtausendwende Publikationen mehren, die über die Erzählbarkeit des eigenen Selbst und die gemeinsame Herstellung von Biographien (*doing biography*) reflektieren.[5] Auch wenn sich an dieser Stelle viel bewegt zu haben scheint, findet diese Diskussion doch fernab des soziologischen oder arbeitssoziologischen Mainstreams statt. Deutlich unpopulärer noch als die Frage nach erzählbaren Identitäten in der Arbeitswelt ist das Thema des Erzählens als soziologische Darstellungsform.[6] Und bei der Suche nach Anschlussstellen für die Frage, ob, und wenn ja, welche Narrative über Arbeit in der Soziologie verwendet werden, scheint es zunächst noch magerer auszuschauen als bei den zuvor genannten Diskussionen.

Wie über Arbeit erzählt wird, ist kein gängiges Thema, ebenso wenig wie die Reflexion über die Kategorie der Erzählung.[7] Nichtsdestoweniger finden sich an

---

Jürgen Straub/Barbara Zielke: »Autonomie, narrative Identität und die postmoderne Kritik des sozialen Konstruktionismus. ›Relationales‹ und ›dialogisches‹ Selbst als zeitgemäße Alternativen?«, in: J. Straub/F. Jäger (Hg.): Was ist der Mensch, was Geschichte? Perspektiven einer kulturwissenschaftlichen Anthropologie, Bielefeld 2005, 165–210.

4   Vgl. Heiner Keupp u.a.: Identitätskonstruktionen. Das Patchwork der Identitäten in der Spätmoderne, Reinbek bei Hamburg ³2006.

5   Vgl. Wolf-Dietrich Bukow/Susanne Spindler: »Die biographische Ordnung der Lebensgeschichte. Eine einführende Diskussion«, in: W.-D. Bukow u.a. (Hg.): Biographische Konstruktionen im multikulturellen Bildungsprozess. Individuelle Standortsicherung im globalisierten Alltag, Wiesbaden 2006, 9–36.

6   Heinz Bude hat sich in seinem Essay *Die soziologische Erzählung* mit der Erzählkunst beschäftigt und die soziologische von der historischen und der literarischen Erzählung abgegrenzt. Die soziologische Erzählung sei leichtfüßiger als die historische und zugleich authentischer als die literarische. Bude legt in seinen Ausführungen allerdings den Schwerpunkt auf Reportagen und Portraits; ihm geht es um die kleinen Geschichten, die Einblicke in einen Ausschnitt der Lebenswirklichkeit bieten und detektivisch sozialen Phänomenen auf die Spur kommen.
Heinz Bude: »Die soziologische Erzählung«, in: T. Jung/S. Müller-Doohm (Hg.): »Wirklichkeit« im Deutungsprozeß. Verstehen und Methoden in den Kultur- und Sozialwissenschaften, Frankfurt a.M. 1993, 409–429.

7   Die mangelnde Thematisierung kann mit Lyotards These vom *Ende der großen Erzählungen* in

ganz verschiedenen Stellen Hinweise darauf, dass Erzählung und die Art, wie wir erzählen, vielleicht thematisch anschlussfähiger ist, als es auf den ersten Blick scheint. Ich will im Folgenden prüfen, inwieweit die Frage des Erzählens über Arbeit einen Mehrwert für das soziologische bzw. arbeitssoziologische Verständnis von Arbeit hat. Dazu soll in einem ersten Schritt geklärt werden, was unter einer Erzählung im hier gemeinten Sinne verstanden werden kann. Als Beispiel für eine Erzählung über Arbeit werde ich die »Standarderzählung zur Geschichte der Arbeit«[8] skizzieren, anhand derer typische Merkmale einer Erzählung deutlich werden. Anschließend will ich zwei gegenwärtige Erzählungen von Arbeit, das Verlustnarrativ und das Fortschrittsnarrativ, aufzeigen und ihr Gewicht für die aktuelle Diskussion über den Wandel der Arbeitswelt prüfen. Anders als die Standarderzählung sind weder das Verlustnarrativ noch das Fortschrittsnarrativ ›beschriebene‹ Narrative, was bedeutet, dass zwar Elemente dieser Narrative auffindbar sind, sie aber noch nicht als solche bzw. als Erzählungen ausführlicher thematisiert wurden. Um die beiden Narrative also sichtbar zu machen, muss ich sie erzählen, und dabei vielleicht auch erst (mit-)konstruieren. In einem letzten Schritt will ich dann auf den Nutzen der Reflektion von Arbeit als Narration eingehen und den Gewinn einer solchen Betrachtungsweise skizzieren.

Die Ordnung der Erzählung

Während in der Alltagssprache Erzählung, Narration und Geschichte häufig synonym verwendet werden, hat sich in der Narratologie wie auch in Ansätzen, die sich dem narrativen Paradigma verpflichtet fühlen, als Oberbegriff derjenige der Erzählung etabliert. Nach einer häufig aufgegriffenen Definition von Gérard Genette bezieht sich Erzählung auf drei Bereiche, die von ihm mit unterschiedlichen Begriffen belegt werden: auf die mündliche oder schriftliche narrative Aussage bzw. den Signifikanten (*Erzählung*), auf den fiktionalen oder non-fiktionalen Inhalt, der in einer Folge von Ereignissen besteht (*Geschichte*) sowie auf den Prozess des Erzählens (*Narration*).[9] Diese Gliederung ist für das Verständnis von Strukturmerkmalen einer Erzählung hilfreich; nichtsdestoweniger werde ich im folgenden Erzählung und Narration synonym verwenden. Erzählungen lassen sich weiterhin als Textsorte mit einer bestimmten Struktur verstehen, nämlich einem Anfang, einer Mitte und einem Ende.[10] Erzählungen sind so gewendet ein zeitliches Ordnungsschema: Bestimmte Inhalte

---

Verbindung gebracht werden, welche im Kontext der Modernisierungsdiskussion verschiedentlich aufgegriffen wurde. Jean-François Lyotard: Das postmoderne Wissen. Ein Bericht, aus dem Französischen von Otto Pfersmann, Wien 1987.

8   Jürgen Kocka: »Arbeit früher, heute, morgen: Zur Neuartigkeit der Gegenwart«. In: J. Kocka/C. Offe (Hg.): Geschichte und Zukunft der Arbeit, Frankfurt a.M./New York 2000, 477.

9   Vgl. Gérard Genette: Die Erzählung. Aus dem Französischen von Andreas Knop, München 1998; Straub: Biographische Sozialisation und narrative Kompetenz.

10 Vgl. Norbert Meuter: »Geschichten erzählen, Geschichten analysieren. Das narrativistische Paradigma in den Kulturwissenschaften«, in: F. Jaeger/J. Straub (Hg.): Handbuch der Kulturwissenschaften. Bd. 2: Paradigmen und Diskurse, Stuttgart 2004, 140–155; Straub, Biographische Sozialisation und narrative Kompetenz.

werden selektiert, zeitlich strukturiert und dergestalt geordnet, dass sie auf einen bestimmten Endpunkt zulaufen.[11]

Als Beispiel für eine in der Erforschung von Arbeit prominente Erzählung will ich kurz auf die *Standarderzählung der Geschichte der Arbeit*[12] eingehen. Die Standarderzählung berichtet von einem über die Antike und das Mittelalter bis in die Neuzeit sich vollziehenden Bedeutungsgewinn der Arbeit und beschreibt die Auf- und Abwertungsprozesse verschiedener Arbeitsformen. Beginnend mit der Abwertung besonders von körperlicher Arbeit im Alten Testament wie auch in der griechischen Antike wird berichtet von der schleichenden Aufwertung der Arbeit, die über das benediktinische *Ora et labora* und Luthers Gedanken zur Berufung reicht bis hin zu den Klassikern wie Friedrich Nietzsche, Karl Marx, Max Weber und Hannah Arendt.

Die Standarderzählung erfreut sich auch jenseits des wissenschaftlichen Diskurses enormer Popularität, was sich nicht zuletzt daran zeigt, dass kaum eines der in den letzten Monaten erschienenen Sachbücher über Arbeit darauf verzichtet, die Standarderzählung in mehr oder weniger ausführlicher Form aufzugreifen.[13] An der Standarderzählung zeigen sich die typischen Eigenschaften einer Erzählung: Es wird ein zeitlicher Horizont aufgespannt, innerhalb dessen relevante Inhalte ausgewählt und in eine Ordnung gebracht werden. Es gibt einen *Anfang*, in dem Arbeit als Leid gefasst wird, eine *Mitte*, also einen zentralen Wendepunkt, an dem sich das neuere Denken über Arbeit etablierte (Luthers Aufwertung des Berufes) und ein *Ende* bzw. einen dramaturgischen Höhepunkt, der darin liegt, dass Arbeit in der (Post) Moderne zur mehr oder minder einzigen Sinnquelle avanciert ist. Innerhalb dieses Rahmens wird die Geschichte des Bedeutungsgewinns der Arbeit erzählt. So stabil bestimmte Elemente in der Erzählung auftauchen, bleibt sie doch dynamisch und flexibel wandelbar: Es gibt zahlreiche Seitenarme, Querverbindungen und Anschlusserzählungen, zum Beispiel die Erzählung über die verpasste Chance, sich durch den technologischen Fortschritt von der Arbeit zu befreien. Insofern ist die Erzählung vom Bedeutungsgewinn der Arbeit auch nie abgeschlossen, sie bleibt beständigem Umbau vorbehalten.

An der Standarderzählung lassen sich somit typische Elemente und Eigenschaften einer Erzählung wiederfinden, zugleich bleibt sie allein aufgrund des ca. 2.500 Jahre umfassenden Zeithorizontes besonders. Die soziologischen Narrative über Arbeit, die ich im Folgenden beispielhaft vorstellen möchte, stellen allesamt explizit oder implizit Anschlusserzählungen der Standarderzählung dar und sind mit ihr in Umfang und Bedeutsamkeit nicht zu vergleichen.

---

11 Ausführlichere Überlegungen zum Begriff der Erzählung finden sich in: Hardering, Friedericke: Unsicherheiten in Arbeit und Biographie. Zur Ökonomisierung der Lebensführung, Wiesbaden 2011.

12 Kocka: Arbeit früher, heute, morgen, 477.

13 Beispiele für Sachbücher, die die Standarderzählung aufgreifen, sind: Thomas Vašek: Work-Life-Bullshit. Warum die Trennung von Arbeit und Leben in die Irre führt, München 2013 oder: Joachim Bauer: Arbeit: Warum unser Glück von ihr abhängt und wie sie uns krank macht, München 2013.

Zeitgenössische soziologische Narrative über Arbeit

Neben dem Rekurs auf die Standarderzählung ist zu vermuten, dass soziologische Erzählungen über Arbeit nicht umhinkommen, sich zu aktuellen Modernisierungstheorien zu positionieren. So dürfte das Paradigma der zweiten Moderne, welches selbst als Erzählung beschrieben worden ist,[14] eine solcher Bezugsgrößen sein, auf die sich die Narrative über Arbeit rückbeziehen. Um diese Bezugnahme genauer zu verstehen, will ich nun zwei Narrationstypen über Arbeit vorstellen. Ziel ist einerseits, das Struktur- bzw. Ablaufmuster des Narrativs aufzuzeigen und andererseits ein typisches Beispiel aus der aktuellen arbeitssoziologischen Forschung anzuführen.

Das erste der Narrative ist das *Verlustnarrativ*, welches die Erzählung eines schmerzlichen Abschieds darstellt. Nicht selten taucht in solchen Verlustnarrativen die Rede vom *Ende* einer bestimmten Sache auf. Eine besonders populäre dieser End-Geschichten ist die Erzählung vom *Ende der Arbeitsgesellschaft*. Diese Erzählung wurde in der deutschen Soziologie besonders gegen Ende der 1970er und während der 1980er Jahre geformt. In dieser Zeit wurde vor dem Hintergrund von Massenarbeitslosigkeit die bereits Ende der 1950er Jahre von Hannah Arendt eingebrachte These diskutiert, ob denn nicht der Arbeitsgesellschaft die Arbeit ausgehe, und wir somit vor einer grundlegenden Krise unserer modernen Erwerbsarbeitsgesellschaft stehen.[15] Der Soziologentag des Jahres 1982 stand mit dem Titel *Krise der Arbeitsgesellschaft?* im Zeichen eben dieser Diskussion. Jenseits des deutschsprachigen Diskursraums findet die Thematisierung des Verlustnarratives vielleicht noch expliziter statt. So spricht Strangleman[16] von *narratives of crisis*, von Krisennarrativen in der Arbeitssoziologie und sieht in der *end of work debate* einen prominenten Vertreter dieses Typs. Vielleicht weil sich die Sorgen um das Ende der Arbeit nicht bewahrheitet haben, ist diese Erzählung zumindest im deutschsprachigen Diskurs mittlerweile durch neuere Erzählungen überschrieben worden, die gegenwärtig stärker präsent sind.

Ein aktuelles Beispiel einer intensiv diskutierten Abschiedsgeschichte ist die Erzählung vom Ende des Normalarbeitsverhältnisses. In dieser Geschichte wird beschrieben, wie eine Beschäftigungsform, die ein existenzsicherndes Einkommen, hohe Arbeits- und sozialrechtliche Standards und eine kontinuierliche Perspektive durch einen unbefristeten Vertrag bot, nunmehr seltener und durch unsichere Beschäftigungsverhältnisse abgelöst wird. Vom französischen Soziologen Robert Castel wurden diese Phänomene als »Rückkehr der Unsicherheit«[17] gedeutet. Ihren Nährboden findet diese Erzählung in der Zunahme von atypischen Beschäftigungsverhältnissen wie befristete Beschäftigung oder Leiharbeit seit den 1990er Jahren. Tatsächlich kann man diese Veränderungen als Verlust von Arbeitsplatzsicherheit und als Rückkehr der Unsicherheit deuten. Diese Deutung haben zentrale Akteure des Diskurses über

---

14 Vgl. Heike Kahlert: »Die soziologische Erzählung der ›Zweiten Moderne‹. Skizzen zu einem aktuellen Versuch, das ›Neue‹ zu denken«, in: Potsdamer Studien für Frauen- und Geschlechterforschung, 6 (2002): Transformationen Wissen – Mensch – Geschlecht, 124–136.
15 Hannah Arendt: »Vita Activa oder Vom tätigen Leben.« München [6]2007.
16 Vgl. Strangleman, Tim: »Work Identity in Crisis? Rethinking the Problem of Attachment and Loss at Work«, in: Sociology, 46 (2012), 411–425.
17 So die Kapitelüberschrift bei Robert Castel: Die Stärkung des Sozialen. Leben im neuen Wohlfahrtsstaat. Aus dem Französischen von Michael Tillmann, Hamburg 2005, 54–80.

die Prekarisierung der Arbeit wie Robert Castel[18], Klaus Dörre[19] oder Berthold Vogel[20] immer wieder betont. Auf diese Deutung eines Sicherheitsverlustes stößt man auch dann, wenn man mit Beschäftigten in prekären Beschäftigungsverhältnissen spricht. Und man findet die Spuren der Verunsicherung und Abstiegsangst selbst dort, wo noch gesicherte Beschäftigungsverhältnisse vorherrschen.[21]

Man kann also weder den strukturellen Rückbau von Sicherheitsgaranten noch den wahrgenommenen Sicherheitsverlust wegdiskutieren. Was aber an dieser Erzählung als problematisch empfunden wird, ist, dass sie mit einem eigenwilligen Bild der Vergangenheit operiert, von der sich die neue, unsichere Epoche abgrenzt. Die Erzählung vom Verlust von Sicherheiten hat somit zwar einen empirisch gut beschreibbaren Kern, nichtsdestoweniger basiert sie auf Verzerrungen und Auslassungen.[22] Aus der Retrospektive erscheint in dieser Erzählung die Hochphase des Fordismus und des Normalarbeitsverhältnisses als Epoche der Planbarkeit, Stabilität und Sicherheit. Offenkundig ist dieses Bild von der Vergangenheit aber ein verzerrtes, denn beispielsweise die Tatsache, dass das Normalarbeitsverhältnis in erster Linie ein männliches Konstrukt ist, wird dabei völlig ausgeblendet. Nicht zuletzt deshalb spricht Heinz Bude in diesem Kontext von »nostalgischen Reserven«[23] und Silke van Dyk und Stefan Lessenich von »retrospektiven Mystifizierungen«[24]. Sucht man nach Erklärungen für dieses schiefe Vergangenheitsbild, wird man ebenfalls im Bereich der Erzählungen fündig: So können die negativen Zuspitzungen der aktuellen Verlustgeschichte als Folge eines allzu optimistischen Aufstiegsnarrativs gedeutet werden, welches die Epoche der Nachkriegszeit als ökonomische Erfolgsgeschichte darstellt. Andreas Rödder hat nachgezeichnet, wie die Krisendiagnostiken Deutschlands als »armer Mann Europas« nicht zuletzt darauf zurückzuführen sind, dass die Erfolgsgeschichte Deutschlands in der Nachkriegszeit bereits Züge von Selbstüberhöhung aufweist.[25] Dabei seien strukturelle Probleme kleingeredet und die ökonomische Leistungsfähigkeit überschätzt worden. Zugleich wurden aber gerade in dieser Zeit Normalitätserwartungen der geburtenstarken Jahrgänge geformt. Das Verlustnarrativ ist somit nur vor dem Hintergrund seiner ›Vorgeschichte‹ zu verstehen. Daran zeigt sich die Notwendigkeit, Narrative nicht als Einzelphänomene zu analysieren, sondern sie im Kontext ihrer Vorgängergeschichten und möglicher Folgenarrative zu

---

18   Vgl. Castel: Die Stärkung des Sozialen.
19   Vgl. Klaus Dörre: »Ende der Planbarkeit? Lebensentwürfe in unsicheren Zeiten«, in: Aus Politik und Zeitgeschichte, 41 (2009), 19–24.
20   Vgl. Berthold Vogel: Die Staatsbedürftigkeit der Gesellschaft, Hamburg 2007.
21   Vgl. Holger Lengfeld/Jochen Hirschle: »Die Angst der Mittelschichten vor dem sozialen Abstieg. Eine Längsschnittanalyse 1984–2007«, in: Zeitschrift für Soziologie, 5 (2009), 379–398.; Vogel: Die Staatsbedürftigkeit der Gesellschaft.
22   Hardering: Unsicherheiten in Arbeit und Biographie.
23   Heinz Bude: »Nostalgische Reserven«, in: Mittelweg 36, 5 (2008), 46–49.
24   Stephan Lessenich/Silke van Dyk: »Unsichere Zeiten. Die paradoxale ›Wiederkehr‹ der Unsicherheit«, in: Mittelweg 36, 5 (2008), 29.
25   Andreas Rödder: »Das ›Modell Deutschland‹ zwischen Erfolgsgeschichte und Verfallsdiagnose«, in: Vierteljahreshefte für Zeitgeschichte, 54 (2006), 345–363.

untersuchen. Folgt man dieser Betrachtungsperspektive, in der Narrative mit ihren Anschlussstellen und Überlappungen sichtbar werden, wird auch offenkundig, dass die Erzählung vom Ende der Normalarbeit letztlich nur eine Spielart der großen Erzählung über das Ende der Aufstiegsepoche darstellt.

Das Gegenstück zur Verlusterzählung bildet die Fortschrittserzählung. Als soziologisches Narrativ folgt sie der Idee, dass die Veränderungen der Arbeitswelt zu einem Gewinn an subjektiven Handlungsspielräumen und dadurch zu mehr Arbeits- und Lebenszufriedenheit führen. Solche Fortschrittserzählungen schließen teilweise an die Arbeitsutopien an, die in der Vergangenheit von André Gorz[26] oder Jeremy Rifkin[27] aufgegriffen wurden, dass nämlich die industrielle Arbeitsteilung wie auch der technologische Fortschritt zu einer Verknappung von Arbeit bei gleichzeitiger Produktivitätssteigerung führe, wodurch der Wohlstand gesichert sei und die Menschen über mehr arbeitsfreie Zeit verfügten. Wie die Entwicklung der Arbeitswelt der letzten 40 Jahre zeigt, haben diese Utopien keine Realisierung gefunden. Interessant ist gerade aber im Vergleich mit dieser älteren Fortschrittserzählung des Gewinns an arbeitsfreier Zeit, dass das aktuellere Narrativ den Gewinn nicht länger in der Reduktion von Arbeit sieht, sondern darin, dass die Arbeit selbst zu einem angenehmeren Zeitvertreib wird.

Als Beispiel für ein Fortschrittnarrativ möchte ich einen Erzählstrang skizzieren, der in der arbeitssoziologischen Diskussion um die *Subjektivierung der Arbeit* findet. Es handelt sich um die Erzählung gesteigerter Realisierungschancen subjektivierter Erwerbsorientierungen, also um die Entwicklung von Arbeitsbedingungen in Richtung der vorherrschenden Wünsche und Wertorientierungen von Beschäftigten. Anders, als es im Prekarisierungsdiskurs der Fall ist, werden unter dem Schlagwort der Subjektivierung der Arbeit besonders die Ambivalenzen und paradoxalen Effekte der Subjektivierung betont,[28] und somit die Uneindeutigkeiten der Entwicklungen in der Arbeitswelt. Das Fortschrittsnarrativ der gesteigerten Realisierungschancen ist somit lediglich ein Strang innerhalb des Diskurses um die Subjektivierung der Arbeit, ohne den allerdings die These einer Zunahme von Ambivalenzen in der Arbeit kaum denkbar ist.

Wie sieht dieses Fortschrittsnarrativ nun aus? Das Fortschrittsnarrativ nimmt seinen Ausgang in den 1970er Jahren, in einer Epoche also, die sich durch die Gleichzeitigkeit sehr heterogener Entwicklungen auszeichnet. Hintergrund ist eine sich verändernde Arbeitsgesellschaft, die sich gerade im Umbruch von einer Industrie- zu einer Dienstleistungsgesellschaft befindet.[29] Zeitgleich findet in den westlichen Gesellschaften ein kultureller Wandel statt, der vom Politikwissenschaftler Ronald Inglehart als *silent revolution* bezeichnet wurde. Inglehart zielte damit auf den Wandel von Wertorientierungen der Menschen, die sich nach seiner Einschätzung weg von

---

26 André Gorz: Arbeit zwischen Misere und Utopie. Frankfurt a.M. ³1999.

27 Jeremy Rifkin: Das Ende der Arbeit und ihre Zukunft. Neue Konzepte für das 21. Jahrhundert. Aus dem Englischen von Thomas Steiner und Hartmut Schickert. Frankfurt a.M. 2005.

28 Vgl. A. Honneth (Hg.): Befreiung aus der Mündigkeit. Paradoxien des gegenwärtigen Kapitalismus, Frankfurt a.M. 2002.

29 Vgl. Daniel Bell: Die nachindustrielle Gesellschaft [1973]. Aus dem Amerikanischen von Siglinde Summerer/Gerda Kurz, Frankfurt a.M./New York 1985.

materiellen Werten hin zu postmateriellen Werten orientierten.[30] Auf die Arbeitswelt angewendet bedeutete dieser Wertewandel, dass nunmehr der Wunsch nach arbeitsinhaltlichen Werten wie Selbstbestimmung, Aufgabenvielfalt und Kreativität größer wurde. Für die deutsche Arbeitssoziologie machte Martin Baethge diesen Gedanken zunächst fruchtbar, indem er von einer »normativen Subjektivierung der Arbeit« sprach, und damit auf die »Geltendmachung persönlicher Ansprüche, Vorstellungen und Forderungen in der Arbeit« zielte.[31] Neben diesen neuen Orientierungen wurden verschiedene Entwicklungen in der Arbeitswelt so interpretiert, dass sie diesem vermeintlich neuen Bedürfnis entgegenkommen: Neue Konzepte der Arbeitsorganisation wurden eingeführt, und eine neue Art von hochqualifizierter Arbeit wurde nachgefragt, während manch unerfreuliche und restriktive Arbeit in ferne Länder ausgelagert und ›unsichtbar‹ gemacht wurde. Das Fortschrittsnarrativ steht hier ganz im Glauben an die Verbesserung der Lebens- und Arbeitsbedingungen und an eine gelingende Humanisierung der Arbeit. Es ist getragen nicht nur von der Hoffnung, dass inhumane Elemente der Arbeit wie restriktive Tätigkeiten durch neue Formen der Arbeitsorganisation abgebaut würden, sondern zugleich die Arbeit sich dergestalt wandelte, dass sie auch den neuen Erwartungen an inhaltliche Vielfalt und Lernmöglichkeiten entsprach. Das Fortschrittsnarrativ der gesteigerten Realisierungschancen subjektivierter Erwerbsorientierungen deutet den Wandel der Arbeit nicht in der Logik eines Strukturwandels, der dem arbeitenden Subjekt neue Verhaltensweisen aufzwingt, sondern als mehr oder minder harmonische Übereinstimmung objektiver Bedingungen und subjektiver Erwartungen und somit größerer Autonomiespielräume für die Subjekte. Das Fortschrittsnarrativ handelt somit von neuen Glücksversprechen der Arbeit, die unter Begriffen wie Selbstverwirklichung, Kreativität, Sinnerfüllung und Arbeitszufriedenheit verhandelt werden.

Schieflagen in der Erzähltradition

Wie oben bereits angedeutet, findet sich das Fortschrittsnarrativ ohne kritische Gegenargumentation im soziologischen bzw. arbeitssoziologischen Diskurs kaum wieder. Ganz im Gegenteil wird man schnell zurückverwiesen auf Untersuchungen wie *Der neue Geist des Kapitalismus* von Luc Boltanski und Ève Chiapello[32], wo nachge-

---

30 Jüngere Deutungen über den Wertewandel, die vor allem die Zunahme von Mischtypen betonen, finden sich u.a. in: Sven Hauff: »Zwischen Flexibilität und Sicherheit. Zur aktuellen Entwicklung von Werten in der Arbeitswelt«, in: Soziale Welt, 59 (2008), 53–74; Markus Klein: »Gibt es die Generation Golf? Eine empirische Inspektion«, in: Kölner Zeitschrift für Soziologie und Sozialpsychologie, 5/5 (2003), 99–115; Markus Klein/Dieter Ohr: »Ändert der Wertewandel seine Richtung? Die Entwicklung gesellschaftlicher Werteorientierungen in der Bundesrepublik Deutschland zwischen 1980 und 2000«, in: A. Koch/R. Schmitt-Beck/M. Wasmer (Hg.): Sozialer und politischer Wandel in Deutschland, Wiesbaden 2004, 153–178.; Elisabeth Noelle-Neumann/Thomas Petersen: »Zeitenwende. Der Wertewandel 30 Jahre später«, in: Aus Politik und Zeitgeschichte, 29 (2001), 15–22.
31 Martin Baethge: »Arbeit, Vergesellschaftung, Identität. Zur zunehmenden normativen Subjektivierung der Arbeit«, in: Soziale Welt 1/42 (1991), 7.
32 Vgl. Luc Boltanski/Ève Chiapello: Der neue Geist des Kapitalismus. Aus dem Französischen

zeichnet wird, wie sich der Kapitalismus selbst die Hoffnungen auf eine Verbesserung der Arbeit zu Nutze und die Kritik an ihm somit zahnlos gemacht hat.

Macht man sich heute auf die Suche nach dem Fortschrittsnarrativ, wird man eher fündig in einigen Randbereichen arbeitssoziologischer Literatur oder in anderen Fachdisziplinen wie den Wirtschaftswissenschaften oder der (positiven) Psychologie. Ein Grund für das Fehlen des Fortschrittsnarrativs ist sicherlich darin zu suchen, dass die bereits im Zuge der Humanisierungsdiskussion der 1970er Jahre gehegten Hoffnungen um eine qualitative Verbesserung der Arbeit enttäuscht wurden. Verschiedene Studien deuten darauf hin, dass psychische wie auch physische Belastungen in der Arbeitswelt zugenommen haben und sich die wahrgenommene Qualität der Arbeit somit nicht verbessert hat.[33] Allerdings ist zu berücksichtigen, dass viele der Untersuchungen, die Aussagen über veränderte Arbeitsbelastungen treffen, auf den Bewertungen von Beschäftigten basieren. Solche Aussagen sind immer relationale Aussagen, insofern sie auf der Basis von bestimmten Werten und Erwartungen getroffen werden.[34] Zwar lässt sich auf der Basis der Untersuchungen etwas über die aktuellen Einschätzungen sagen, ein konsistentes Bild über tatsächliche Verbesserungen oder Verschlechterungen der Arbeitswelt lässt sich aus den oben genannten Gründen kaum rekonstruieren. Neben der inhaltlichen Begründung gibt es aber vielleicht noch einen weiteren Grund für das Fehlen des Fortschrittsnarrativs, der in einer kritischen Haltung gegenüber optimistischen Deutungen zu sehen ist: Auch wenn an Verfallsdiagnosen und Verfallsnarrativen Kritik geübt wird, bleibt diese im Vergleich zur Kritik an optimistischen Perspektiven auf Arbeit handzahm. Es scheint, dass die Abwesenheit des Fortschrittsnarrativs auf ein Grundproblem aktueller Thematisierungen von Arbeit verweist: Die Erzählung von Fehlentwicklung und Verlust ist bestimmten Zweigen der Soziologie und der Arbeitssoziologie, und insbesondere der soziologischen Zeitdiagnose deutlich prominenter eingeschrieben als die Erwähnung von gelingenden Prozessen bzw. von Verbesserungen.[35] Im Hinblick auf die Zeitdiagnose lässt sich dieser Negativbias gut beobachten, wenn man den Blick auf diejenigen soziologischen Arbeiten richtet, die im öffentlichen Diskurs aufgegriffen werden: Erschöpfung, Burn-Out und Entfremdung sind die Stichworte dieser Erzählung, und die Storyline kreist häufig um die Erläuterung der Zunahme von psychischen Erkrankungen und eine generelle Zunahme von Belastungen in der

---

von Michael Tillmann, Konstanz 2003.

33 Vgl. Tatjana Fuchs: »Qualität der Arbeit«, in: Forschungsverbund Sozioökonomische Berichterstattung (Hg.): Berichterstattung zur sozioökonomischen Entwicklung in Deutschland. Teilhabe im Umbruch. Zweiter Bericht, Wiesbaden 2012, 417–447; Rolf Haubl/Brigitte Hausinger/G. Günter Voß: Riskante Arbeitswelten: Zu den Auswirkungen moderner Beschäftigungsverhältnisse auf die psychische Gesundheit und die Arbeitsqualität, Frankfurt a.M. 2013; Sven Hauff/Stephan Kirchner: »Wandel der Arbeitsqualität. Arbeits- und Beschäftigungsbedingungen zwischen 1989 und 2006 in einer evaluativ-relationalen Perspektive«, in: Zeitschrift für Soziologie, 4/42 (2012), 337–355.

34 Vgl. Hauff/Kirchner: Wandel der Arbeitsqualität.

35 Die stärkere Fokussierung auf Missstände in der Arbeitswelt zeigt sich exemplarisch in der Einleitung des Handbuchs Arbeitssoziologie, wo sie als Element der Fachidentität genannt wird. Vgl. Fritz Böhle/G. Günter Voß/Günther Wachtler: »Einführung«, in: Dies. (Hg.): Handbuch Arbeitssoziologie, Wiesbaden 2010, 11–18, hier 14.

Arbeitswelt. Diese Art der Thematisierung ist aus zwei Gründen nicht unproblematisch:
Erstens bestärkt die einseitige Thematisierung der Krisennarrative, dass sich der Abstand zwischen dem Zustand der Arbeitswelt und der öffentlichen Wahrnehmung desselben vergrößert.[36] *Zweitens* geht die Thematisierung häufig mit einer Einschränkung der Agency-Perspektive einher: Durch die Überbetonung struktureller Wandlungsprozesse erscheint der Gestaltungsspielraum von Individuen als Akteure in der Welt, die mit ihrem Handeln strukturbildend auf Makrotrends rückwirken, tendenziell limitiert. Wie sich also Akteure gestalterisch mit neuen Umweltbedingungen auseinandersetzen und alternative Wege des Umgangs mit dem Neuen jenseits geübter Routinen finden, bleibt in dieser Perspektive kaum beachtet. Strangleman[37] sieht ebenfalls in der Einschränkung der Agency-Perspektive eine der zentralen Gefahren der *end of work debate*. Durch die Wahrnehmung einer strukturellen Dominanz werde es für Individuen schwieriger, sich als aktiv gestaltender Teil in der Geschichte zu begreifen. Hier anschließend kann davon ausgegangen werden, dass diese strukturbetonende Sichtweise auf die Dynamik gesellschaftlicher Veränderungen die Selbstbeschreibungen und Selbstthematisierungen moderner Subjekte nicht unberührt lässt: Die in den Deutungen eingeschriebene Passivität und Begrenztheit der Handlungen auf vergangene Routinen der Akteure birgt die Gefahr, als einzig realistische Sicht auf die individuelle Handlungsfähigkeit wahrgenommen zu werden.

Fraglich ist, ob durch den starken Fokus auf Negativtrends nicht zudem wichtige Aufgaben innerhalb der soziologischen Forschung unbearbeitet bleiben: Versteht man die Aufgabe der Soziologie als »Analyse der sozialen Bedingungen, unter denen ein gelingendes Leben möglich ist«[38], gehört sicherlich auch die Erforschung gelingender Prozesse und neuer Möglichkeiten und Chancen durch strukturelle Veränderungen in der Arbeit dazu. Nimmt man diesen Auftrag eben so ernst wie den der Untersuchung von Pathologien, dürfte sich auch langfristig im Bereich der Erzählungen eine Verschiebung ergeben, und dem Fortschrittsnarrativ ein größeres Gewicht zukommen.

Erzählung als Perspektive

Die obigen Überlegungen dienten dazu, zu prüfen, inwieweit Erzählungen eine relevante Kategorie beim Nachdenken über Arbeit sein können. Die Beschreibung von Narrativen wie der Standarderzählung sowie einzelner Verlust- und Fortschrittsnarrative ermöglichte, den Blick auf ein in der Arbeitssoziologie bisher wenig explizit thematisiertes Feld zu richten, nämlich auf bestimmte Formen der Ordnung und Komplexitätsreduktion, die genutzt werden, um Entwicklungstrends begreifbar zu machen. Daraus leitet sich meines Erachtens auch eine wichtige Zukunftsaufgabe für die Arbeitssoziologie ab, nämlich sich ihre Geschichten und Arten, über Dinge

---

36 Vgl. Strangleman: Work Identity in Crisis?, 411–425.
37 Tim Strangleman: »The Nostalgia for Permanence at Work? The End of Work and Its Commentators«, in: The sociological review, 1/55 (2007), 81–103.
38 Hartmut Rosa: »Kapitalismus als Dynamisierungsspirale – Soziologie als Gesellschaftskritik«, in: K. Dörre/S. Lessenich/H. Rosa (Hg.): Soziologie, Kapitalismus, Kritik. Eine Debatte, Frankfurt a.M. 2009, 87.

zu berichten, zu vergegenwärtigen. Dies ist einerseits für die Reflexion der eigenen Handlungspraxis hilfreich, aber darüber hinaus auch unabdingbar, wenn man an die gesellschaftliche Wirkung der disziplineigenen Narrative denkt. Es handelt sich ja schließlich um nichts Geringeres als wirkmächtige Interpretationsschablonen des eigenen Lebenszusammenhanges, die sowohl die Weltdeutung als auch das Handeln maßgeblich beeinflussen. Insofern stellt sich bei der Nutzung von Narrativen die Frage, welche Folgen bestimmte Erzählweisen haben, welche Sichtweisen sie vielleicht bestärken und auf welchen schon narrativ strukturierten Boden das Narrativ fällt.

In eben diese Richtung denken auch Claus Leggewie und Harald Welzer[39], die in ihren Ausführungen über den Klimawandel und die menschlichen Handlungsmöglichkeiten auf die Veränderbarkeit von Narrativen hinweisen und dazu anhalten, die Geschichte ebenso zu erzählen, dass positives und zukunftsweisendes Handeln möglich wird. In ihrem Kontext heißt das konkret: Keine Geschichte des (Konsum-)Verzichts zu erzählen, sondern die eines Freiheitsgewinns. Analog dazu wäre es meiner Ansicht nach angezeigt, sich mit dem sozialkonstruktivistischen Potenzial gegenwärtiger arbeitssoziologischer Narrative auseinanderzusetzen, denn im Bereich der Erzählung geht es eben nicht nur um Beschreibung, sondern immer auch um Hervorbringung von Wirklichkeit. Diese Reflektion der gestalterischen Kraft von Erzählungen ist nach meiner Einschätzung der große Gewinn, wenn man über Arbeit als Narration nachzudenken beginnt.

Viele Aspekte, die für das Erzählen über Arbeit in der Soziologie relevant sind, konnten lediglich gestreift oder angedeutet werden. Insofern versteht sich der Beitrag als Anregung dafür, die Erzählungen über Arbeit in Zukunft genauer in den Blick zu nehmen. Für das Verständnis kultureller Praktiken des Erzählens als Medium der Selbstvergewisserung könnten Arbeiten aus dem Feld der kulturwissenschaftlichen Erforschung sozialer Gedächtnisse ein geeigneter Ausgangspunkt sein, da in diesen die Logiken des Um- und Überschreibens wie auch die identitätsstiftende Funktion von Narrativen thematisiert wird.[40] Weiterhin wäre in diesem Kontext eine wichtige Aufgabe, den Ort verschiedener Narrative über Arbeit zwischen Soziologie, soziologischer Zeitdiagnose und medialer Thematisierung zu bestimmen. All dies kann sicherlich nur in einem Klima gelingen, in dem über die bestehenden Grenzen bisheriger Forschungstraditionen und Erzählweisen über Arbeit reflektiert wird. Anregungen für eine solche Reflexion finden sich beispielsweise in Nachbardisziplinen: So wurde in der Psychologie von einigen ForscherInnen die zu starke Orientierung des Fachs an Psychopathologien und der Erforschung negativer Gemütszustände erkannt, und eine Perspektiverweiterung in den Bereich positiver Emotionen eingefordert und umgesetzt.[41] Während noch vor einigen Jahren die Erforschung menschlichen Wohlbefindens und besonders der positiven Psychologie mit großer Skepsis aufgenommen wurde, gewinnt sie in den letzten Jahren mehr

---

39 Vgl. Claus Leggewie/Harald Welzer: Das Ende der Welt, wie wir sie kannten: Klima, Zukunft und die Chancen der Demokratie, Frankfurt a.M. 2010.

40 Vgl. Wolfgang Müller-Funk: Die Kultur und ihre Narrative. Eine Einführung, Wien/New York 2008.

41 Diese Öffnung lässt sich auch in der der Arbeits- und Organisationspsychologie beobachten. Vgl. hierzu die Einleitung in: A. Bakker/K. Daniels (Hg.): A day in the life of a happy worker, London/New York 2013.

und mehr an Einfluss und Anerkennung auch innerhalb der *scientific community*. Mit diesem Paradigmenwechsel steht die Psychologie nicht allein, auch innerhalb der Medizin vollzieht sich eine ähnliche Erweiterung der Pathogense um die Salutogense,[42] Diese Perspektiverweiterungen gehen jeweils auch mit einer veränderten Sicht auf subjektive Gestaltungsmöglichkeiten einher. Solche Entwicklungen in Nachbardisziplinen könnten ein Anstoß sein, zu fragen, wie es in der Soziologie um die Balance von Perspektiven auf den Wandel der Arbeit bestellt ist.

---

42 Vgl. Aaron Antonovsky: Salutogenese. Zur Entmystifizierung der Gesundheit. Erweiterte deutsche Ausgabe hrsg. von A. Franke, Tübingen 1997; Alexa Franke: Modelle von Gesundheit und Krankheit, Bern 2006.

Sabine Pfeiffer
Im Kern und doch nicht sichtbar?
Narrative der Arbeit in der Arbeits- und Industriesoziologie

Die Arbeits- und Industriesoziologie als Narrateur?

Wer sich fragt, wo und wie heute über Arbeit erzählt wird, kommt nicht umhin, dazu auch die wissenschaftlichen Disziplinen zu befragen, die Arbeit zu ihrem Gegenstand machen. In den vergangenen Jahren hat sich für diese Disziplinen im deutschsprachigen Raum der Sammelbegriff der Arbeitsforschung mehr und mehr etabliert. Ein Begriff, der letztlich selbst Narration ist, denn: Arbeitsforschung ist keine akademisch etablierte Wissenschaftsdisziplin, sondern ein alle mit Arbeit befassten Wissenschaftsdisziplinen zusammenbindendes Label. Ein Label, das es ermöglicht eben diese Disziplinen mit Gesellschaft in einen Diskurs zu bringen, jüngst erst wieder geschehen in den so genannten Eschborner Thesen.[1] Die dort gestiftete Narration erzählt nicht nur eine – durchaus selbstkritisch zu hinterfragende – Erfolgsgeschichte der Arbeitsforschung als »Treiber sozialer und technischer Innovationen«[2], sondern skizziert auch die Herausforderungen an die Arbeitsforschung angesichts des aktuel-

---

1   Vgl. Jörg Hentrich (Hg.): Eschborner Thesen zur Arbeitsforschung [2013]. Online unter: 2013http://www.rkw-kompetenzzentrum.de/fileadmin/media/Dokumente/Publikationen/2013_Eschborner_Thesen.pdf (Stand: 23.02.2014).

2   Ebd, 2. Gerade im Hinblick auf die gestaltungsorientierten Forschungsprogramme seit den 1980er Jahren – von BMFT-Förderprogrammen zur »Humanisierung der Arbeit« bis hin zum aktuellen BMBF-Programm »Innovative Arbeitsgestaltung« – sieht sich die Arbeitsforschung in der Tradition einer anwendungs- und dialogbereiten Wissenschaft, die »wichtige Anstöße für ein umfassendes Innovationsverständnis geleistet« habe, das über Ansätze einer reinen Akzeptanz- oder Begleitforschung technischer Innovationen weit hinaus geht. Vgl. mit Zitat: Jürgen Howaldt/Michael Schwarz: »Die Rolle der Sozialwissenschaftler bei der Erforschung und Gestaltung sozialer Innovation«, in: Dies. (Hg.): Soziale Innovation im Fokus. Skizze eines gesellschaftstheoretisch inspirierten Forschungskonzepts, Bielefeld 2010, 99–113, hier: 106.

len Wandels von Arbeit. Die Rede ist dabei u.a. von der Technisierung, Pluralisierung, Heterogenisierung, Prekarisierung und Internationalisierung von Arbeit und sich daraus ergebenden neuen Arbeitstypen und Arbeits- und Beschäftigungsformen. Die Arbeitsforschung vereint unterschiedlichste Forschungsrichtungen, von der Arbeitswissenschaft über die Arbeits- und Organisationspsychologie bis hin zu unterschiedlichsten Bindestrich-Soziologien – von letzteren befassen sich einige mit der Arbeitswelt, allen voran aber findet sich hier die Arbeits- und Industriesoziologie. Als im deutschsprachigen Raum einzige Soziologierichtung, die den Begriff »Arbeit« im Namen führt, soll diese im Mittelpunkt der nachfolgenden Überlegungen stehen.

Schließlich ist Arbeit ohne Frage der zentrale Begriff der Arbeits- und Industriesoziologie, ihr »Kern« – ein Kern jedoch, dessen Begriffsbestimmung innerhalb der Disziplin »selten ernsthaft« betrieben »und schon gar nicht intensiver behandelt« wird – obwohl es sich um eine »alte und ehrwürdige Frage« handele.[3] Erst recht hat die Arbeits- und Industriesoziologie sich »erstaunlicherweise« so gut wie nie damit beschäftigt, »welchen alltagspraktischen Arbeitsbegriff Menschen haben oder wie sie das Wort Arbeit im Alltag verwenden«[4]. Außerhalb der Disziplin wird häufig missverstanden, warum die fast ausschließlich im Doppel geführte Bezeichnung der Bindestrichsoziologie, »Arbeit« weitgehend mit dem Begriff der »Industrie« gekoppelt ist. Gemeint ist damit nicht eine empirische Fokussierung auf industrielle Produktionsarbeit oder auf Industrie als Branche oder Sektor, auch wenn dies lange im Zentrum der Forschungsaktivitäten der Disziplin stand – und damit auch in ihrem narrativen Zentrum. Gemeint ist vielmehr: der Blick auf den Wandel und die Entwicklung »kapitalistischer Wirtschafts- und Organisationsformen sowie Kooperations-, Interaktions- und Kommunikationsstrukturen am Arbeitsplatz«, so zumindest die Selbstdefinition der Sektion der Arbeits- und Industriesoziologie innerhalb der Deutschen Gesellschaft für Soziologie.[5] Es geht der Arbeits- und Industriesoziologie also im Kern nicht um Arbeit als ahistorische, anthropologische Konstante, es geht ihr um die sozialen Dimensionen und Bedingungen einer historisch bestimmten, gesellschaftlich verfassten Form von Arbeit – der Erwerbsarbeit in modernen Gesellschaften. In diesem Sinne versteht sie als Teildisziplin der Soziologie den »Kauf und Verkauf von Arbeitskraft sowie ihren Einsatz in Betrieben *als [...] sozialen Prozess*«[6].

Die Arbeits- und Industriesoziologie ringt nachhaltig und teils mit heftigen Debatten um ihren zentralen Begriff der Arbeit. Damit entstehen zwangsläufig Texte und Debattenverläufe, die von außen als Narrationen interpretierbar sind. Als soziologische Wissenschaft aber begreift sich die Arbeits- und Industriesoziologie in ihrem Selbstverständnis weniger als Narrator denn als mit empirischen Methoden und theoretischer Analyse vorgehende Wissenschaft. Narration – und das ist zum weiteren Verständnis nicht unerheblich – ist in den Sozialwissenschaften ein Begriff, der sich zweifach findet: *Zum einen* als Methode der qualitativen Sozialforschung. Bei der Me-

---

3   Günter G. Voß: »Was Ist Arbeit? Zum Problem eines allgemeinen Arbeitsbegriffs«, in: F. Böhle/G. G. Voß/G. Wachtler (Hg.): Handbuch Arbeitssoziologie, Wiesbaden 2010, 23.
4   Ebd., 26.
5   Vgl. http://www.arbsoz.de/5.html (Stand: 24.02.2014)
6   Christoph Deutschmann: Postindustrielle Industriesoziologie: Theoretische Grundlagen, Arbeitsverhältnisse und soziale Identitäten, Weinheim/Basel 2001, 46, Hervorhebung S.P..

thode des *narrativen Interviews*[7] etwa spielt die Dynamik alltagsweltlicher Erzählung in der Form von Geschichten eine bedeutende Rolle. Hier finden sich Erzählzwang (also der Drang, eine begonnene Geschichte zu Ende zu bringen) oder die Fähigkeit, in der Struktur von Geschichten zu erzählen (die einen nachvollziehbaren Verlauf nehmen). Das narrative Interview, das vor allem in der biografischen Forschung seine Anwendung findet, ist dabei durchaus umstritten: So kritisiert Heinz Bude schon Mitte der 1980er Jahre, dass der Sozialforscher zum »Narrationsanimateur« verkomme und Gefahr laufe, der inhaltlichen Leere des »neurotischen Erzählers« auf den Leim zu gehen.[8] Obwohl in der Arbeits- und Industriesoziologie qualitative Methoden eine starke Dominanz haben, kommen narrative Interviews hier eher am Rande vor, vorherrschend sind auf unterschiedlichste Akteure innerhalb von Betrieben gerichtete Fallstudien.[9] *Zum anderen* finden sich in der Soziologie oft Bezüge zu Jean-François Lyotards Rede von der »großen Erzählung« der Moderne, die – und eben dies ist sein zentrales Argument – in der Postmoderne ihr Ende erreicht habe. Am »Geschäft der Erzeugung Großer Erzählungen« ist und bleibt die Soziologie jedoch selbst beteiligt, »ungeachtet immer wiederkehrender Bedenken und Warnungen, auch ungeachtet aller Versuche, das ultimative Ende der großen Erzählungen herbeizuführen«[10].

Selten reflektiert die Arbeits- und Industriesoziologie also ihre eigenen Debatten als Narrative, sondern versteht sie als theoretische disziplininterne Auseinandersetzungen. Eher selten wird daher die eigene »Diskursgeschichte« als solche rekonstruiert und analysiert, erst recht nicht in ihrem komplexen Zusammenhang mit »theoretischen Debatten, empirischen Erkenntnissen und gesellschaftlichem Wandel«, wie es beispielsweise Karin Gottschal für den Zusammenhang von Arbeit, Beschäftigung und Arbeitsmarkt aus der Genderperspektive versucht.[11] Das gilt insbesondere für den sich als gesellschaftskritisch verstehenden und lange innerhalb der Arbeits- und Industriesoziologie dominanten Strang der Disziplin, der sich in der Tradition einer marxistisch-kritischen Analyse sieht und mit Karl Marx Arbeit als (nicht nur) ökonomischen Kern gesellschaftlicher Dynamik versteht. Diese Perspektive, die in den arbeits- und industriesoziologischen Debatten immer schon um den auch im Sinne Marx' »richtigen« Arbeitsbegriff ringt, bietet wohl die meisten – wenn man so will – narrativen Anknüpfungspunkte: Ist doch Arbeit der gesellschaftliche wie historische Kreuzungspunkt von »Herrschaft und Befreiung, Mühsal und Genuss, Entfremdung

---

7   Vgl. Ivonne Küsters: Narrative Interviews: Grundlagen und Anwendungen. Zur Analyse Narrativer Interviews, Wiesbaden 2009.

8   Vgl. Heinz Bude: »Der Sozialforscher als Narrationsanimateur. Kritische Anmerkungen zu einer erzähltheoretischen Fundierung der interpretativen Sozialforschung«, in: Kölner Zeitschrift für Soziologie und Sozialpsychologie, 37 (1985), 310–326.

9   Vgl. H. Pongratz/R. Trinczek (Hg.): Industriesoziologische Fallstudien. Entwicklungspotenziale einer Forschungsstrategie. Berlin 2010.

10 Dirk Käsler: »Post-klassische Theorien im Haus der Soziologie«, in: Ders. (Hg.): Aktuelle Theorien der Soziologie: Von Shmuel N. Eisenstadt bis zur Postmoderne, München 2005, 11–40, hier: 30.

11 Karin Gottschall: »Arbeit, Beschäftigung und Arbeitsmarkt aus der Genderperspektiv«, in: Böhle/Voß/Wachtler: Handbuch Arbeitssoziologie, 671–698, hier: 672.

und Selbstverwirklichung, Entwicklung und Nicht-Entwicklung, Notwendigkeit und Freiheit«[12].

Die Schwierigkeit mit der Narration über Arbeit in der eigenen Disziplin potenziert sich durch die Zentralität und historische Wandlungsfähigkeit des Arbeitsbegriffs in der Gesellschaft. Dabei kann die Arbeits- und Industriesoziologie sich selbst nicht frei machen von der gesellschaftlich je dominanten »Standarderzählung zur Geschichte der Arbeit«[13]. Eine Geschichte zudem, die sich letztlich immer nur retrospektiv und historisch rekonstruieren lässt: So ist die industriegesellschaftliche Erwerbsarbeit zunächst auch das »Leitbild« in der »klassischen« Arbeits- und Industriesoziologie, von diesem »industriegesellschaftlich verkürzten instrumentellen Arbeitsbegriff« kommt es in Folge jedoch zunehmend zu einer Abkehr, die sich in entsprechenden Theoriedebatten der Arbeits- und Industriesoziologie niederschlägt und bis heute anhält.[14] Dabei allerdings neigt die Arbeits- und Industriesoziologie zu Pendelausschlägen und tut sich schwer damit, die immanente Widersprüchlichkeit von Arbeit – als Theoriebegriff wie als empirischem Befund – angemessen zu bearbeiten.[15] Das zeigt sich beispielhaft an den Ausschlägen der disziplinären Debattenverläufe: Dem Unkenruf der De-Qualifizierung folgt die Debatte zur Re-Qualifizierung, dem Taylorismus wird angesichts neuer Produktionskonzepte erst sein Ende diagnostiziert, dann erstaunt dessen Beharrlichkeit beobachtet; der fast emphatischen Entdeckung des zunächst negierten Subjekts folgt dessen fast ebenso totalitär daher kommende Ökonomisierung und Vermarktlichung auf dem Fuße. Zwar gibt es jenseits der jeweiligen Mainstreamdebatten immer auch leisere Gegenstimmen, die versuchen der Widersprüchlichkeit von Arbeit analytisch und empirisch mit mehr Differenzierung gerecht zu werden. Allzu oft aber finden die Debatten der Disziplin nach einem (früher mehr, heute weniger) vehementen Gerangel um ein »Entweder-oder« schließlich zu einem konsensfähigen Entdecken des irgendwie Ungleichzeitigen, des beruhigend Ambivalenten und des auf jeden Fall heterogenen »Sowohl-als-auch«.

Nachfolgend soll es nicht darum gehen, die Verläufe der Theoriedebatten innerhalb der Arbeits- und Industriesoziologie nachzuzeichnen, die explizit mit dem schillernden wie sperrigen Begriff der Arbeit ringen. Die bisherigen Andeutungen verweisen darauf, wo sich dazu Vielfältiges und Tiefgreifendes nachlesen lässt. Im Weiteren möchte ich stattdessen die Disziplin und ihren Begriff von Arbeit dort nachzeichnen, wo sie sich in gesellschaftliche Debatten – bewusst oder unbewusst – als (Mit)-Erzählerin am gesellschaftlichen Narrativ der Arbeit beteiligt. Denn schließlich

---

12   Frigga Haug: »Arbeit«, in: W. F. Haug (Hg.): Historisch-Kritisches Wörterbuch des Marxismus. Band 1: Abbau des Staates bis Avantgardismus, Hamburg/Berlin 1994, 401–422, hier: 401.

13   Jürgen Kocka: »Arbeit früher, heute, morgen. Zur Neuartigkeit der Gegenwart«, in: Ders./C. Offe, (Hg.): Geschichte und Zukunft der Arbeit, Frankfurt a.M./New York 2000, 476–492, hier: 477.

14   Vgl. Georg Jochum: »Zur Historischen Entwicklung des Verständnisses von Arbeit.« In Böhle/Voß/Wachtler (Hg.): Handbuch Arbeitssoziologie, 81–125, hier: 110–111.

15   Vgl. Sabine Pfeiffer: »Arbeit – Natur des Menschen? Natur der Gesellschaft! Oder: Wir sind nie dialektisch gewesen«, in: K. Siegberg-Rehberg (Hg.) Die Natur der Gesellschaft. Verhandlungen des 33. Kongresses der Deutschen Gesellschaft für Soziologie in Kassel 2006, Frankfurt a.M./New York 2008, 1480–1489.

hat sich die Arbeits- und Industriesoziologie in wechselnder Intensität – mal mehr, mal weniger, mal im Mainstream, mal an den Rändern – immer auch als Kritikerin gesellschaftlicher Praxis und durchaus auch als praktisch gestaltende, zumindest mit Praxis in den Diskurs tretende Akteurin verstanden. Dieses Verlassen des engeren akademischen Kontextes erforderte immer auch die Fähigkeit zu anderen – eben praxisgängigeren, diskursiv sich erprobenden – Formen und Fokussen der Narration. Deren, aus jener Sicht für die Arbeits- und Industriesoziologie typischen Charakteristika werden als Narrativform der zugespitzten These mit einem damit korrespondierenden Narrationsnukleus im *zweiten* Kapitel skizziert. Das *dritte* Kapitel widmet sich den Narrationskonjunkturen der Disziplinen und wirft dabei auch einen Blick auf das jeweils Nicht-Erzählte, das aus der Narration gefallene oder nie integrierte. Das *vierte* Kapitel schließt die Betrachtung, indem mit dem Blick auf ein Beispiel aktueller empirischer Forschung zu Arbeit gezeigt wird, wie das im disziplinären Mainstreamnarrativ Ausgeschlossene systematisch integriert werden kann – und werden muss, will die Arbeits- und Industriesoziologie auch zukünftig als ein Narrateur des gesellschaftlichen Diskurses um Arbeit eine relevante Rolle einnehmen.

Narration von Arbeit in der Arbeits- und Industriesoziologie

Auch wenn die Disziplin sich selbst nicht als Narrateur versteht, so ist sie aktiver Part gesellschaftlicher Diskurse um den Wandel von Arbeit. Dabei entwickelt sie eine eigene Form des Narrativbeitrags, denn sie ist Expertin in der Formulierung empiriefundierter zugespitzter Thesen. Die zentralste von allen, immer wieder neu erzählt, ist die des Wandels von Arbeit. Diese, verdichtet aus einem vielfältigen und frühzeitigen, fast schon erspürenden Wahrnehmen unterschiedlichster empirischer Phänomene, würde ich als prädestinierte *disziplinspezifische Narrativform* sehen. Eine solch seismografische, gleichwohl zwangsläufig in ihrer frühen Phase nie in Gänze den Gütekriterien eines positivistischen Wissenschaftsverständnis entsprechende Diagnosefähigkeit der Disziplin ermöglicht eine *Narration des (noch) nicht in Gänze Erforschbaren*. Sie ist damit ein – als solches jedoch inner- und außerhalb der Disziplin weitgehend unterschätztes – nachhaltig wirkendes und weitere Narrative stiftendes Element des Wissenschafts-/Praxisdiskurses. Drei Beispiele hierfür:
— Schon Ende der 1990er Jahre skizziert der »Arbeitskraftunternehmer« eine »neue Grundform der Ware Arbeitskraft«[16] und damit einen Beschäftigungstyp, der sich zu sich selbst, zu seinem Arbeitsvermögen und gegenüber seiner Lebenswelt wie ein Unternehmer verhält. Diese frühe These des Arbeitskraftunternehmers war zunächst und für lange Zeit innerhalb der Disziplin bezüglich ihres empirischen Gehalts und ihrer empirischen Verbreitung durchaus umstritten. Heute findet sich das Narrativ des Arbeitskraftunternehmers implizit als gesellschaftlich durchgesetztes (Leit-)Bild: von der »Ich-AG« bis zur Rhetorik des »lebenslangen Lernens«, vom Freelancer in der Digital Bohème bis zur Rede von der »Employability«.

---

16 G. Günter Voß /Hans J. Pongratz: »Der Arbeitskraftunternehmer. Eine neue Grundform der Ware Arbeitskraft?«, in: Kölner Zeitschrift für Soziologie und Sozialpsychologie, 50/1 (1998), 131–158.

— Was sich aktuell in harten Daten der Krankenkassen als stetige Zunahme arbeitsbedingter psychischer Belastungen manifestiert,[17] findet sich schon früh in der Arbeits- und Industriesoziologie als These der »Subjektivierung von Arbeit«[18]; was heute als Work-Life- Balance gesellschaftlich bearbeitbar geworden ist, begann als zunächst tentative Diagnose der »Entgrenzung von Arbeit und Leben«[19] seine Narrativkarriere in der und durch die Arbeits- und Industriesoziologie.

— Obwohl die Reichweite des Phänomens sich quantitativ empirisch nicht gesichert zeigen lässt,[20] haben die Begriffe der Prekarisierung und des Prekariats[21] den Sprung von der wissenschaftlichen Debatte in einen breiten gesellschaftlichen Diskurs noch schneller geschafft als die beiden Beispiele vorher. Ob dies an der stärkeren Dynamik der empirischen Phänomene liegt oder an einem stärker sich in den öffentlichen Diskurs einbringenden Strang innerhalb der Disziplin, sei dahingestellt und wird sich kaum klären lassen. Prekarisierung fasst, wenn sich auch hier Unterschiede in den jeweils verwendeten Definitionen finden, üblicherweise Beschäftigungsverhältnisse jenseits des so genannten Normalarbeitsverhältnisses[22]: atypische Beschäftigungsformen (befristet), gepaart mit geringer betrieblicher Integration und wenig sozial- und arbeitsrechtlicher Absicherung.

---

17 Vgl. B. Badura u.a. (Hg.): Fehlzeiten-Report 2012. Gesundheit in der flexiblen Arbeitswelt: Chancen nutzen – Risiken minimieren, Berlin/Heidelberg 2012.

18 Vgl. zur Debattengeschichte Frank Kleemann: »Subjektivierung von Arbeit – Eine Reflexion zum Stand des Diskurses«, in: Arbeits- und Industriesoziologische Studien (AIS), 2/5 (2012), 6–202. Zu spezifischen Belastungsformen vgl. Wolfgang Dunkel/Nick Kratzer/Wolfgang Menz: »Permanentes Ungenügen und Veränderung in Permanenz-Belastungen durch neue Steuerungsformen«, in: WSI-Mitteilungen, 7/63 (2010), 357–364.

19 Vgl. Nick Kratzer/Andreas Lange: »Entgrenzung von Arbeit und Leben: Verschiebung, Pluralisierung, Verschränkung. Perspektiven auf ein neues Re-Produktionsmodell,« in W. Dunkel/D. Sauer (Hg.): Von der Allgegenwart der verschwindenden Arbeit: Neue Herausforderungen für die Arbeitsforschung, Berlin 2006, 171–202.

20 Vgl. Peter Bartelheimer: »Unsichere Erwerbsbeteiligung und Prekarität«, in: WSI-Mitteilungen, 8/64 (2011), 386–393.

21 Vgl. R. Castel/K. Dörre (Hg.): Prekarität, Abstieg, Ausgrenzung: Die soziale Frage am Beginn des 21. Jahrhunderts. Frankfurt a.M./New York 2009; Klaus Dörre: »Prekäre Arbeit. Unsichere Beschäftigungsverhältnisse und ihre sozialen Folgen«, in: Arbeit – Zeitschrift für Arbeitsforschung, Arbeitsgestaltung und Arbeitspolitik, 1/15 (2006), 181–193.

22 Der Begriff des Normalarbeitsverhältnisses könnte als Beispiel für einen nicht gelungenen, zumindest aber stark verspäteten Narrationstransfer aus der Arbeits- und Industriesoziologie in den gesellschaftlichen Diskurs gewertet werden. So führt Osterland aus: »›Normalbiographie‹ und ›Normalarbeitsverhältnis‹ sind Begriffe, die in die sozialwissenschaftliche Diskussion Einzug gehalten haben, als der Tatbestand, den sie bezeichnen sollten, bereits wieder im Entschwinden zu sein schien. Solange man davon ausgehen konnte, es gäbe eine ›Normalität‹ von Arbeitsverhältnissen und Lebensverlauf, blieb sie eher unbemerkt: Erst eine Entwicklung in jüngerer Zeit, die mit Etiketten wie ›neuer Individualisierungsschub‹ und ›Erosion des Normalarbeitsverhältnisses‹ versehen wird, brachte zum Vorschein, daß sich über ein rundes Vierteljahrhundert hierzulande etwas vollzogen hatte, was offenbar für ›normal‹ gehalten wurde und als Standard eine gewisse Allgemeinverbindlichkeit beanspruchen konnte.« Osterlands Einschätzung zeigt, dass der Begriff des Normalarbeitsverhältnisses auch innerhalb des disziplininternen Diskurses eben gerade nicht die Qualität der Narrationsform der zugespitzten These erlangt hatte. Martin Osterland: »›Normalbiographie‹ und

Akut sich im Wandel befindliche Prozesse lassen sich oft lange nicht in ihrer qualitativen Tiefe und quantitativen Bedeutung empirisch umfassend dingfest machen. Solche von der Arbeits- und Industriesoziologie angebotenen, aus vielfältiger Empirie gespeisten Diagnosen ermöglichen – gerade wegen ihrer Narrativform der zugespitzten These – frühzeitig einen *gemeinsamen Deutungsdiskurs* des Wandels von Arbeit in Wissenschaft *und* Praxis. Praxis und Wissenschaft können sich damit beide explizit auf das narrativ auf einen Begriff gebrachte Phänomen beziehen und weitere Praxis- und Wissenschaftsnarrative stiften sowie die entsprechenden Handlungen darauf ausrichten.

Seit jeher ist die theoretische Debatte um den Arbeitsbegriff in der Arbeits- und Industriesoziologie geprägt von dem unauflösbaren Dilemma einer analytischen Engführung des Arbeitsbegriffs einerseits und deren Überwindung andererseits.[23] Drei Prämissen nennt etwa Kerstin Jürgens[24], um eine Engführung zu vermeiden: Wichtig sei einerseits zu klären, ob lediglich von Erwerbsarbeit die Rede sei oder auch von »nicht unmittelbar marktvermittelte Arbeitsformen«; zweitens sei zu klären, ob der Vermittlungszusammenhang zwischen Produktions- und Reproduktionssphäre in den Blick genommen oder außer Acht gelassen werde, und drittens schließlich gelte es die sozialstrukturellen Folgewirkungen gesellschaftlicher Arbeitsteilung zu berücksichtigen. Während die früheren, insbesondere aus der feministischen Perspektive geführten Plädoyers für eine stärkere Berücksichtigung der Reproduktionssphäre innerhalb der Arbeitsforschung diese weitgehend als Bedingung der Produktionssphäre thematisierten, wird heute zunehmend deutlicher, dass von Erwerbsarbeit heute nur reden kann, wer von Reproduktion nicht schweigt: Die Funktionslogik eines entgrenzten Kapitalismus, so Kerstin Jürgens[25], ist ohne den Blick auf den Wandel des gesellschaftlichen Reproduktionsmodells nicht mehr zu verstehen. Neben dieser für die Disziplin spezifischen Form des Narrativs über die Reichweite des Arbeitsbegriffs findet sich auch ein inhaltlicher, das Selbstverständnis der Disziplin stiftender Narrationsnukleus, der sich als Metadiskurs der Arbeits- und Industriegesellschaft fassen lässt.

Schließlich ist die Arbeits- und Industriesoziologie einerseits eine Bindestrich-Soziologie wie andere auch, d.h. sie betrachtet einen spezifischen, von anderen gesellschaftlichen Sphären unterscheidbaren »Ausschnitt sozialen Handelns«; andererseits aber handelt es sich dabei »um einen, wenn nicht sogar *den* für die Reproduktion der

---

›Normalarbeitsverhältnis‹«, in: P. Berger/S. Hradil (Hg.): Lebenslagen, Lebensläufe, Lebensstile. Soziale Welt (Sonderband 7), Göttingen 1990, 351–362.

23 Nicht nur die Arbeits- und Industriesoziologie ringt dauerhaft mit ihrem zentralsten, aber eben auch immanent widersprüchlichen und empirisch sich permanent wandelnden Begriff; der Arbeitswissenschaft geht es ähnlich, auch wenn ihre grundsätzliche Definition zunächst vermuten lässt, es herrsche mehr definitorische Klarheit und theoretische Eindeutigkeit. Sie unterscheidet grundsätzlich zwischen »Arbeit im ursprünglichen subjektbezogenen Sinn als Anstrengung« und Arbeit »objektbezogen als Produktion von Gütern oder Dienstleistungen.« Christopher M. Schlick/Ralph Bruder/Holger Luczak: Arbeitswissenschaft, Heidelberg/Berlin 2010, 2.

24 Kerstin Jürgens: »Arbeit und Leben«, in: Böhle/Voß/Wachtler (Hg.): Handbuch Arbeitssoziologie, 483–510, hier: 484.

25 Ebd., 504.

Gesellschaft zentralen Bereich«[26]. Indem die Arbeits- und Industriesoziologie ihre eigene Bedeutung schon namentlich mit den großen gesellschaftlichen Narrativen der Arbeitsgesellschaft und der Industriegesellschaft verknüpft, erhebt sie ihren Analyseanspruch über das enge Feld einer Bindestrich-Soziologie hinaus – und wird damit ebenso krisenanfällig wie ihr Metanarrativ: Als der 21. Soziologentag das »Ende der Arbeitsgesellschaft«[27] und eine »Implosion der Arbeitskategorie«[28] diskutierte, wurde die Krise der gesellschaftlichen Zuschreibung schnell zum Krisennarrativ der Disziplin selbst und zur Rede vom »Elend und Ende der Arbeits- und Industriesoziologie«[29] – ein selbstreflexives Krisennarrativ, das nun seit Jahrzehnten weitergeführt wird.[30]

Narrationskonjunkturen und das Nicht- und Kaum-Erzählte

Blickt man mit der Narrativ-»Brille« auf die Debatten innerhalb der Arbeits- und Industriesoziologie, lassen sich viele unterschiedliche bis gegenläufige und widersprüchliche Phänomene aufgreifende Narrative ausmachen. So ließen sich neue Formen der Extensivierung und Intensivierung – also eines empirischen Mehr an Arbeit – unter dem Narrativ *Arbeit ohne Ende* zusammenfassen. Eine begriffliche Ausweitung des Arbeitsbegriffs – im Sinne von *Alles-ist-Arbeit* – könnte denselben Narrativtitel tragen; wenn also bspw. ein Vielfaches des Jenseits von Erwerbsarbeit als Arbeit bezeichnet wird (etwa Familien-, Gefühls-, Beziehungsarbeit).

Narrativkonjunkturen des Einen scheinen zudem fast zwangsläufig mit dem Schweigen oder zumindest sehr leisem Reden über das Andere einher zu gehen. So war insbesondere von den 1950er Jahren bis Mitte der 1980er das vorherrschende Narrativ in der Arbeits- und Industriesoziologie konzentriert auf männliche, im Normalarbeitsverhältnis verfasste Produktionsfacharbeit in industriellen Großbetrieben. An den Rändern dieses narrativen Kerns und in seinem Schatten aber geriet Vielfältiges aus dem Blick: Das *fast Verschwiegene* oder *kaum erzählte Daneben* wie die Arbeit der im handwerklichen Kleinbetrieb teilzeitarbeitenden Sekretärin oder der prekär beschäftigten Kassiererin, aber auch des Ingenieurs bei den Stadtwerken oder des Laboranten in der Molkerei etc.

Die Grenzlinien der Narrative und der Nicht- oder Kaum-Narrative empirischer Arbeitsvielfalt sind rückblickend leicht benennbar (und übrigens schon lange aus der feministischen Perspektive kritisiert): Geschlecht, Normalarbeitsverhältnis, Branche.

---

26 Heiner Minssen: Arbeits- und Industriesoziologie: Eine Einführung, Frankfurt a.M. 2006, 15.

27 Ralf Dahrendorf: »Wenn der Arbeitsgesellschaft die Arbeit ausgeht«, in: J. Matthes (Hg.) Krise der Arbeitsgesellschaft? Verhandlungen des 21. Deutschen Soziologentages in Bamberg 1982, Frankfurt a.M. 1983, 25–37, hier: 35–37.

28 Claus Offe: »Arbeit als soziologische Schlüsselkategorie?«, in: Matthes (Hg.): Krise der Arbeitsgesellschaft?, 38–65, hier: 44.

29 Stefan Kühl: »Von der Krise, dem Elend und dem Ende der Arbeits- und Industriesoziologie«, in: Soziologie 2/33 (2004), 7–16.

30 Vgl. N. Huchler (Hg.): Ein Fach wird vermessen. Positionen zur Zukunft der Disziplin Arbeits- und Industriesoziologie, Berlin 2008.

Sie kommen in Bewegung, als in den 1990er Jahren zur Rede vom Ende der *Arbeits*gesellschaft die zum Ende der *Industrie*gesellschaft hinzukommt. Das gesellschaftliche Narrativ der Informationsgesellschaft, bald gefolgt von dem der Wissensgesellschaft und/oder Dienstleistungsgesellschaft, führt auch in der Arbeits- und Industriesoziologie zu einem Shift ihres vormaligen Metanarrativs – und im selben Zuge zu neuen Blindstellen. Was empirisch vorher im Zentrum stand – die männliche Produktionsarbeit – wird abgelöst von neuen Narrativen: über den (oft wieder männlichen) Software-Entwickler, Web-Designer, Kreativen. Viele der oben genannten Nicht- und Kaum-Narrative der Arbeits- und Industriegesellschaft bleiben im Dunkeln, andere kommen ans Licht – die vormaligen narrativen »Stars« der Produktionsarbeit, aber auch die Schattenseiten der hippen Web-2.0-Welt verharren im Nicht-Narrativen. Das Narrativ der in jeder Hinsicht prekären Arbeitsbedingungen unterbezahlter PackerInnen und PaketauslieferInnen bei Amazon oder Zalando wird nicht von der Arbeits- und Industriesoziologie gestiftet, sondern von etabliertem und netzbasiertem Journalismus. Ähnliches lässt sich sagen über neue globale Wertschöpfungsketten von Arbeit, die eben nicht nur aus global vernetzten Entwicklungsteams gestrickt sind, sondern auch auf dem Rücken skandalöser Arbeitsbedingungen in den Sweat Shops von Bangladesh oder am Band von Foxconn.[31]

Zu Zeiten des Metanarrativs der Arbeits- und Industriegesellschaft gelang es der Arbeits- und Industriesoziologie noch eindeutiger, dieses auch als Kern und Kernkompetenz der Disziplin zu reklamieren. Mit der Wissens- und Dienstleistungsgesellschaft jedoch schwindet im gesellschaftlichen Diskurs der Bezug auf Arbeit und damit wird auch in der Arbeits- und Industriesoziologie der Topos der Arbeit beliebiger und opak, es gelingt der Disziplin immer weniger, einen genuinen Diagnoseanspruch aus ihrem Bindestrich-Gegenstand abzuleiten.[32] Immer mehr Bindestrich-Soziologien (aber auch andere Wissenschaftsdisziplinen) forschen im Feld der Erwerbsarbeit und über den Wandel von Arbeit – oft jedoch ohne dabei auf den Arbeitsbegriff oder die analytischen Kategorien und die Narrativhistorie der Arbeits- und Industriesoziologie zu rekurrieren. Beide Metanarrative der Arbeits- und Industriesoziologie – das der Industriegesellschaft und das der Informations-/Wissens- und Dienstleistungsgesellschaft – haben, trotz aller Unterschiede, auch einiges gemeinsam:

Zum einen vollzieht die Arbeits- und Industriesoziologie jeweils ihre Narrative der Arbeit weitgehend im Einklang mit den gesellschaftlichen Narrativkonjunkturen, ganz entgegen ihrem gesellschaftskritischen Anspruch. Die Disziplin entwickelt in ihrem Mainstream kaum ein analytisches Gegen- oder korrigierendes Narrativ zu dem gesamtgesellschaftlichen Blick auf Arbeit.

Zum anderen verbindet beide Metanarrative letztlich eine an den Wandel von Arbeit gekoppelte Fortschrittsvorstellung, die auch von der Arbeits- und Industriesoziologie kaum (selbst-)kritisch betrachtet wird. Eine Ausnahme ist Lars Clausen[33],

---

31 Vgl. Sabine Pfeiffer: »Web, Wert und Arbeit«, in: U. Dolata/J. Schrape (Hg.): Internet, Mobile Devices und die Transformation der Medien. Radikaler Wandel als Schrittweise Rekonfiguration, Berlin 2013, 177–198.

32 Im selben Zeitraum übrigens verschwinden auch andere Arbeitsnarrative: die der in den 1980er Jahren lebendigen Oral History der westdeutschen Arbeiterbewegung ebenso wie die eines in der DDR gepflegten, heroisch aufgeladenen Arbeitsnarrativs.

33 Lars Clausen: Produktive Arbeit, Destruktive Arbeit. Soziologische Grundlagen, Berlin/New

der neben dem Produktiven der Arbeit auch auf ihre Destruktivkraft hinweist und damit u.a. auch Schattenarbeit oder Vernichtungsarbeit narrativ bearbeitbar macht.[34]

Mit Blick auf die Narrative der Arbeit innerhalb der Arbeits- und Industriesoziologie und in ihrem konjunkturellen Verlauf der letzten Jahrzehnte könnte man zusammenfassend sagen: Die Disziplin ist zu einem Narrateur ohne eigenständiges inhaltliches Metanarrativ geworden. Sie orientiert sich damals wie heute am gesellschaftlichen Metanarrativ zu Arbeit, anders als in der Industriegesellschaft aber wird der Topos der Wissens- und Dienstleistungsgesellschaft nicht zu ihrem Narrationsnukleus. Diese Entwicklungen ebenso wie die oben erwähnten Blindstellen in den jeweiligen Narrativen wurden – so meine These – möglich, weil die Arbeits- und Industriesoziologie ihren eigentlichen Kern gerade nicht auch zu ihrem narrativen Kern gemacht hat. Damit komme ich zum narrativ nicht Sichtbaren: zur systematischen Abwesenheit konkreter Arbeit in den Narrativen der Arbeits- und Industriesoziologie.

Leiblichkeit und Stofflichkeit:
konkrete Arbeit als (nicht-typisches) arbeitssoziologisches Narrativ

Obwohl sich die Arbeits- und Industriesoziologie gerade in ihrer Hochphase der 1970er und frühen 1980er Jahre oft explizit in der Marx'schen Theoriediskussion verortet, findet sich selten ein Bezug zu Arbeit als ontologische Qualität wie sie bei Marx angelegt ist: Arbeit als Lebenstätigkeit und Gattungsleben, als Naturaneignung und Objektivation, in ihrer Gesellschaftlichkeit.[35] Die nicht warenförmige Seite von Arbeit gerät der Arbeits- und Industriesoziologie oft nur in ihrer Abwesenheit in den Blick, also immer dann, wenn kapitalistisch verfasste Erwerbsarbeit als Einengung, Entfremdung, Verhinderung des »Anderen« der Arbeit in den Blick genommen wird. Oder das »Andere« der Arbeit – in diesem Verständnis ihre Gebrauchswertseite – wird wie in der feministischen Arbeitsforschung in der Lebenswelt und damit außerhalb der Erwerbswelt verortet.[36]

Mein analytisches Bemühen ist demgegenüber immer, dieses »Andere« und Qualitative der Arbeit auch *innerhalb* von Erwerbsarbeit als möglich anzunehmen und mit der Kategorie des *Arbeitsvermögens* kategorial und empirisch zu fassen.

York 1988.

34 Vgl. Wieland Jäger/Sabine Pfeiffer: »»Die Arbeit ist das Lebendig gestaltende Feuer...‹ – Der Marxsche Arbeitsbegriff und Lars Clausens Entwurf einer modernen Arbeitssoziologie«, in: Arbeit – Zeitschrift für Arbeitsforschung, Arbeitsgestaltung und Arbeitspolitik, 2/5 (1996), 223–247.

35 Jäger/Pfeiffer: Die Arbeit ist das lebendig gestaltete Feuer, 236–240.

36 Vgl. Sabine Pfeiffer: »Ein? Zwei? – Viele! Und noch mehr Arbeitsvermögen! Ein arbeitssoziologisches Plädoyer für die Reanimation der Kategorie des Arbeitsvermögens als Bedingung einer kritikfähigen Analyse von (informatisierter) Arbeit«, in: D. Baatz/C. Rudolph/A. Satilmis (Hg.): Hauptsache Arbeit? Feministische Perspektiven auf den Wandel von Arbeit. Arbeit – Demokratie – Geschlecht, Münster 2004, 212–226.

Das Arbeitsvermögen ist dabei einerseits eine Eigenschaft des Subjekts: ein Konglomerat an leibgebundenen und impliziten Handlungs- und Wissensqualitäten. Ein Bündel von Fähigkeiten, die sich einer Formalisierung und Objektvierung weitgehend entziehen und damit selbst nicht im eigentlichen Sinne eine marktgängige Warenförmigkeit annehmen können. Es sind Fähigkeiten, die sich in konkreter Arbeit(stätigkeit), im täglichen Tun und Handeln des Arbeitens, ausbilden und angewendet werden. Dies geschieht jeweils in Bearbeitung und Aneignung konkreter Mittel und Gegenstände der Arbeit und in einem je spezifischen arbeitsorganisatorischen Setting. Die Leiblichkeit des arbeitenden Subjekts hat ihre Entsprechung in der Stofflichkeit der Arbeitsgegenstände, Arbeitsmittel und der Arbeitsorganisation.[37] In konkreter Arbeit treten sie in Interaktion. Ein empirisches Beispiel für das Zusammen-Handeln von Leiblichkeit und Stofflichkeit[38] zeigt, welche Dimensionen konkreter Arbeit erzählbar werden.

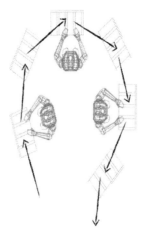

Schema einer U-förmig angeordneten Montagelinie; eigene Illustration

Eine Besonderheit der so genannten U-Montageform ist – anders als beim linearen Fließband –, dass hier nicht mehr die längste einzelne Taktzeit Rhythmus und Ablauf des Ganzen bestimmt, sondern die kürzeste. Dauert ein Bearbeitungsschritt an einer Station länger, arbeitet der Werker eben in der Zwischenzeit an einer anderen Station weiter. Alle bewegen sich ständig im Einklang der einzelnen – und jeweils verschiedenen (!) – Taktzeiten *und* miteinander. Es müssen ständig an wechselnden Stationen

---

37 Stofflichkeit meint dabei nicht ausschließlich greifbare Materialität. Auch scheinbar nicht-stoffliche Software oder organisationale Bezüge können Gegenstände oder Mittel der Arbeit mit abstrakter Stofflichkeit sein.

38 Vgl. dazu ausführlich Sabine Pfeiffer: »Leib und Stoff als Quelle sozialer Ordnung«, in F. Böhle/M. Weihrich (Hg.): Die Körperlichkeit sozialen Handelns: Soziale Ordnung jenseits von Normen und Institutionen, Bielefeld 2010, 129–161.

andere Handgriffe ausgeführt werden. Und das mit, im Vergleich zur Fließmontage, deutlich weniger Personen, bei erhöhtem Zeitdruck – meist unter engen Platzverhältnissen. Der Lärm tut ein Übriges: Verbales Absprechen ist oft kaum möglich. Was dagegen nötig wird, ist die Fähigkeit, den eigenen Leib mit den Leibern der anderen *und* mit den stofflich gegebenen Erfordernissen in Einklang zu bringen – und sie vor allem acht Stunden am Tag im Einklang zu halten. Dazu erfolgen permanente Abstimmungsprozesse, alle paar Sekunden oder Minuten und situativ immer wieder neu. Machbar wäre dies nicht ohne die Verschränkung von leiblichem Handeln, sozialen Abstimmungsprozessen und den stofflichen »Akteuren«. Hierzu ein exemplarisches Zitat, das beschreibt, was letztlich kaum zu verbalisieren ist:

> *Zum Beispiel, wenn an der Presse, an der ich bin, dieser hier, wenn die zu ist und ich helfe meinem Kollegen und währenddessen geht meine Presse auf, dann bin ich dann auch derjenige, der auch da hingeht. Also ich helfe dann so lange, immer allen Kollegen, bis meine Presse aufgeht, und seh' ich das, dann geh ich auch, dann bin ich auch derjenige, der dann hingeht zu dieser Presse. Er macht seine Arbeit weiter. Es soll eigentlich so laufen, dass wir praktisch immer so von einer Presse zur anderen gehen, rüber und so. Das geht aber nicht. Wenn hier Pressen stehen, und hier und hier. Und dann soll man praktisch immer so im Kreisel gehen, das geht aber nicht. Weil wir Pressen haben, die zwischen vier und acht Minuten laufen. [...] Das ist ein sehr großer Unterschied. Sechs Minuten, acht Minuten haben wir halt da. Und so wollen sie es haben, deswegen haben sie auch diese Tische so hingestellt, aber das funktioniert nicht. Das ist halt Theorie. Am Computer halt. Lässt sich irgendwie nicht verwirklichen*[39].

Die wirkliche Dimension der Veränderung von Fließ- zu U-Montage wird erst deutlich in Narrationen des Qualitativen konkreter Arbeit. Im klassischen arbeitssoziologischen Narrativ würde sichtbar, dass Personen an einer Montagelinie eingespart werden können (Rationalisierung) und dies für die verbleibenden Werker mit Stress und Belastung gekoppelt ist (Intensivierung). Während Rationalisierung ein Narrativ abstrakter Arbeit ist, ist die Intensivierung ein Narrativ der Folgen von Arbeit, im Kern damit aber schon nicht mehr ein Narrativ von Arbeit. Erst mit einem Narrativ *konkreter* Arbeit in ihrer leiblichen und stofflichen Dimension wird sichtbar, dass die quantitative Bedeutungsabnahme menschlicher Arbeit, nur durch eine Zunahme der Bedeutung ihrer qualitativen Seite möglich wird. Das Narrativ konkreter Arbeit aber ist der Arbeits- und Industriesoziologie in den letzten Jahrzehnten zunehmend abhanden gekommen. Auch deswegen fällt es der Disziplin aktuell nicht gerade leicht, zu den aktuellen gesellschaftlichen Diskursen über Arbeit – etwa zur Digitalisierung von Arbeit oder zu Industrie 4.0 – einen genuinen, über den allgemeinen Diskurs hinausweisenden Beitrag zu leisten.

---

39 Auszug aus einem selbst geführten Interview mit einem Montagemitarbeiter in der Automobilzulieferindustrie.

Peter Birke
Zwischen Soziologie und Weltgeschichte.
Anmerkungen zur aktuellen Verfasstheit
der bundesdeutschen Arbeitsgeschichte

Arbeitsgeschichte ist wieder zu einem lebendigen Forschungsfeld geworden. Die Rezeption sozialwissenschaftlicher Texte, die stärkere Hinwendung zu gegenwartsbezogenen Themen, vor allem aber die Transnationalisierung der Forschungsszene und ihrer Gegenstände – all dies hat die Tagesordnung, unter der das Thema »Arbeit« von deutschsprachigen HistorikerInnen verhandelt wird, gründlich durcheinander gebracht und neu definiert. Aber wie wandelt sich in diesem Kontext der Arbeitsbegriff, also die Vorstellung von »Arbeit« und »Arbeitslosigkeit«? Im Folgenden werde ich im hier zur Verfügung stehenden Rahmen kaum in der Lage sein, diese Frage umfassend zu beantworten. Aber ich werde eine kurze Skizze zur bundesdeutschen Historiographie geben, um im Anschluss anhand des Verhältnisses zwischen Geschichte und Soziologie sowie der Transnationalisierung der Disziplin(en) einige Fragen aufzuwerfen, die meines Erachtens für die Entwicklung des Arbeitsbegriffs in der historischen Forschung eine besondere Bedeutung haben.

Historiographische Verunsicherung

Dass sich die Arbeitsgeschichte, wie Kim Christian Primel in einer vor kurzem erschienenen Übersicht erklärt, »between loss and renewal« bewegt,[1] hat, wenn man hier einmal von den Hypes und den wechselnden und vielleicht zunehmend auch etwas unberechenbaren institutionellen Bedingungen absieht, drei inhaltliche Dimensionen.

---

[1] Für eine (anders als in vorliegendem Text) umfassende Übersicht über den Forschungsstand vgl. Kim Christian Priemel: »Heaps of Work. The Ways of Labour History«, in: H-Soz-u-Kult, 23.01.2014, online unter: http://hsozkult.geschichte.hu-berlin.de/forum/201—01.pdf. [Stand: 1.11.2014].

Alle sind eng mit den Veränderungen der Arbeitswelt in der jüngsten Gegenwart verbunden, die wie in anderen Disziplinen auch für die Geschichtswissenschaft eine Herausforderung darstellen. Es handelt sich erstens um den Abschied von Kernbelegschaften und das Experimentieren mit flexiblen Formen der Regulation durch die Unternehmensleitungen, zwei Entwicklungen, die zusammen neue Konturen der Arbeitswelt hervorgebracht haben. Oder, anders gesagt: Wachsende Prekarisierung und Informalisierung des Zusammenhangs von Arbeit und Leben, Polarisierung der Einkommen und Existenzmöglichkeiten und schließlich die Entgrenzung und Subjektivierung der Lohnarbeit sind auch hierzulande angekommen. Und nicht alleine das, sondern mit einer auch im nordeuropäisch-nordatlantischen Vergleich in gewisser Weise »nachholenden«, aber besonders in den Jahren vor der Krise von 2008 ff. sehr schnellen Geschwindigkeit.[2]

Zweitens und durchaus in engem Zusammenhang damit haben diese Veränderungen einen deutlich artikulierten *transnationalen Bezug*. So war beispielsweise die als »Ölkrise« apostrophierte Rezession von 1973/75, anders als die erste Rezession nach Einsetzen der Hochkonjunktur des »Wirtschaftswunders« (1966/67), nicht mehr nationalökonomisch konnotiert, und entsprechend bissen sich die staatlich organisierten Keynesianismen ihre Zähne an ihr aus. In der ersten Hälfte der 1970er Jahre kam es überall in Westeuropa und auch in der Bundesrepublik, anschließend an die Streikwellen um 1968/70,[3] zu heftigen Kämpfen um Schließungen insbesondere industrieller Betriebe, die in einen direkten Zusammenhang mit der transnationalen Ökonomie (Standortkonkurrenz, Verlagerungen) gestellt werden können. Zwar wälzt sich das Bewusstsein der Sozialwissenschaften und noch mehr der historischen Forschung bekanntlich langsamer um als das gesellschaftliche Sein. Aber seit den 1970ern werden neue Paradigmen nach und nach zumindest *ex negativo* sichtbar: So ist etwa die bereits lange fragliche Vorstellung, es würde so etwas wie eine »bundesdeutsche Arbeiterklasse« existieren, heute sicher wesentlich weniger eingängig. Entsprechend war die Konzentration der Arbeits- und Arbeiterbewegungsgeschichte auf den nationalstaatlichen Rahmen, in der die Interessenartikulation der Lohnarbeitenden vermeintlich stattzufinden schien, einer von mehreren Auslösern ihrer vielfach konstatierten Krise.[4] Die Folgen sind sehr weitreichend, aber auch sehr produktiv: Denn *Global Labour History* antwortet darauf bereits seit mehr als einer Dekade mit dem Vorhaben, nicht allein die gegenwartsbezogene Arbeitsgeschichte, sondern Arbeitsgeschichte überhaupt anhand ihrer transnationalen Dimensionen zu begreifen.[5]

---

2   Die Folgen dieses Umbruchs sind insbesondere mit Blick auf die Situation der in Lohnarbeit Beschäftigten sowie auf die die gewerkschaftlichen Krisenpolitiken kaum zu unterschätzen. Vgl. Peter Birke: »Macht und Ohnmacht des Korporatismus. Eine Skizze zu den aktuellen Arbeitskämpfen in Deutschland«, in: Sozial.Geschichte Online, 5 (2011), 144–163. online unter: http://duepublico.uni-duisburg-essen.de/servlets/DerivateServlet/Derivate-26915/08_Birke_Arbeitskaempfe.pdf. [Stand 1.11.2014].

3   Vgl. Peter Birke: Wilde Streiks im Wirtschaftswunder. Arbeitskämpfe, Gewerkschaften und soziale Bewegungen in der Bundesrepublik und Dänemark, Frankfurt a.M. u.a. 2008.

4   Dies betont auch Jürgen Kocka: »Mehr Last als Lust. Arbeit und Arbeitsgesellschaft in der europäischen Geschichte«, in: Jahrbuch für Wirtschaftsgeschichte 2 (2005), 185–206.

5   Neben vielen anderen vgl. Marcel van der Linden: Transnational Labour History. Explorations (= Studies in Labour History), Aldershot u.a. 2003; Ders.: Workers of the World. Essays

Drittens ist nicht zuletzt eine Debatte wie jene um die Bedeutung der freien Lohnarbeit in der »langen« Geschichte des Kapitalismus auch mit der Hinterfragung eines tradierten Arbeitsbegriffs verbunden. Er wurde und wird gleich von drei Seiten in die Zange genommen. FeministInnen kritisieren, übrigens schon Jahrzehnte bevor es in der Arbeitsgeschichte zu einer diesbezüglichen Debatte kam, die mit der Fixierung auf freie Lohnarbeit verbundene *gender blindnes*.[6] Aber auch die Auseinandersetzung mit der Bedeutung von Formen unfreier Arbeit in der Geschichte und Gegenwart des Kapitalismus hat diesen Gegenstand.[7] Und schließlich ist auch die Beschäftigung mit der »Klasse für sich« (Marx), mit den Protesten und Rebellionen in der Geschichte der ArbeiterInnenklasse, mittlerweile zunehmend globalisiert. Auch in diesen Debatten spielt dabei die Frage nach der Verschränkung und Relation einer Vielfalt von Formen der (freien und unfreien, entlohnten und unbezahlten) Arbeit eine herausragende Rolle.[8]

Realhistorische Grundlage aller drei Tendenzen – die Frage nach den neuen Arbeitswelten, die globale Arbeitsgeschichte und die Debatte um Werttheorie und Arbeitsbegriff – sind gesellschaftliche Veränderungen, die sich in Europa nach dem Ende der verhältnismäßig langen Nachkriegskonjunktur und des Kalten Krieges bis in den Alltag der Arbeitenden hinein auswirken. Viele damit zusammenhängende Phänomene haben die Eigenart, dass sie nicht mehr in gleicher Weise definitorisch gebunden werden können wie früher. In der akademischen Debatte wurde vor diesem Hintergrund die Figur des Oxymoron außerordentlich beliebt: Von der aktuellen Produktion wird als »fremdorganisierte Selbstorganisation« gesprochen,[9] und ähnlich schillernd sind Wortspiele wie jenes der »fraktalen Fabrik« oder der »Grenzen der Entgrenzung«. Kern des Versuches, das Verhältnis zwischen Autonomie und Zwang im aktuellen Kapitalismus begrifflich einzufangen, ist eine Art multiple Krise des Arbeitsbegriffs, in der das Verschwimmen der Grenze zwischen dem, was früher »Arbeit« und dem, was früher »Freizeit« genannt wurde, nur einer von vielen Indikatoren ist. Wichtig für die Geschichtswissenschaft ist dabei, dass offensichtlich mit der Entgrenzung von Arbeit und Leben auch eine Veränderung der

---

toward a Global Labor History, Leiden/Boston 2008. Vgl. umfassend auch die Sondernummer der Zeitschrift Sozial.Geschichte Online 9 (2012), die der Arbeit van der Lindens gewidmet ist.

6 Es ist hier wohl kaum möglich (und auch nicht angestrebt), auch nur annähernd einen Überblick über die diesbezügliche Literatur zu versuchen. Bemerkt werden soll aber, dass hiermit auch eine neue Debatte über werttheoretische Fragen verbunden war, die bis in die Gegenwart eine gewisse Bedeutung behalten hat. Vgl. Andrea Komlosy: »Arbeit und Werttransfer im Kapitalismus. Vielfalt der Erscheinungsformen und Operationalisierung«, in: Sozial.Geschichte Online, 9 (2012), 36–62.

7 Vgl. auch Vorwort und Debatte in: M. van der Linden/K. H. Roth (Hg.): Über Marx hinaus. Arbeitsgeschichte und Arbeitsbegriff im 21. Jahrhundert, Berlin 2009.

8 Vgl. Peter Linebaugh/Marcus Rediker: The Many-Headed Hydra. Sailors, Slaves, Commoners, and the Hidden History of the Revolutionary Atlantic, Boston 2000.

9 Genauer gesagt werden Paradoxien beschrieben, wobei das Oxymoron die sich ausschließenden Elemente illustriert und die Frage ganz offen bleibt, was aus dem Gegensatzpaar heraus entstehen kann. offen bleibt. Vgl. Ulrich Bröckling, Das unternehmerische Selbst. Soziologie einer Subjektivierungsform, Frankfurt a.M. 2007, 19f.

gesellschaftlichen Zeitwahrnehmung verbunden zu sein scheint: Auf das Stichwort der »Gegenwartsschrumpfung« werde ich im nächsten Abschnitt noch genauer zu sprechen kommen. Hier soll zunächst nur festgehalten werden, dass sich auf beiden Seiten der Arbeits-Geschichte Veränderungen zeigen: In einer Erosion des tradierten Arbeitsbegriffs auf der einen, und in einer aus der Gegenwart abgeleiteten Verunsicherung dessen, was überhaupt als *historische Zeit* gelten kann, auf der anderen Seite.

Die Suchbewegungen, die diese doppelte Verunsicherung ausgelöst haben, machen die Erneuerung der Arbeitsgeschichte selbst zu einer anstrengenden Arbeit: Aber jenseits einer Herausforderung oft impliziter, aber doch zentraler Annahmen früherer historischer Forschung ist eine neue Arbeitsgeschichte nicht zu haben. Was uns heute von einer Konjunktur der Arbeitsgeschichte sprechen lässt, ist nicht allein dieser Umstand, sondern der Eindruck, dass es sich um etwas anderes handelt als um einen der vielen fachspezifischen *turns*. Denn anders als in den 1990er Jahren sind die Neuzusammensetzung der Klasse(n) und neue soziale Kämpfe selbst im akademischen Feld (und im akademischen Feld selbst) immer weniger zu ignorierende Tatbestände. Die unsichere und verunsicherte Erneuerung der Geschichte ist nicht zu trennen von einer Verunsicherung der Gegenwart. Und die Spannung zwischen »loss and renewal« ist ein Teil dieser Geschichte.

Eine Geschichte der Gegenwart

Ein wichtiges Beispiel für einen gegenwartsbezogenen Entwurf in der bundesdeutschen Geschichtswissenschaft, der solche Herausforderungen annimmt, ist die Skizze von Lutz Raphael und Anselm Doering-Manteuffel. Die beiden Historiker haben zu Beginn der Finanz- und Weltwirtschaftskrise eine grundlegende Erweiterung des vom historiographischen Mainstream verhandelten Themenspektrums vorgeschlagen.[10] Ihr kurzer Text, der mittlerweile mehrere Auflagen erlebt hat und auf dessen Grundlage ein gleichnamiges großes Forschungsprojekt entstanden ist,[11] wendet sich zunächst der Kritik an jener allzu sorgenfreien Vorstellung zu, die die Bundesrepublik vor allem in den 1990er Jahren im Grunde als das Ende der Geschichte erzählte: als Erfolgsgeschichte einer »modernisierten« und sogar »fundamentalliberalisierten« Gesellschaft.[12] In einer solchen Erzählung war die Arbeitsgeschichte tatsächlich *lost*, denn, zumindest wenn man wie damals »Liberalisierung« vor allem als »Demokratisierung« versteht, finden betriebliche Kämpfe und Kämpfe um Lohnarbeit in der Tat eher auf der Schattenseite statt: Von einer umfassenden Demokratisierung der betrieblichen Sphäre kann jedenfalls weder vor noch nach 1990 die Rede sein. Nach dem

---

10   Vgl. Anselm Doering-Manteuffel/Lutz Raphael: Nach dem Boom. Perspektiven auf die Zeitgeschichte nach 1970, Göttingen 2008.
11   Vgl. http://www.nach-dem-boom.uni–tuebingen.de [Stand: 1.11.2014].
12   Vgl. Jürgen Habermas: »Der Marsch durch die Institutionen hat auch die CDU erreicht«, in: Frankfurter Rundschau vom 11.03.1988. Vgl. mittlerweile »klassisch« auch Vorwort und Themenspektrum in: U. Herbert (Hg.): Wandlungsprozesse in Westdeutschland. Belastung, Integration, Liberalisierung 1945–1980, Göttingen 2002. Diese Debatte fasst etwas differenzierter zusammen: Axel Schildt: »Fünf Möglichkeiten, die Geschichte der Bundesrepublik zu erzählen«, in: Blätter für deutsche und internationale Politik, 10 (1999), 1234–1244.

Antritt der sozial-liberalen Koalition im Jahre 1969 schienen sich zwar diesbezüglich Veränderungen anzudeuten. Doch derartige Hoffnungen wurden bereits in der nicht einmal halben Reform des Betriebsverfassungsgesetzes (1972) stark relativiert, im Programm zur »Humanisierung des Arbeitslebens« (seit 1974) und in späteren Projekten einer »selbstorganisierten Gruppenarbeit« teilweise erneuert, um schließlich in der aktuell dominanten Funktionalisierung von Partizipation als Motor und Modus einer Erhöhung der Produktivität[13] sowie unter den Rahmenbedingungen einer »Finanzialisierung« von Unternehmenspolitiken[14] nachhaltig dementiert zu werden.

Eine (wenngleich bislang leider nur skizzenhaft entwickelte) Option in der neuen Debatte ist also eine Bezugnahme auf eine kritische Arbeitsgeschichte, in deren Kern es ebenso wie in der Arbeitssoziologie um die Frage nach der Spannung zwischen heteronomen Verhältnissen in der Lohnarbeit und den Autonomieentwürfen der Arbeitenden geht.[15] Im ersten Schritt zielt die Arbeit von Raphael und Doering-Manteuffel allerdings nur auf eine Bezugnahme insbesondere auf soziologische Forschungen über den Wandel der Arbeitswelt seit den 1970er Jahren. Dabei werden eine ganze Reihe von in der historischen Forschung bis dahin kaum rezipierten Autorinnen und Autoren eingeführt, denen gemeinsam ist, dass sie sich seit der ersten Hälfte der 1970er Jahre um eine Definition und kategoriale Einordnung der neuen Konturen der Arbeitswelt bemüht haben: die Palette reicht von Daniel Bell über Robert Castel bis hin zu Zygmunt Bauman und Paul Virilio, wobei Arbeitswelt als Teil der Lebenswelten gefasst und in eine unzweifelhaft durch den *cultural turn* der 1990er Jahre informierte breitere Zeitdiagnostik eingeordnet wird. Die Rede ist insofern *sowohl* von Individualisierung und neuen Lebensstilen *als auch* von veränderten Geschlechterverhältnissen und Haushaltsökonomien, gleichzeitig aber *auch* von der politischen Geschichte, in der die langfristigen Folgen der neoliberalen Politik und des Thatcherismus diskutiert werden.[16]

Wie diese neue und zugleich sehr komplexe Perspektivierung weitergeführt wird, zeigt sich wiederum im Abschnitt über die »Entgrenzung« der Arbeit. Sie wird mit Virilio als »rasender Stillstand« ausgemacht: In den Raum-Zeit-Koordinaten der postindustriellen Gegenwart sei es zwar zu einer Ablösung der »Daseinskargheit« gekommen, diese sei aber durch eine »geschrumpfte Gegenwart« ersetzt worden, die lediglich noch »aus den Tagen, Monaten oder Jahren« bestehe, in denen das »Einkommen gesichert sei, der Wohnort und die Lebensumstände gewiß«.[17] Mit leicht

---

13 Dies ist jedenfalls die ernüchterte Bilanz in: Michael Schumann: Entwicklungstrends der Industriearbeit – Ansatzpunkte für gewerkschaftliche Arbeitspolitik, Göttingen 2014, online unter: http://www.sofi-goettingen.de/fileadmin/Michael_Schumann/Material/Statement_zur_IG_Metall_2014.pdf [Stand: 1.11.2014].

14 Vgl. Jürgen Kädtler: Finanzialisierung und Finanzmarktrationalität. Zur Bedeutung konventioneller Handlungsorientierungen im gegenwärtigen Kapitalismus, SOFI-Arbeitspapier, 5 (2009), Göttingen 2009.

15 Vgl. das Standardwerk zu dieser im Grunde allzu wenig thematisierten Frage: Harald Wolf: Arbeit und Autonomie. Ein Versuch über die Widersprüche und Metamorphosen kapitalistischer Produktion, Münster 1999.

16 Für einen Überblick vgl. auch meine Rezension dieses Buchs: Peter Birke: »Buchbesprechung«, in: Sozial.Geschichte Online, 1 (2009), 118–123.

17 Doering-Manteuffel/Raphael: Nach dem Boom, 85.

kulturpessimistischem Unterton wird schließlich der Zerfall des Erfahrungs-Kontinuums anhand von Analysen der »modernen Arbeitswelt« festgemacht. Die sozialpsychologischen Wirkungen solcher Tendenzen, so pflichten die Autoren Richard Sennett bei, seien »eindeutig negativ«[18].

Angesprochen sind hier gleich mehrere Aspekte der aktuellen Arbeitswelt, die in der Arbeitssoziologie bereits seit Beginn der 1990er Jahre breit diskutiert werden: die Flexiblisierung der Arbeitszeit, eine »normative Subjektivierung« (Baethge),[19] schließlich die Diskontinuität von Erwerbsbiographien, die Informalisierung und Prekarisierung der Arbeits- und Lebensverhältnisse. Während eine Rezeption der ganzen empirischen Breite der entsprechenden Forschungen noch aussteht,[20] werden in der konzeptionellen Debatte innerhalb der Arbeitsgeschichte zugleich einige problematische Setzungen aus dem soziologischen Diskurs übernommen. So ist etwa der Befund der «Gegenwartsschrumpfung« der hier als Beispiel dienen mag, wie erwähnt in einer Dichotomie zur (historischen) «Daseinskargheit« verortet: Die Arbeitsgesellschaft, so könnte man assoziieren, ist bei weitem nicht mehr so eintönig wie in jenem Bild, das Chaplin einst in seinen »Modernen Zeiten« von der Fließproduktion zeichnete. Nein, sie hat sich beschleunigt, flexibilisiert und entgrenzt, bis hin zur systematischen Überforderung der Einzelnen, die zudem mit einer Destabilisierung in der Reproduktionssphäre konfrontiert sind. Der Wiedererkennungswert solcher Themen ist wohl nicht zuletzt und nicht zufällig in hochmobilen Arbeitsverhältnissen im Wissenschaftsbetrieb spontan sehr groß, dennoch hat die Diagnose zwei deutliche Schwächen. Erstens tendiert sie dazu, die (fordistische) Vergangenheit zu einer Karikatur zu verzerren, die auch als Gegenbild zu einem »digitalisierten Finanzmarktkapitalismus« erscheint, in die aber zugleich relativ beliebig Stichworte wie »soziale Absicherung« oder »Eintönigkeit« hineinprojiziert werden können.[21] Zweitens wird hier Subjektivität auf eine Größe reduziert, in der sie schon immer instrumentell auf den Lohnarbeitsprozess und seine Zumutungen zugerichtet anmutet – eine Idee, die soziale Kämpfe aus der Geschichte im Grunde ebenso ausklammert wie die widersprüchlichen moralischen Ökonomien, in denen Arbeitende versuchen, eine eigene Geschichte in die der »Subjektivierung« einzuschreiben.

In der an die Strukturbruchthese anknüpfenden auf die Bundesrepublik bezogenen historiographischen Debatte spielt zumindest die zuletzt genannte Frage allerdings auch aktuell nur eine Nebenrolle. Wichtiger ist zunächst die Erschließung von bis-

---

18 Ebd., 87.

19 Martin Baethge, Arbeit, Vergesellschaftung, Identität. – Zur zunehmenden normativen Subjektivierung der Arbeit, in: Soziale Welt, Jg. 42, H. 1/1991, –9.

20 In der bundesdeutschen Arbeitssoziologie gibt es mittlerweile eine ganz Reihe Arbeiten, die die Entgrenzungsdebatte aus der ersten Hälfte der 2000er Jahre relativieren und differenzieren. Formationstheoretisch wird sogar von einer »taylorisierten Subjektivierung« gesprochen, überall setzt sich ferner die Tendenz durch, betriebliche und überbetriebliche Regulierungsformen der Arbeit als »hybrid« zu verstehen und im Rahmen lokaler sozialer Beziehungen und Kräfteverhältnisse zu verorten. Für einen Überblick vgl. zum Beispiel: Stephan Voswinkel: »Arbeit und Subjektivität«, in: K. Dörre/D. Sauer/V. Wittke (Hg.): Kapitalismustheorie und Arbeit. Neue Ansätze soziologischer Kritik, Frankfurt a.M./New York 2012, 302–315.

21 Doering-Manteuffel/Raphael: Nach dem Boom, 87. Vgl. meine Kritik: Birke: Buchbesprechung.

lang kaum bearbeiteten, weil historiographisch auf den ersten Blick nebensächlichen Themenfeldern. Dazu gehört ganz ohne Zweifel die Geschichte der Erwerbslosigkeit[22] oder die der IT-gestützten »Wissensarbeit«.[23] Auf einer Metaebene, die eher Aufschlüsse über die Grenzen einer vom »Formationswechsel« überzeugten Historiografie aufzeigt, wird darüber hinaus die Geschichte der Rationalisierungsdiskurse kritisch nachgezeichnet.[24]

Umbrüche und Scharnierjahrzehnte

Abgesehen von der Frage nach der empirischen Fundierung der laufenden konzeptionellen Debatte, stand die historiographische Frage im engeren Sinne bislang tatsächlich im Mittelpunkt der Diskussion, die Anselm Doering-Manteuffel 2007 auch genau unter dieser Fragestellung eröffnete:

> *Über die 1970er und 1980er Jahre wissen wir dank verschiedener neuer Studien inzwischen recht gut Bescheid. Bisher ist allerdings kaum darüber nachgedacht worden, ob die Jahrzehnte seit etwa 1970 allein im Kontinuum der Nachkriegsgeschichte zu betrachten sind oder ob sie nicht auch, vielleicht sogar überwiegend, als der Beginn einer neuen Epoche, als eigenständiger Abschnitt der Zeitgeschichte, beschrieben werden müssen.*[25]

In einem von Knud Andresen, Ursula Bitzegeio und Jürgen Mittag herausgegebenen Sammelband werden entsprechend die Gegenstände, die in der bundesdeutschen Arbeitsgeschichte verhandelt werden, auf diese Frage bezogen, und mit unterschiedlichen Vorschlägen verbunden. So wird der These von der Diskontinuität der Verweis auf diskursive Kontinuitäten entgegengehalten, wie es Anne Seibering im Rahmen einer Debatte über das Programm »Humanisierung der Arbeit« versucht. Thilo Frehmel weist in erwähntem Sammelband auf eine bruchlose Kontinuität in der Tarifpolitik, Monika Mattes auf die Erfahrungen von Frauen, für die eine Prekarisierung von Arbeits- und Lebensverhältnissen (insbesondere im Falle von Alleinerziehenden) nicht gerade etwas Neues und auf jeden Fall kein Alleinstellungsmerkmal des »Postfor-

---

22 Vgl. unter anderem T. Raithel/T. Schlemmer (Hg.): Die Rückkehr der Arbeitslosigkeit. Die Bundesrepublik Deutschland im europäischen Kontext 1973–1989, München 2009.

23 Vgl. Andreas Wirsching: »Durchbruch des Fortschritts. Die Diskussion über die Computerisierung in der Bundesrepublik«, in: M. Sabrow (Hg.): ZeitRäume. Potsdamer Almanach, Göttingen 2009, 207–218. Auch in dieser Hinsicht könnte die Arbeitsgeschichte viel von der umfangreichen soziologischen Debatte lernen. Vgl. für eine Übersicht Sabine Pfeiffer: »Technisierung von Arbeit«, in: F. Böhle/G. G. Voß /G. Wachtler (Hg.): Handbuch Arbeitssoziologie, Wiesbaden 2010, 231–262.

24 Vgl. Rüdiger Hachtmann: »Gewerkschaften und Rationalisierung: Die 1970er-Jahre – ein Wendepunkt«, in: K. Andresen/U. Bitzegeio/J. Mittag (Hg.): Nach dem Strukturbruch? Kontinuität und Wandel von Arbeitsbeziehungen und Arbeitswelt(en) seit den 1970er-Jahren, Bonn 2011, 181–209.

25 Anselm Doering-Manteuffel: »Nach dem Boom. Brüche und Kontinuitäten der Industriemoderne seit 1970«, in: Vierteljahreshefte für Zeitgeschichte, 4 (2007), 559–582, hier: 559.

dismus« ist.²⁶ Die Arbeitssoziologin Ingrid Artus schließlich begreift, gegenständlich anhand eines deutsch-französischen Vergleichs betrieblicher Interessenvertretung, die 1970er und 1980er Jahre als »Scharnierjahrzehnte«: In dieser Zeit, so Artus, hätten sich neue Formen der betrieblichen Interessenvertretung (und daran anschließend neue Formen der kollektiven Organisierung) entwickelt, aber sie waren noch nicht vollständig ausgebildet und verbreitet.²⁷

Im Kontext der Debatte um Brüche und Kontinuitäten kann auch nach den (neuen?) Bedeutungen des städtischen Raumes in der Produktion gefragt werden, wie etwa in einem Dissertationsprojekt von Arndt Neumann, der die Entwicklung »von der Hafenindustrie zur Kreativwirtschaft« untersucht.²⁸ Das Besondere an dieser Arbeit ist, dass sie sowohl die Inwertsetzung von urbanen Räumen als auch die Dominanz neuer Formen der Produktion sowohl als Ausdruck als auch als Ausgangspunkt *sozialer Kämpfe* versteht. Damit bezieht sich Neumann auf einen Aspekt der Historiografie, der randständig, aber bedeutend ist – man denke nur an die Rezeption des Werkes von Boltanski & Chiapello (auch) im deutschsprachigen Raum.²⁹ Zwar steht dort die Frage nach der Vermittlung zwischen Künstlerkritik / Sozialkritik und neuen Legitimations- wie Praxisformen in der Produktion im Mittelpunkt. Dennoch kann keinesfalls gesagt werden, dass die Frage nach der Geschichte und dem Eigensinn sozialer Kämpfe heute auch nur annähernd ausreichend empirisch fundiert diskutiert werden kann. Am ehesten wird dieser Aspekt noch in Untersuchungen verhandelt, die Formen der Vergesellschaftung und Autonomie von MigrantInnen in der bundesdeutschen Migrationsgeschichte thematisieren. Hier spielen migrantische Kämpfen eine gewisse Rolle in einer anderen Geschichte des/der in der Arbeitswelt der Gegenwart vorherrschenden Regimes.³⁰ Insgesamt fällt aber auf, dass es in der

---

26 Andresen/Bitzegeio/Mittag (Hg.): Nach dem Strukturbruch? Vgl. auch die Rezension von Sarah Graber Majchrzak: »Rezension«, in: Sozial.Geschichte Online, 8 (2012), 153–160.

27 Vgl. ihre historische Darstellung zur Entwicklung der Mitbestimmung in Frankreich und Deutschland in: Ingrid Artus: Interessenhandeln jenseits der Norm. Mittelständische Betriebe und prekäre Dienstleistungsarbeit in Deutschland und Frankreich, Frankfurt a.M./New York 2008. Anknüpfend an die zitierten Arbeiten könnte man auch nach der Zeitform der Sache fragen, also ob der apostrophierte Strukturbruch eigentlich stattgefunden hat oder noch unvollendet ist. Wenn man die Frage nach der Geschichte der Gegenwart radikal stellt, dann arbeiten historische Texte immer in der Gegenwart und weben sich in sie sozusagen ein. Die Geschichte der Erwerbslosigkeit etwa, die auch aufgrund von Anschlüssen an einen kritischen Arbeitsbegriff in den letzten Jahren Thema von Untersuchungen geworden ist, verändert sich nach der Neudefinition des SGB II und der Einführung des Arbeitslosengelds II zum 01.01.2005 ganz grundlegend. So bekommt etwa der nicht zufällig aus dem Englischen adoptierte Begriff *workfare* eine doppelt neue Konnotation – es sind Erwerbstätige, die Leistungen aus dem SGBII beziehen (arme Arbeitende), und Erwerbslose, die zur »gemeinnützigen« Arbeit verpflichtet werden (arbeitende Arme).

28 Vgl. zu diesem Projekt, das aktuell kurz vor dem Abschluss steht und im Rahmen der erwähnten Forschungsgruppe »Nach dem Boom« verortet ist, die Beschreibung auf http://www.nach-dem-boom.uni-tuebingen.de/index.php [Stand: 1.11.2014].

29 Luc Boltanski/Ève Chiapello, Der neue Geist des Kapitalismus. Aus dem Französischen von Michael Tillmann, Konstanz 2003.

30 Vgl. Manuela Bojadžijev: Die windige Internationale. Rassismus und Kämpfe der Migration, Münster 2008.

Bundesrepublik zwar zu einer Art Revival der Arbeitsgeschichte zu kommen scheint, Arbeiten, die soziale Konflikte und Kämpfe in und um Arbeitsverhältnisse(n) in den Mittelpunkt stellen, allerdings noch immer exotisch bleiben. So spielt die Analyse von Streikbewegungen, auch in Anschluss an meine eigene Arbeit, eine gewisse Rolle.[31] Auch werden Höhepunkte migrantischer Kämpfe thematisiert – dabei kehrt offenbar vor allem der Ford-Streik von 1973 immer wieder ins Bewusstsein zurück. Doch es mangelt nach wie vor an Arbeiten zu Arbeitskonflikten im Arbeitsalltag, vor allem an solchen, die zugleich die Transformation der »eigenen Geschichte« derartiger Konflikte thematisieren.[32]

Zusammenfassend wird meines Erachtens von zentraler Bedeutung sein, den Eigensinn und die relative Autonomie der Arbeitenden (und Nicht-Arbeitenden) in seiner Bedeutung für das zu diskutieren, was man in Bezug auf die gegenwärtige Arbeitsgesellschaft vielleicht als »umkämpften Strukturbruch« umschreiben könnte. Die Perspektive auf die in der Tat umfassenden Veränderungen der Arbeitswelt, die in den letzten zwei, drei Jahrzehnten in der Bundesrepublik und auch im internationalen Maßstab beobachtet werden können, würde auf dieser Grundlage Teil einer offenen, unabgeschlossenen Geschichte, die sich auch insofern einer naiven Periodisierung entzieht: Eben ein umkämpftes und *deshalb* hybrides und vorläufiges Gebilde, oder, um in Anlehnung an die Regulationstheorie zu sprechen, eine Formation, die auf tönernen Füßen steht und in der noch offen ist, ob sie am Ende als *goldenes* Zeitalter oder als Zeitalter der *Katastrophen* gesehen werden wird.

---

31 Teilweise handelt es sich um ausdrücklich nicht-akademische Literatur: Jan Ole Arps: Frühschicht. Linke Fabrikintervention in den 1970er Jahren, Berlin/Hamburg 2011; Dieter Braeg: »Wilder Streik – das ist Revolution«. Der Streik bei Pierburg in Neuss 1973, Berlin 2013; Jörg Huwer: »Gastarbeiter« im Streik. Die Arbeitsniederlegung bei Ford Köln im August 1973, Köln 2013. Wichtig wäre hier der Hinweis darauf, dass selbstverständlich auch diese Geschichte für beide deutsche Staaten untersucht werden muss. Vgl. etwa die Arbeiten von Renate Hürtgen: »Niedergang und Neuanfang einer autonomen Arbeiterbewegung in der DDR. Das Streikgeschehen von den 1950er Jahren bis 1989«, in: Technomuseum (Hg.): Durch Nacht zum Licht? Geschichte der Arbeiterbewegung 1863–2013. Katalog zur großen Landesausstellung Baden-Württemberg, Mannheim 2013, 287–308 mit vielen weiteren Hinweisen auf Literatur. Auch hinsichtlich anderer Fragestellungen ist der Katalog, der leider nicht im Buchhandel erhältlich ist, eine unerschöpfliche Quelle.

32 In diesem Zusammenhang die Frage nach der Nachnutzung sozialwissenschaftlicher Primärquellen zu diskutieren, ist eines der Anliegen des ReSozIT–Projekts, das das Soziologische Forschungsinstitut Göttingen gemeinsam mit der Universität Trier (Zeitgeschichte) und der Universität Hannover (IT) derzeit unternimmt. Vgl. Peter Birke u.a.: »Gute Arbeit nach dem Boom. Pilotprojekt zur Längsschnittanalyse arbeitssoziologischer Betriebsfallstudien«, in: Mitteilungen aus dem SOFI, 7/17 (2013), 10–13, online unter: http://www.sofi.uni-goettingen. de/fileadmin/SOFI-Mitteilungen/SOFI_Mitteilungen_17.pdf [Stand: 1.11.2014]. Ein weiterer Ansatz der Systematisierung ist der Rückgriff auf die Thompson'sche »moralische Ökonomie«. Vgl. das Projekt »Moral Economies in Modern Societies«, online unter: https://www. mpib-berlin.mpg.de/en/research/research-schools/imprs-moral-economies [Stand: 1.11.2014].

Globale Arbeitsgeschichte

Winfried und Dietmar Süß konstatieren, dass die meisten gegenwärtigen arbeitshistorischen Studien keineswegs eine globale, ja meist »nicht einmal deutsch-deutsche« Perspektive einnehmen.[33] Dies sei der Preis, der für eine bestimmte Form der Interdisziplinarität, namentlich die Anlehnung an die Arbeits- und Gewerkschaftssoziologie, zu zahlen sei. Die Aussage erstaunt ein wenig. Sicherlich sind auch die zuletzt genannten Fächer kaum frei von jenem »methodologischen Nationalismus«, den Marcel van der Linden für die Arbeitsgeschichte konstatiert hat.[34] Aber gleichzeitig kann nicht automatisch davon ausgegangen werden, dass die Konfrontation der Paradigmen beider Fächer das Problem der Beschränkung auf eine (mehr oder weniger obsolet gewordene) Nationalgeschichte verschärfen *muss*. Wenn wir bei der Frage nach der gegenwärtigen Arbeitsgesellschaft bleiben, dann ist im Gegenteil klar, dass die von der Arbeitssoziologie untersuchten Phänomene keineswegs mit einem nationalstaatlichen Maßstab alleine entschlüsselt werden können, ja, dass es sich in den vielen Fällen sogar kaum um Phänomene handelt, die eindeutig als »europäisch« verortet werden können.[35] Das gilt selbst dann, wenn das bearbeitete Feld nicht außerhalb der Grenzen des jeweiligen Nationalstaates liegt. Am einfachsten kann man das anhand von Debatten zeigen, die zwar auch im nationalstaatlichen Rahmen geführt und dann (oft schlecht) »übersetzt« werden. So ist beispielsweise die Management-Debatte der 1990er Jahre zwar in der Bundesrepublik in spezifischer Weise verlaufen – etwa unter Hinweis auf bestimmte Voraussetzungen wie die Besonderheiten der betrieblichen Mitbestimmung usw. – aber es war klarerweise eine transnationale Debatte, in der ein »Toyotismus« (bekanntlich eine japanische Erfindung!), ein schwedischer Weg zur Gruppenarbeit, die Tendenz zum Outsourcing und zur fraktalen Fabrik, zur *lean production* und schließlich zur Subjektivierung und Entgrenzung der Produktion kaum als nationalstaatlich gebunden vorstellbar wären, auch wenn sie de facto oft aus dieser Perspektive erforscht wurden.[36]

Aber wie kann man sich Arbeiten vorstellen, die eine *Glocal Labour History* definieren würden, als Verbindung zwischen subjektbezogenen Fragestellungen und einer weiten, nicht nur auf den Diskurs bezogenen Definition der Globalität? Diese Frage kann hier nur kursorisch bearbeitet werden und ihre praktische Beantwortung steht noch weitgehend aus. Aber es kann mit Ravi Ahuja davon ausgegangen werden, dass

---

33 Winfried Süß/Dietmar Süß: »Zeitgeschichte der Arbeit: Beobachtungen und Perspektiven«, in: Andresen/Bitzegeio/Mittag (Hg.): Nach dem Strukturbruch, 345–365, hier: 348.

34 Marcel van der Linden: »Transnational Labour History«, in: G. Budde, S. Conrad, O. Lanz (Hg.): Transnationale Geschichte. Themen, Tendenzen und Theorien, Göttingen 2010, 26–84, hier: 265.

35 Vgl. die Texte in: Hans-Jürgen Burchard/Stefan Peters/Nico Weinmann (Hg.): Arbeit in globaler Perspektive. Facetten der Informalisierung, Frankfurt a.M. u.a. 2013.

36 Süß/Süß, 350. Priemel schlägt für historische Untersuchungen, die eine dichte Beschreibungen mit dem Globalisierungsdiskurs verbinden das Stichwort »global labor studies« vor. Vgl. Priemel: Heaps of Work, 42–45. In diese Kategorie fallen aus seiner Sicht (und meines Erachtens nicht zu Unrecht) auch die Untersuchungen von Thomas Welskopp über die Stahlindustrie oder von Karl Lauschke über die Hüttenwerke, Untersuchungen, die *shopfloor* und transnationale Dimension aufeinander beziehen.

beispielsweise »die Entwicklung von Arbeitsverhältnissen und Kulturen in Südasien und die europäische Geschichte der Arbeit seit mindestens zwei Jahrzehnten miteinander verknüpft sind.«[37] Vermittelt über koloniale und postkoloniale Abhängigkeitsverhältnisse, die Zirkulation von Waren und mittlerweile auch Dienstleistungen auf dem Weltmarkt, geschieht dies allerdings in asymmetrischer Weise, auf deren Grundlage die Verstetigung und Absicherung der Arbeitsverhältnisse in einigen Ländern des globalen Nordens historisch *vermittels* einer Prekarisierung und Informalisierung im globalen Süden aufgetreten ist. Andererseits wird aber auch in sozialen Kämpfen in verschiedenen Weltregionen – auf der Grundlage der Arbeitssituation, des Wanderns von Arbeitenden und Produktionsstätten, der Differenzierung von Mehrwertketten und der Solidarität zwischen ArbeiterInnengruppen – immer wieder ein Bezug zwischen sozialen Kämpfen über nationalstaatliche Grenzen hinweg hergestellt. Mehr noch: wenn überhaupt, dann konstituiert sich eine »globale ArbeiterInnenklasse« nur in diesem und keineswegs jenseits dieses Feldes.[38] Arbeitskämpfe, sind, wie das etwa anhand des »Textilzyklus« oder des »Automobilzyklus« im 19. und 20. Jahrhundert durch Beverly Silver konstatiert wurde, zwar ungleichzeitig, aber in ihren Ursachen und Verlaufsformenzugleich auch miteinander verbunden, ein Umstand, der sowohl intertemporale als auch transkulturelle Analysen bedeutend erscheinen lässt. Vielversprechend sind in dieser Hinsicht vor allem die Projekte des *International Institute of Social History* in Amsterdam, die eine vergleichende Analyse der Geschichte der Hafen- und Textilarbeit und aktuell der Arbeit auf Werften vorgenommen haben und vornehmen.[39]

Auch hier gibt es, anders als in der Vermutung von Süß und Süß, im Grunde eine distinkte Verbindung zwischen (lokal bezogener und empirisch argumentierender) Arbeitssoziologie und (globaler) Arbeitsgeschichte. Schon in der Frage nach der Geschichte aktueller Begriffe, durch die hindurch die neuen Konturen der Arbeitswelt erklärt werden sollen, kann diese Verbindung aufscheinen. So ist Prekarisierung, als Verunsicherung der existenziellen Perspektiven von Lohnarbeitenden, auf dem ersten Niveau ein allgemeines und insofern auch »globales« Merkmal der Marx'schen Definition einer »doppelt freien Lohnarbeit«[40]. Auf dem zweiten Niveau ist es eine Lebenssituation, die vor dem Durchbruch des Begriffs in der aktuellen akademischen und gesellschaftlichen Debatte (auch) in der Bundesrepublik für die Mehrheit der MigrantInnen und erwerbstätigen Frauen sowie für Arbeitende in Krisensektoren selbst auf dem Höhepunkt des Booms nach dem Zweiten Weltkrieg eine allzu bekann-

---

37 Ravi Ahuja: »Geschichte der Arbeit jenseits des kulturalistischen Paradigmas. Vier Anmerkungen aus der Südasienforschung«, in: J. Kocka/K. Offe (Hg.): Geschichte und Zukunft der Arbeit, Frankfurt a.M./New York 2000, 121–134, hier: 122. Weitere Perspektiven zu dieser Frage insbesondere auch unter Bezugnahme auf Studien über die afrikanische Arbeitsgeschichte bieten die Arbeiten von Andreas Eckert. Vgl. neben vielen anderen Andreas Eckert: »What is Global Labour History Good For?«, in: J. Kocka (Hg.): Work in a Modern Society. The German Historical Experience in Comparative Perspective, New York/Oxford 2010, 169–181.

38 Beverly Silver: Forces of Labor. Arbeiterbewegungen und Globalisierung seit 1870. Aus dem Amerikanischen von Wildcat & friends. Berlin/Hamburg 2005.

39 Vgl. die Projektseite von Global History of Shipbuilding Labour: http://socialhistory.org/nl/projects/global-shipbuilding, [Stand: 1.11.2014].

40 Karl Marx: Das Kapital, Band 1, in: Ders./Friedrich Engels: MEW 23, Berlin 1980, 181.

te Erfahrung war. Und drittens sind prekäre Verhältnisse jenseits der europäischen und nordamerikanischen Zentren eine durchgängige Erscheinung gewesen, wobei legalisierte Gewerkschaften, Tarifverträge, Sozialversicherungen und formale Rechte in der Lohnarbeit in den meisten Ländern der Peripherie stets Ausnahmen waren.

Die Frage und Herausforderung, die auf dieser Grundlage die *Global Labour History* an die bundesdeutsche Arbeitsgeschichte stellt, ist jene nach der »dritten Welt in der ersten Welt«. Es geht darum, ob sich Formen und Strukturen der Ersteren in der Letzteren wiederfinden bzw. sogar das lange als abgesichert gedachte Paradigma einer durch den globalen Norden geprägten Entwicklung nicht auch den umgekehrten Weg nehmen könnte. In diesem Sinne ist gerade die Debatte um eine Informalisierung der Arbeit ebenso wie die Prekarisierungs-Debatte anschlussfähig für eine sowohl interdisziplinäre als auch transnationale Perspektive, gerade unter der Voraussetzungen von Flexibilisierung, Deregulierung und Prekarisierung, und in einer Zeit, in der die Einführung eines Mindestlohns durch die Große Koalition den nunmehr auch in den Regierungen anerkannten Regulierungsbedarf manifestiert. Mit durchaus unterschiedlichen Folgen kann für den Zeitraum nach etwa 1980 von einem Informalisierungsschub in verschiedenen Weltregionen gesprochen werden, bei dem die von Keith Hart Anfang der 1970er Jahre als »informeller Sektor« am Fall Ghana ausgemachten vielfältigen Überlebensstrategien von mitunter formal selbstständig, mitunter lohnabhängig, aber in jedem Falle abhängig Wirtschaftenden im Mittelpunkt stehen.[41] Dass es sich hierbei um eine »verbundene ungleichmäßige Entwicklung« handelt, die ihre Basis in den Angriffen auf die Existenzbedingungen der Arbeitenden weltweit hatte und hat und in der die Asymmetrien der Austeritätspolitik und der Krisenpolitik eine entscheidende Rolle spielen,[42] zeigt sich auch daran, dass in Ländern des globalen Südens die Mehrheit der arbeitenden Menschen unter informellen Bedingungen arbeitet, während es sich im globalen Norden um eine Minderheit handelt, deren Bedeutung zunimmt. Insgesamt ist jedoch festzuhalten, dass auch unter einer solchen Perspektive das Modernisierungsparadigma der bundesdeutschen Geschichtswissenschaft fragwürdig erscheinen muss, und dass die Finanz- und Wirtschaftskrise nach 2008 diese Fragwürdigkeit trotz vorgeblicher wirtschaftlicher Erholung im sogenannten Kernland der Eurozone erhöht haben dürfte: Die Entwicklung der Arbeitsgesellschaft scheint heute in völlig neuer Weise offen zu sein, und nicht einmal die kleinen Hochkonjunkturen der frühen 1990er und 2000er Jahren haben die Grundtendenz der Entsicherung des Arbeitslebens aufhalten können.

---

41 Keith Hart: »Informal Income Opportunities and Urban Employment in Ghana«, in: The Journal of Modern African Studies, 11, 6–9. doi:10.1017/S0022278X00008089. Vgl. auch zu den Verweisen auf weitere Literatur: Nicole Mayer-Ahuja: »Arbeit, Unsicherheit, Informalität«, in: Dörre/Sauer/Wittke (Hg.): Kapitalismustheorie und Arbeit, 289–301.

42 Vgl. hierzu auch P. Birke/M. Henninger (Hg): Krisen Proteste. Beiträge aus Sozial.Geschichte Online, Berlin/Hamburg 2012, hier neben den Artikeln zu verschiedenen Weltregionen vor allem die von Max Henninger und mir verfasste Einleitung.

Und was ist »Arbeit«?

Marcel van der Linden hat in den letzten Jahren sehr ausdauernd darauf verwiesen, dass sowohl historisch als auch aktuell die Mehrheit der Arbeitenden weltweit keineswegs in Lohnarbeitsverhältnissen beschäftigt ist. Er hat dabei vor allem den Umstand betont, dass es zwischen freier und unfreier Lohnarbeit zahllose Zwischenstufen und Mischformen gab und gibt, die sich als Voraussetzung der Reproduktion der Arbeitenden häufig ergänzen oder die zumindest nicht zwingend alternativ stehen.[43] Dieser Hinweis wiederholt im Grunde auf einer anderen, historisierenden Ebene, was feministische AutorInnen seit vielen Jahren über die Bedeutung der sogenannten Reproduktionsarbeit sagen.[44] In werttheoretischer Hinsicht löste die Feststellung eine Debatte über den Zusammenhang zwischen produktiver, wertschöpfender Arbeit und politischer Konstituierung einer »Arbeiterklasse für sich« aus.[45] Sie hat, deutlich etwa in Bezug auf die Verhältnisse in China, auch eine räumliche Dimension, indem die aktuelle Organisierung der WanderarbeiterInnen nicht ohne das System der Aufenthaltsberechtigungen innerhalb des Landes (d.i. das Regime der Binnenmigration) und die biographischen Verbindungen der Arbeitenden zum ländlichen Raum zu erklären sind.[46]

Und schließlich haben die Beiträge von Peter Linebaugh und Marcus Rediker darüber hinaus auch die Frage in den Raum gestellt, ob die Sicht auf die Konstituierung des modernen Proletariats als Folgeerscheinung der Industrialisierung nicht zu einseitig ist. Die beiden US-amerikanischen Autoren betonen im Gegensatz dazu eine transatlantische moralische Ökonomie der Arbeitenden in den Schiffen und Häfen des 16. bis 18. Jahrhunderts, die auch eine ganz andere Sicht von Gemeingütern und andere, nicht-staatliche Gesellschaftsentwürfe hervorgebracht hätten.[47] Ob diese moralische Ökonomie nicht eher eine poetische Zuschreibung ist und ob sie einer quellenkritischen Prüfung standhalten würde, steht hier nicht zur Debatte und kann hier auch nicht entschieden werden.

Was dagegen wichtig ist, ist dass vielfältige Impulse aus unterschiedlichen historiographischen und politischen Kontexten auf die Notwendigkeit eines Neudenkens der Arbeitsgeschichte hinweisen, das von enormer aktueller politischer Bedeutung ist. In ihm erodieren die Eck- und Orientierungspunkte der tradierten Arbeitsgeschichte in atemberaubender Geschwindigkeit: Weder »Gewerkschaften« noch »Regulierung« noch »Arbeit« können unter den gegebenen Bedingungen abseits von diesen Veränderungen gedacht werden. Das bedeutet nicht, dass in dieser Geschichte der Gegen-

---

43 Kurz zusammengefasst etwa in: Marcel van der Linden: »Global Labor History«, in: Jahrbuch für Forschungen zur Geschichte der Arbeiterbewegung, 1 (2010), 72–75.
44 Vgl. Komlosy: Arbeit und Werttransfer.
45 Vgl. Roth/Henninger/van der Linden: Über Marx hinaus.
46 Vgl. Ralf Ruckus: »Hintergründe der Proletarisierung und Klassenneuzusammensetzung in China«, in: Sozial.Geschichte Online, 4 (2010), 30–35; Pun Ngai/Lu Huilin: »Unvollendete Proletarisierung – Das Selbst, die Wut und die Klassenaktionen der zweiten Generation von BauernarbeiterInnen im heutigen China«, in: Sozial.Geschichte Online, 4 (2010), 36–69.
47 Vgl. Linebaugh/Rediker: Hydra. Den vorliegenden Fragenkomplex behandeln vor allem Kapitel 1, 3 und 5.

wart keine Geschichte der Organisationen, des Staates oder der Arbeit existiert. Es bedeutet aber, den Hinweis darauf ernst zu nehmen, dass das Modernisierungsparadigma der bundesdeutschen Geschichtswissenschaften keine gute Grundlage für eine aktuell relevante Analyse bietet. Und es bedeutet schließlich, Arbeit als umkämpftes Feld zu verstehen, dessen staatliche oder institutionelle Einhegung immer wieder als abgeschlossen behauptet wird, was sich immer wieder als Irrtum herausgestellt hat.

Jürgen Bönig
Narrative der Arbeit in Museen

Ideologiekritik

Narrative anderer Disziplinen und Fachgebiete kennenzulernen, ist eine gute Anregung, über die Erzählungen des eigenen Fachgebietes nachzudenken, in diesem Falle der Technikgeschichte und der Geschichte der Arbeit und des Arbeitsvermögens. Ich benutze den Begriff Narrativ in einem lose ideologiekritischen Sinn als eine Erzählstruktur, die beabsichtigt, unbeabsichtigt oder unbewusst der Darstellung einer Entwicklung zugrunde gelegt und von Betrachter/innen aufgenommen und in den beobachteten Prozess hineininterpretiert wird.

In Technik- und Industriemuseen hat die Disziplin Technikgeschichte eines der mächtigsten Narrative der Arbeit und ihrer Entwicklung hervorgebracht, die das Bewusstsein über die Entwicklung von Gesellschaft bestimmen, den Mythos von der Unwiderstehlichkeit des technischen Fortschritts, dem sich die Entwicklung von Arbeit und Arbeitsformen anpassen müssten und würden.

Warum brauchen historische Museen überhaupt Narrative? Welcher bedienen sich technische Museen bewusst, welche fördern sie durch Verkürzung und Vereinfachung? Und warum stützen Industriemuseen eine naive Vorstellung von der Beförderung des sozialen Fortschritts durch technische Entwicklung? Auf welche Weise vermitteln Museen den Eindruck, die Entwicklung von Technik verlaufe naturgemäß und jenseits einer Formung durch den Menschen, die erst nachträglich, als Reparatur oder Weichenstellung stattfinden könne?

Museum als Rezeptionsform

Museum ist eine Rezeptionsform, in der mit Bedeutung versehene Objekte im Raum so angeordnet werden, dass Zusammenhänge im Kopf der Besucher/innen gestiftet werden – nicht immer oder meist nicht solche, die sich die Ausstellungsmacher/innen ausgedacht haben.

Jürgen Bönig

Ein Museumsbesuch ist ein Raumerlebnis mit beabsichtigten Wirkungen und unbeabsichtigten Folgen. Beim Durchschreiten eines Museums oder einer Ausstellung oder beim Verweilen darin werden Schlussfolgerungen über die Bedeutung der Objekte nahegelegt. Unterstützt durch Text und Schriftgestaltung, die Anordnung im Raum und der Räume hintereinander, die jeweilige Gewichtung, hervorhebende Inszenierungsmittel und dadurch erzeugte Gewichtung historisch bedeutsamer Objekte, die man in einem Museum vorzufinden erwartet, werden Bedeutungen den gezeigten Gegenständen Bedeutungen zugesprochen oder gefestigt. Dadurch entstehen Interpretationen über deren Zusammenhänge, manche explizit gewünscht und beabsichtigt, andere wiederum nur implizit nahegelegt oder unbeabsichtigt erzeugt.

Die zwei Stunden, die die Besucher/innen durchschnittlich im Museum verbringen, hinterlassen einen Eindruck vom Zusammenhang der Objekte, von ihrer Entwicklung und Bedeutung, die vermutlich in vielen Fällen auf die Weisheit hinausläuft, die der fiktive Bundestagsabgeordnete, gespielt von Alfred Edel, in Alexander Kluges Film *Die Patriotin* von 1979 ausspricht: »Die Welt ist hochkompliziert – ich habe einen gewissen Überblick.« Keine Struktur erkennen zu können, kann ein durchaus wirksames Narrativ sein, weil es verwirrtes Nichts-Tun und Nicht-Eingreifen zur Folge haben kann.

Als Rezeptionsform mit einer sehr kurzen Wahrnehmungszeit sind Museen auf schlüssige und einleuchtende Narrative angewiesen und müssen historisch komplexe Erzählungen extrem verkürzen, vereinfachen und auf wenige Hauptstränge reduzieren. Als eines der mächtigsten Narrative besonders für historische und technische Museen hat sich das von der Unwiderstehlichkeit des technischen Fortschritts bei der Veränderung der Welt und insbesondere der Arbeit herausgestellt, einen Eindruck, den wohl auch unsere Ausstellungen im Museum der Arbeit vermitteln, das eine besondere Geschichte der Arbeit verfolgt.[1]

Museum der Arbeit im Industriezeitalter

Als Technikgeschichtler arbeite ich seit 1982 ehrenamtlich und seit 1990 hauptamtlich am Museum der Arbeit, kein klassisches Technik- oder Industriemuseum, sondern ein Haus, das Arbeit und Leben im Industriezeitalter am Beispiel Hamburgs darstellt. Trotz mannigfacher Kritik am negativen Beigeschmack des Begriffes »Arbeit« hat das Museum an seinem Namen festgehalten und beschäftigt sich mit den verschiedensten Formen von Arbeit im Industriezeitalter. Mit Industriezeitalter meinen wir eine Epoche, in der die Arbeit für den Lebensunterhalt wesentlich als Lohnarbeit organisiert ist. In diesem Zeitalter werden für viele andere Motive und Antriebe bei der Arbeit wirksam als bei einer Produktion, die unmittelbar auf den eigenen Gebrauch und Konsum der erzeugten Produkte ausgerichtet ist.

Wir gehen der Entstehung dieser Art von Arbeit nach, die mehr als 250 Jahre zurückliegt, und betrachten vor allem die Wirkung dieser Tätigkeiten auf die ar-

---

1   Freunde des Museums der Arbeit e.V. (Hg.): 25 Jahre Verein Museum der Arbeit [Sonderheft der Mitarbeit, Zeitschrift der Freunde des Museums der Arbeit e.V.], Hamburg 2005.

beitenden und die nichtarbeitenden Menschen, bei Produktion und Konsum, Arbeit und Leben.

Mit anderen Technik- und Industriemuseen teilen wir den Wunsch, dass die Besucher/innen das Funktionieren der vorgestellten Geräte und deren Entwicklung verstehen. Im Unterschied zu anderen, die den feinen Verästelungen von Erfindungen und technischen Neuerungen nachspüren, interessiert das Museum der Arbeit vor allem die Ausbreitung von Techniken, die Wirkungen von massenhaft eingesetzten Geräten, Maschinen und Arbeitsweisen auf die Menschen und wie diese Menschen sich und den Arbeitsprozess verändern und gestalten. Der Unterschied zwischen einer Geschichte der Technik und einer Geschichte der Arbeit ist für dieses Ziel nicht ganz unerheblich.

»Aber ein Sturm weht vom Paradiese her ...« (Walter Benjamin)

Die Technikgeschichte nutzt seit langem, bewusst oder unbewusst, affirmativ oder kritisch, das Narrativ des technischen Fortschritts als Haupttriebfeder gesellschaftlicher Veränderung. Dieser Erzählbestandteil unterstellt, dass der Drang des Menschen, effektivere Mittel der Produktion zu erfinden und zu nutzen, zum beschleunigten Wandel von Mensch und Gesellschaft geführt hat. Dieser Mythos vergisst, dass das konkurrenzgetriebene, nicht durch traditionelle gesellschaftliche Regeln eingehegte Funktionieren der Gesellschaft erst diese Unwiderstehlichkeit des »technischen Fortschritts« hervorgebracht hat. Der Loslösungsprozess von solchen Regeln und Verhaltensmustern hat einen jahrhundertelangen Vorlauf, nimmt aber erst seit ungefähr drei Jahrhunderten Fahrt auf. Mit anderen Worten: Nicht die Technik und deren Entwicklung sind von naturhafter Unbeeinflussbarkeit, sondern die gesellschaftlichen Verhältnisse, in denen sich Menschen technischer Mittel und deren Entwicklung bedienen. Technischer Fortschritt findet immer in Gesellschaft statt und seine Dynamik ist davon bestimmt, wie diese Gesellschaft funktioniert, ob sie zum Beispiel die Produktion bestimmter neuer Güter oder deren effektivere Produktion belohnt.

Die Ausstellung *Durch Nacht zum Licht* über 150 Jahre Sozialdemokratie zeigte 2014 unter anderem eindrucksvoll Filme, die die Auseinandersetzung der Gewerkschaften in den 1960er Jahren mit dem technischen Fortschritt thematisierten. Damals stellten Redner auf Gewerkschaftskongressen fest, dass der technische Fortschritt die Arbeit stark verändern werde und es darauf ankäme, diesen Wandel nachträglich zu gestalten. Eine ähnliche Diskussionsstruktur weist heute die Debatte über die Digitalisierung der Entwicklung, Produktion und Verteilung von Gütern auf, die im Nachhinein von Gewerkschaften gestaltet werden sollten, ohne dass die Absicht besteht, im Vorhinein die Entstehung von bestimmten Produkten und Arbeitsprozessen aktiv zu betreiben.

Veränderung technisch?

Warum halten wir die Veränderung der technischen Mittel, die den Menschen zur Verfügung stehen, für so unbeeinflussbar und keiner Lenkung durch Entscheidungen von Menschen ausgesetzt?

Es kann sein, dass wir unwillkürlich das Funktionieren von Technik nach Naturgesetzen und die Entwicklung der Technik nach den gleichen Naturgesetzen gleichsetzen. In technischen Museen stärken wir die Vorstellung, dass man bereits verstanden habe, welche technische Neuerung sich wie durchsetze, wenn man begriffen habe, wie sie funktioniert.

Der historische Prozess der Entwicklung von Zwecken, Produkten, die diese erfüllen, und die Wahl der Mittel, mit denen diese umgesetzt werden, erhalten damit implizit eine ähnliche Zwangsläufigkeit wie ein naturgesetzlich ablaufender physikalischer Vorgang. Das Funktionieren von technischen Geräten wird in eins gesetzt mit den Entwicklungsgesetzlichkeiten, die diese hervorgebracht haben.

Eine sozial orientierte Technikgeschichte dagegen betrachtet die Entwicklung von technischen Mitteln nach ihren eigenen Entwicklungsgesetzlichkeiten, die nicht den Gesetzen ihres Funktionierens entsprechen. So kann die Entwicklung bestimmter Produkte dadurch beschleunigt stattfinden, dass Prinzipien wie die Rotationsbewegung oder in einem Bereich genutzte Bauteile von einem Gegenstandsbereich auf den anderen übertragen werden. Aber immer entscheidet sich die Wahl der Zwecke, der Verfahrensweisen oder der Mittel bei konkurrierenden Zwecken nach anderen Gesetzmäßigkeiten als denen der Naturwissenschaften.[2]

Oder einfacher ausgedrückt: Weil heißer Dampf eine Dampfmaschine antreibt, wird noch lange nicht die Entwicklung der Dampfmaschine durch Dampf vorangebracht. Sie könnte beispielsweise sehr »befeuert« werden durch den Wunsch englischer Grubenbesitzer tiefer liegende Kohleschichten zu erreichen, dafür Wasser aus den Schächten zu pumpen und das bitte mit einer Dampfmaschine zu tun, die dabei möglichst wenig der verkaufbaren Kohle verbraucht. Wären die Grubenbesitzer nur Verkäufer von Steinkohle gewesen, hätte der Wirkungsgrad der Dampfmaschine sie gar nicht interessiert, im Gegenteil, mehr Verbrauch, mehr verkaufte Kohle. Man sieht also, dass Interessenkonstellationen nicht unbedingt dahin drängen, die jeweils technisch effektivste Verfahrensweise zu wählen und mit Macht deren Weiterentwicklung zu betreiben.

Technikmuseen, die technische Geräte in der Zeitenfolge ihrer Entwicklung nebeneinander stellen, legen eine natürliche Evolution technischer Gegenstände nahe und unterschlagen dabei, dass es eine soziale Evolution der menschlichen Fähigkeiten, der Fertigkeiten, des Gedächtnisses, des Wissensspeichers und der Ausbildung bestimmter Fertigkeiten und Fähigkeiten bedarf, damit ein naturgesetzlich mögliches Objekt tatsächlich zu einem bestimmten Zeitpunkt realisiert werden kann.

Der Übergang von einem technischen Gerät zu einem anderen, das in einem bestimmten Aspekt effektiver ist, also bei geringerem Aufwand den gleichen Effekt bewirkt, erhält damit die Weihe eines Naturgesetzes, obwohl ja menschliche Motive, wirtschaftliche Zwänge, Ausprobieren und Umbauen als Handeln eintreten müssen, damit eine neue Technik entsteht.

Eine abgeschwächte Variante dieser Deutung eines scheinbar nach Naturgesetzen abgelaufenen Entwicklungsprozesses nimmt an, dass sich das technisch effektivere Herstellungsverfahren in der Regel durchsetze, weil Menschen auf wirksamere Werk-

---

2   Vgl. beispielsweise U. Troitzsch/G. Wohlauf (Hg.): Technik-Geschichte. Historische Beiträge und neuere Ansätze, Frankfurt a.M. 1980; Hugo Theodor Horwitz: Das Relais-Prinzip. Schriften zur Technikgeschichte, hrsg. von T. Brandstetter/U. Troitzsch, Wien 2008.

zeuge und Verfahren zugriffen. Wer wisse, welches Verfahren physikalisch-technisch wirksamer sei, wisse auch, welches Verfahren »überlebe« – nämlich das technisch effektivere, wirksamere, produktivere, Aufwand sparende.

Diese nachträgliche Feststellung ist selbstbestätigend, weil sie alternative technische Ziele, Verfahren und Produkte gar nicht kennt – sie konstruiert also eine Geschichte der technisch erfolgreichen Verfahren zu einem unhinterfragten Zweck, der bei der Produktion tatsächlich nicht der Hauptzweck ist. Diese Sichtweise teilen im Übrigen auch manche Kritiker des Kapitalismus, weil sie bewusst oder unbewusst unterstellen, dass das Kapital und damit auch mindestens einige Einzelunternehmer immer die effektivste Form der Ausbeutung wählen, also in allen Belangen besonders raffiniert, widerspruchslos und wirksam zu Werke gingen.

Der heimliche Lehrplan

Obwohl wir in unserem Museumskonzept von 1993 vor der Eröffnung unserer Dauerausstellung uns mit dem Problem des technischen Fortschritts als Ideologie beschäftigt hatten, stellte sich bei unseren Dauer- und Sonderausstellungen ein solch naives Narrativ immer wieder ein: Im Vergleich erscheint die frühere Arbeit als die mühsamere, lautere, schädigendere und jedenfalls anstrengendere im deutlichen Kontrast zur besseren, leichteren, körperlich weniger anstrengenderen und sauberen, durch Elektronik geplanten und gesteuerten Arbeit der Gegenwart.[3]

Gerade weil wir auf Anschaulichkeit, Genauigkeit, durch Objekte und Arbeitsvorführungen präsente Arbeit Wert legten, erzeugten wir weitere Zweideutigkeiten:

Gegenüber den industriellen Arbeitsinstrumenten gewaltiger Dimension passen ins Museum das kleine Gerät, der isolierte Arbeitsplatz und der handwerkliche Vorgang, die nicht deren Bedeutung in der Arbeitswelt entsprechen.

Die Zusammenarbeit zwischen den Menschen in Werkstätten, Betrieben oder erst recht in der Gesellschaft lässt sich museal in Objekten nicht so einfach fassen wie der vereinzelt arbeitende Mensch mit seinen Geräten, folglich betonen wir fälschlich stärker die Individualität des Arbeitenden und nicht die Kooperation bei der Arbeit.

Gedanken, Motive und angelernte Verhaltensweisen lassen sich kaum in Museumsobjekten abbilden, sondern nur durch Fotos, Filme, Objektarrangements nahelegen, den technischen Instrumenten geben wir damit eine höhere Bedeutung als den Motivationen der sie nutzenden Menschen.

Museen bestätigen auf diese Weise eine Auffassung von Arbeit, deren Entwicklung durch die ganze Menschheitsgeschichte technisch bedingt, zwangsläufig und alternativlos erscheint. Wie lässt sich diesem Narrativ entgegensteuern, welche Konflikte und Beispiele machen die Gestaltungsmöglichkeiten von Arbeit durch die Menschen sichtbar?

---

3   Vgl. Museum der Arbeit, Hamburg (Hg.): Das Museum der Arbeit in Hamburg – Denkanstöße, Themen, Aufgaben, Hamburg 1993.

Jürgen Bönig

Arbeit im Industriezeitalter = Arbeit in der Industrie?

Auf einem bestimmten Stand der gesellschaftlichen Entwicklung von Lohnarbeit scheint nur Erwerbsarbeit Arbeit zu sein. Erst die Ausbreitung von Erwerbsarbeit und Lohnarbeit hat aber dazu geführt, dass die Charakteristika dieses besonderen Arbeitsverhältnisses auf sämtliche Formen von Tätigkeiten abfärben, die in der Rückschau, erst nachträglich als Arbeit definiert werden.

Besucher/innen meinen deshalb, dass Gefühle, Erwartungen, Einschränkungen und Chancen, die sie mit Lohnarbeit verbinden, auch vorindustrielle Arbeit geprägt haben. Dabei bleibt der lange und widerstandsreiche Erziehungsprozess bis zu unserer heutigen Arbeitsauffassung ausgeblendet und das mühsame und widerspruchsvolle Resultat eines langen Entstehungs-, Erziehungs- und Gewöhnungsprozesses allen Menschen als natürliches Arbeitsverhalten zugeschrieben.

Zweitens wird fälschlich Erwerbsarbeit im Industriezeitalter im Wesentlichen mit industrieller Lohnarbeit, Industriearbeit gleichgesetzt. Bei Objektübernahmen fürs Museum staunen wir hingegen immer wieder über die großen Unterschiede zwischen Branchen, Tätigkeitsbereichen in Branchen und verschiedenen Betrieben einer Branche, was Technik, Form und Organisation der Arbeit mit technischen Mitteln angeht. Die Gleichzeitigkeit des Ungleichzeitigen wäre also ein Narrativ, das die Geschichte der Arbeit erhellen könnte.

In industrialisierten Gesellschaften gibt es und gab es ein Nebeneinander von reiner Handarbeit, handwerklicher geräte- und/oder maschinengestützter Arbeit für die Industrie und industrieller Tätigkeit mit Maschinen und Automaten, die konzentriert in großen industriellen Hallen oder einzelnen Werkstätten stattfindet.

Ungleichzeitigkeit prägt auch die Ausformung der Arbeitsteilung zwischen verschiedenen Tätigkeiten. Seit vor hundert Jahren die Fließbandarbeit in der Automobilindustrie entstand, herrscht der Eindruck, es gebe eine identische Form der Fließbandarbeit in allen Autowerken und alle anderen Arbeiten ließen sich auch in Form von Bandarbeit und automatisierter Transferstraßen organisieren. Die Schwierigkeiten der Organisierung einer solchen Bandarbeit, der Widerstand des Materials gegen eine gleichmäßig steigerbare Gleichtaktung werden dabei unterschätzt. Fließbandarbeit als Beschleunigung der menschlichen Lohn-Arbeitsleistung wird eben nur dort eingesetzt, wo menschliche Arbeit im Arbeitsprozess noch eine Rolle spielt. Dies ist besonders dort der Fall, wo unterschiedlich geformte (gewachsene) Materialien oder nicht streng definierte Teile demontiert oder montiert werden sollen und ein maschineller Ersatz für die menschlichen Fähigkeiten (noch) nicht zur Verfügung steht.[4]

Noch vielfältiger wird das Bild der Gleichzeitigkeit des Ungleichzeitigen, wenn man die Verhältnisse zwischen industrialisierten und nicht industrialisierten, sprich abhängigen Ländern betrachtet. Das Entwicklungsmodell für die Beeinflussungsprozesse ist das einer in den abhängigen Ländern induzierten technischen und wirtschaftlichen Entwicklung, die derjenigen gleicht, die während der ersten Industrialisierung stattgefunden hat. Dabei waren die industrialisierenden Länder Niederlande, Belgien, England, dann Frankreich, die USA und Deutschland immer in fortwährender Wech-

---

4   Jürgen Bönig: Die Einführung von Fließbandarbeit in Deutschland bis 1933. Zur Geschichte einer Sozialinnovation, Münster/Hamburg 1993.

selwirkung begriffen. Sie kauften Produkte aus den stärker industrialisierten Ländern, lieferten Rohstoffe, schotteten den Markt ab, um Produktionsmittel einzukaufen und eine eigene Produktion aufzubauen, und wären in diesem Prozess zweifellos gescheitert, wenn sie sich auf den heute weltweit geforderten Freihandel auf allen Märkten eingelassen hätten. Ein bestimmter stufenweiser Entwicklungsgang hin zur Durchindustrialisierung findet eben nicht unbeeinflusst von dem statt, was in allen übrigen Ländern auf der Welt geschieht.

Bezahlt und unbezahlt

Zur Zeit der Entstehung des Museumsvereins Anfang der 1980er Jahre war selbstverständlich, dass auch nicht-entlohnte Formen von Arbeit betrachtet werden müssten. Vor allem galt dies für die unentgeltliche und als selbstverständlich genommene Arbeit von Frauen im durch Machtunterschiede gekennzeichneten Verhältnis zwischen den Geschlechtern.

Eine Konsequenz dieses weiten Arbeitsbegriffes für die Tätigkeiten im Industriezeitalter wird häufig übersehen – auch bei uns: Die Tätigkeit in der Landwirtschaft ist Arbeit im Industriezeitalter und zudem noch von weitreichender Bedeutung: Erst ihre Effektivierung hat die ehemals an das Land gebundenen Arbeitskräfte freigesetzt und die Versorgung derjenigen gewährleistet, die in der Stadt für die Industriearbeit zur Verfügung standen.

Narrative der Arbeit sollten die Tätigkeit von Bäuer/innen und Landarbeiter/innen einschließen. Deren Tätigkeit bildet nicht nur die Naturgrundlage für die Ernährung der Bevölkerung in den entstehenden Großstädten, sondern liefert der Industrie Rohstoffe, Hilfsmittel, Zusatzstoffe und sogar das Material für Maschinenteile. Erst in den 1950er Jahren ersetzten die in Kohle und Erdöl aufgespeicherten Pflanzen und Tiere die aktuell wachsenden erneuerbaren Rohstoff und Energielieferanten – jedenfalls für die nächsten 50 Jahre.[5]

Kopfarbeit

Die Entwicklungsgeschichte der Arbeit erschöpft sich nicht in der Geschichte der Erfinder und Unternehmer, die neue Technik anwenden ließen oder »das siebentorige Theben« (Bertolt Brecht: *Fragen eines lesenden Arbeiters*) bauten. Sie ist als von Konflikten begleitetes Verhältnis zu begreifen zwischen denjenigen, die produzieren ließen und lassen, um damit Gewinn zu machen, und denjenigen, die produzierten und arbeiten, um damit ihren Lebensunterhalt als Lohn zu bekommen.

Das Empfinden, der Beitrag der vielen »kleinen Leute« müsse benannt und überliefert werden, charakterisiert auch heute noch unseren methodischen Ansatz.

Unsere »Praxisexperten«, Menschen, die lange Jahre einen Beruf ausgeübt haben und ihn im Museum vorführen, schärften unser Bewusstsein dafür, dass Produktion nur dann gelingen kann, wenn die von Ingenieuren, Technikern und Arbeitsvor-

---

5 Vgl. die literarische Bearbeitung in John Berger: Von ihrer Hände Arbeit. Eine Trilogie. Aus dem Englischen von Jörg Trobitius München/Wien 1995.

bereitern gestellten Fabrikanlagen, Werkstätten, Werkzeuge, Rohstoffe, Maschinen und Geräte durch motivierte Arbeiter/innen in Gang gesetzt und gehalten werden. Deshalb zeigen wir im Museum, dass Veränderungen im Kopf der Beteiligten genauso wichtig oder vielleicht wichtiger sind als die Veränderung von Technik. Ein Ausstellungsbereich fragt zum Beispiel, was ein Mensch lernen muss, der um 1900 vom Lande – vorwiegend aus Mecklenburg – in die Stadt Hamburg kommt – was er an Orientierung braucht, wo er wohnt und arbeitet, welche Zeitdisziplin er einhalten muss und mit wem zusammen er für seine Interessen streiten kann. Damit wird auch sichtbar, dass eine bestimmte Arbeitsteilung, -zeit und -effektivität nicht durch die technischen Mittel erzwungen, sondern durch den Ausgang von Konflikten für eine geraume Zeit festgelegt wird – bis sie wieder von einer neuen Generation in Konflikten infrage gestellt wird – von »oben« oder von »unten«.[6]

Wen interessiert die Produktion?

Ein wenig lässt sich dies erkennen, wenn Mensch fragt, ob früher oder heute oder in Zukunft die Menschen mehr arbeiten würden, wo sie doch über immer effektivere Mittel zur Herstellung der Mittel ihres Lebens verfügen – also eigentlich weniger arbeiten müssten. Sie tun es aber nicht, sondern erzeugen mehr und weitere Produkte und beharren auf dem Ziel des Wachstums der Wirtschaft, der Steigerung des Geldwertes der Produkte, weil dies auf der einen Seite Gewinn verspricht und auf der anderen Seite Gelegenheit zur Erwerbsarbeit und Umverteilungsspielräume.

Um den Konflikt noch einmal deutlicher zu machen: Der Anwender von Produktionstechnik, der Unternehmer, Arbeitgeber, Kapitalist lässt ein Produkt herstellen, um durch dessen Verkauf sein Geld zu vermehren, Gewinn zu machen. Der Arbeitnehmer, Produzent oder Arbeiter stellt dieses Produkt her, nicht, um es selbst zu gebrauchen, sondern um dafür vom Unternehmer bezahlt, entlohnt zu werden.

Das Produkt ist diesen beiden beteiligten Seiten relativ gleichgültig, solange sie jeweils den Lohn bzw. den Gewinn haben. Am liebsten wäre dem Unternehmer, wie es Hans Magnus Enzensberger hinsichtlich der Buchverkäufer gesagt hat, die Bücher hätten keinen Inhalt, der nur stört, die Waren also keinen Gebrauchswert, der hergestellt werden muss, sondern nur einen Tauschwert.[7] Am liebsten wäre dem/der Lohnarbeiter/innen, er/sie bräuchte für den Lohn gar nicht zu arbeiten. Die Geschichte des Widerstandes, den das Material dem Produzieren von Gegenständen zu einem bestimmten Gebrauch entgegenstellt, ist die Technikgeschichte oder die Geschichte der Arbeit.

Aus der unterstellten Naturgesetzlichkeit der technischen Entwicklung folgt auch die Auffassung, die Form, in der Technik angewendet und Arbeit organisiert wird, sei ebenso technisch-naturgesetzlich bestimmt. Sicher folgt eine gefundene Lösung für eine Produktion den Naturgesetzen und kann sie nicht einfach umgehen, aber sie ist dadurch nicht hinreichend bestimmt: Wie und auf welche Weise in welcher

---

6 Vgl. L. Kosok (Hg.): Katalog. Museum der Arbeit, Hamburg 1997, 23–34.
7 Heinrich Breloer: Nachtschalter. Die Buchmaschine. Dokumentation [D 1983].

Arbeitsteilung produziert wird, wird durch den Ausgang von Konflikten festgelegt und nicht durch Physik.

Leider gibt es nur wenige Beispiele in Museen, die die spezifische Nutzung von Maschinen und die damit einhergehende veränderte Arbeitsteilung von der Aura des naturgesetzlich Notwendigen befreien und sie in den Rahmen einer gesellschaftlichen Entwicklung oder eines Gruppenkonfliktes stellen. Eines davon ist die Arbeit an den Schnellpressen im Buchdruckgewerbe, die ab 1814 verwendet und in unterschiedlichen Ländern ganz anders genutzt und mit unterschiedlicher Qualifikation bedient werden, je nach der (gewerkschaftlichen) Organisation des Gewerbes.

Die Schnellpresse erfordert anders als die Handpresse nur relativ geringe Körperkräfte. In Druckmaschinen presst ein Metallzylinder das Papier auf die eingefärbte Druckform und nicht ein Mensch mit einem Hebel den flachen Tiegel auf die von Hand eingefärbte Druckform. Wenn die Körperkräfte nicht mehr so notwendig waren, wenn die kräftigen Drucker durch Menschen mit geringeren Kräften hätten ersetzt werden können, weil ein Raddreher, ein Wasserrad, eine Dampfmaschine oder ein Elektromotor den selbsttätigen Maschinenmechanismus in Gang setzte, warum gelang es den Druckern in Deutschland und der Schweiz dennoch, Herren über die leichter zu bedienende Druckmaschine zu bleiben?

Bei der Einführung der Schnellpresse in Deutschland etwa bewirkte das gleichzeitige Aufkommen von Gewerkschaften zusammen mit der klein- und mittelbetrieblichen Struktur der Unternehmen einen Kompromiss von Facharbeitern und Prinzipalen auf Kosten der Produzenten – in Deutschland, der Schweiz, Österreich usw. kann kein Drucker vom Angelernten zum Maschinenmeister aufsteigen, in England, Amerika usw. wurden dafür schon von Beginn an Angelernte eingesetzt.[8]

Auch jene Arbeitsform, die vor hundert Jahren von Henry Ford und seinen Ingenieuren auf ein komplexes Produkt angewandt wurde, die Fließbandarbeit, zeigt dieses Ineinander von technischen Zwängen und sozialen Interessen. Meist wird diese Arbeitsform als eine Form des Transportes dargestellt, die Produkt und Materialien den Arbeitskräften zuführt, damit sie es leichter haben und deshalb schneller produzieren können. Der technischen Einkleidungen beraubt, erscheint sie hingegen als Herrschaftsinnovation, als Gerät oder Organisationsform, mit der menschliche Arbeit dort beschleunigt werden soll, wo sie noch einen bestimmenden Einfluss auf das Produktionsergebnis hat. Sie sollte deshalb als soziale Innovation gedeutet werden, als eine Maschine, die nicht Transportleistungen zum Ziel hat, sondern, Menschen zu rascherer Arbeit zu veranlassen.

Als Henry Ford zwischen Sommer 1913 und Januar 1914 in verschiedenen Teilbereichen seiner Modell T-Produktion zuerst Montagebahnen einrichten ließ, auf denen die Arbeiter die Teile weiterschoben, nachdem sie ein Teil angebaut hatten und dieses ab Dezember 1913 durch Montagebänder ersetzen ließ, die das Halbprodukt in einem getakteten Tempo an den Arbeitenden vorbeizogen, liefen ihm die Arbeiter weg – sie wollten sich dieser Zumutung, diesem Tempo nicht aussetzen. Die Lösung des Problems war die Auslobung eines höheren Lohnes für die Bandarbeiter, eine

---

8   Jürgen Bönig: »Drucken an der Schnellpresse – eine Arbeitsanalyse im Museum«, in: G. Bayerl/W. Weber (Hg.): Sozialgeschichte der Technik. Ulrich Troitzsch zum 60. Geburtstag, Münster u.a. 1998, 219–228.

Verkürzung der Arbeitszeit auf acht Stunden und eine stärkere Kontrolle der Arbeiter bis in den privaten Bereich hinein.

Durch die besondere propagandistische Begleitung ist seitdem die Bandarbeit als Arbeitsform begriffen worden, die mit dem Wohlstand der Arbeitenden verknüpft ist. Diese Verbindung ist so selbstverständlich nicht, sie entstand durch das zufällige historische Zusammentreffen eines Mengenproblems in einer Firma mit männlichen, gerade erst eingewanderten Beschäftigten, die Alternativen zu den unzumutbaren Arbeitsverhältnissen am Band hatten.

Es hätte gegen die Fließbandarbeit auch einen Widerstand geben können ähnlich dem Maschinensturm in den Frühzeiten der Industrialisierung. Was die Arbeiter/innen sich jeweils zumuten lassen, was sie dagegen unternehmen oder was sie hinzunehmen bereit sind, richtet sich vermutlich nach dem Ausgang entscheidender Konflikte um Arbeitsbedingungen. Ist erst ein solcher Konflikt ausgetragen, mit Sieg oder Niederlage, nimmt die nächste Generation der Arbeitenden die Kampferfahrungen auf, die daraus hervorgehenden Bedingungen als gegeben fast fraglos hin.

So verhielten sich nach unserem Eindruck Beschäftigte des Maschinenbaues, die in den 1930er Jahren eine Lehre machten, ganz anders zu Leistungslohnsystemen, die u.a. Frederick Winslow Taylor nach der Jahrhundertwende formuliert und ausgearbeitet hatte. Während die Facharbeiter in Deutschland vor dem Ersten Weltkrieg noch zähen Widerstand dagegen geleistet hatten, akzeptierte die aus dem Krieg zurückkehrende Generation von Facharbeitern diese Entlohnungsverfahren. Erst recht galt dies in der Kriegsproduktion des Zweiten Weltkrieges und danach für den Wiederaufbau ziviler Produktion in der Nachkriegszeit, als das Refa-System als objektive Lösung von Verteilungskonflikten verstanden und fraglos hingenommen, ja sogar eingefordert wurde.[9]

Geschichte des Arbeitsvermögens

Wenn man die Interessenkonstellation bei der Lohnarbeit betrachtet, könnte man meinen, Unternehmer könnten die Zusammensetzung der Belegschaften aus Facharbeiter/innen, An- und Ungelernten nach ihrem Willen gestalten, sodass Konflikte durch Spaltungen und Minderbezahlung gar nicht erst aufkommen oder besser bestanden werden können. Aber bei allem Wunsch, die Belegschaft nach den eigenen Interessen zu modellieren, bleibt eine Schwierigkeit: Das Produkt muss auch tatsächlich hergestellt und verkauft werden, damit die Realisierung des Tauschwertes gelingt.

Auch dabei ist derjenige, dem wir viele Einsichten über den Zusammenhang von Technik und Gesellschaft verdanken, nämlich Karl Marx, häufig technizistisch missdeutet worden: Zum einen schien der technisch-wissenschaftlichen Fortschritt gewiss, gleichsam eine stetig tuckernde Maschine, die die Gesellschaft voran zwingt, bis die Widersprüche in eine sozialistische Gesellschaft aufgelöst werden können.

---

9 Der Reichsausschuss für Arbeitszeitermittlung (Refa) stellte ab 1924 Methoden für die Vor- und Nachkalkulation von Arbeiten zur Verfügung, mit denen abgeschätzt werden konnte, wieviel die Arbeitenden bei einem neuen, unbekannten Produkt leisten müssten – indem die Arbeit in Einzelbewegungen und -tätigkeiten zerlegt wurde, deren Dauer man kannte.

Eine Zerstörung der Menschheit schien dabei ausgeschlossen, der Prozess des gesellschaftlichen Vorankommens gesichert.

Ein zweiter, sehr viel wichtigerer Bereich betrifft den Zusammenhang von kapitalistischer Entwicklung und der Konstitution einer Arbeiterklasse, die den Kapitalismus durch eine andere gesellschaftliche Organisation der Produktion überwindet. Bei Marx ist dies im *Kommunistischen Manifest* reine These, im *Kapital* wird das zu unterfüttern versucht durch den Hinweis auf die Arbeitermassen, die das Kapital in den großen Fabriken zusammenbringen muss, um die Arbeit zu bewältigen und damit zugleich den organisierten »Totengräber« des Kapitalismus hervorbringt.

Wenn die Entwicklung der Arbeit und der Arbeitsteilung aber nun nicht einem solchen gleichförmigen naturwissenschaftlich konstatierbaren Prozess unterliegt, lässt sich dann gar nichts sagen über die Veränderung der Arbeit und deren entscheidende Etappen? Doch, es lassen sich in der Geschichte der Arbeit Zäsuren und Einschnitte benennen, Konflikte, deren Ausgang das Arbeitsverhalten der kommenden Generationen geprägt hat.

Der Gewöhnungsprozess an industrielle Arbeit dauert mindestens zweihundert Jahre, wie wir, angeregt durch die Arbeiten der britischen Sozialhistoriker Edward Palmer Thompson und Eric John Ernest Hobsbawm, gelernt haben. Er findet statt unter Anwendung sehr drastischer Mittel des Arbeits- und Zuchthauses, des Entzugs der Lebensgrundlage, der Verelendung, der Schutzlosigkeit und der daraus sich ergebenden Gegenwehr – gepaart mit der aufstandsverhindernden Fürsorge des Staates mit Hilfe von Institutionen wie Militär und Paukschule.[10]

Dies führt unmittelbar vor Augen, dass Arbeiter/innen und Angestellte nicht wie physikalische Einheiten immer gleiches Verhalten zeigen, sondern dass es eines langdauernden Erziehungs- und Umformungsprozesses bedarf, bis die Menschen pünktlich, gehorsam, freudvoll und auf leistungsorientierte Entlohnung erpicht in und für die Industrie arbeiten.

Und dieser Prozess ist nicht überall gleich und mit gleichen Ergebnissen gesegnet, nur weil das Kapital auf der abstrakten Ebene immer das gleiche Ziel der Gewinnerzielung hat.

Einer der Einschnitte war jener, den F. W. Taylor um 1890 markiert hat, als er über den Arbeitsprozess und das absichtliche Zurückhalten der Leistung im Interesse der Arbeitenden schrieb: Er schlug vor, die Zurückhaltung der Leistung, die bei jedem Neuankömmling von den vorhandenen Arbeitenden aus deren objektiven Interesse organisiert wird und zu falschen Angaben über die mögliche Leistung gegenüber dem Unternehmer führt, dadurch zu unterlaufen, dass das Wissen beim Unternehmer selbst oder bei seinen »Unteroffizieren«, dem Arbeitsbüro und deren Ingenieuren, gesammelt wird. Dann kann aus Kenntnis vorheriger Arbeit an bekannten Produkten

---

10 Jürgen Bönig: »Zur Geschichte der Kinderarbeit in Deutschland und Europa", in: Aus Politik und Zeitgeschichte. Themenheft Kinderarbeit, 43 (2012), 3–9; Eric John Ernest Hobsbawm: Industry and Empire. From 1750 to the Present Day, London 1968, deutsch als: Industrie und Empire. Britische Wirtschaftsgeschichte seit 1750. Aus dem Englischen von Ursula Margetts, Frankfurt a.M. 1969; Edward P. Thompson: The Making of the English Working Class, London 1963, deutsch als: Die Entstehung der englischen Arbeiterklasse. Aus dem Englischen von Lotte Eidenbenz, Frankfurt a.M. 1987.

mit bestimmten Geräten und Maschinen geschlossen werden, was die Arbeiter bei einem neuen Produkt oder bei einer neuen Arbeit leisten können müssten.

Damit erweitert sich das Spektrum der unterschiedlichen Gruppen unter den Arbeitenden von handwerklich ausgebildeten »Facharbeitern« und Handlangern, die ihnen unterstehen, um die neue Gruppe der Einsteller und Organisatoren der Produktion. Das Arbeitsbüro, in Deutschland im Wesentlichen besetzt mit Facharbeitern, gibt den Facharbeitern und auch den angelernten Arbeitern, die nur Maschinen bedienen, Maschineneinstellung, Werkzeugeinstellung und Arbeitsablauf in einer Weise, wie es sich die klassischen Facharbeiter nie hätten gefallen lassen. Auch diese Teilung der Arbeit ist je nach Land und Gesellschaft unterschiedlich: Während die USA (und England) keine formalisierte Berufsausbildung kennen, mündete die Entwicklung der Facharbeiter in Deutschland von den Handwerkern nach dem Ersten Weltkrieg in eine betriebliche Berufsausbildung, die von der Berufsschule betriebsübergreifend ergänzt und verwissenschaftlicht wurde.

Ist dieser Gewöhnungsprozess vorbei und durch die lange Vorgeschichte und Prägung der Menschen in der Gegenwart schon erledigt? Mir scheint dies nicht so zu sein: Als der Anstieg der Löhne und der Mangel an Arbeitskräften in der BRD in den 1960er fühlbar wurde, holte man Menschen aus Portugal, Spanien, Italien und der Türkei – und man holte nicht einfach die Bürger von Istanbul oder Lissabon, sondern Arbeitskräfte aus der Landwirtschaft, die zum ersten Mal in der Fremde in der Industrie arbeiten sollten. Die Konflikte zwischen den Bürgern der BRD und den Neuankömmlingen sollten nicht so gedeutet werden, dass die Bewohner verschiedener Länder unterschiedliche Charaktere und Verhaltensweisen hätten – die Bürger Istanbuls schämten sich für das Verhalten der Bauern, die aus Anatolien in die Industrie kamen. Es handelt sich also statt um natürliche Eigenschaften eher um Konflikte darüber, wie weit man sich den Zumutungen der Industrie bereits angepasst hatte. Insofern haben natürlich nicht alle Menschen »mit Migrationshintergrund« gleiche Verhaltensweisen, was haben ein Schweizer Banker, ein britischer Bauarbeiter und ein aus Anatolien kommender Bauernsohn denn gemeinsam an sozialen Verhaltensweisen, außer der Herkunft aus einem anderen Land?

Dabei stehen wir alle mitten in einem Veränderungsprozess, der durch die Digitalisierung des Informationsaustausches und der -verarbeitung stattfindet. Er hat auch alle Bereiche der materiellen Produktion erreicht, weil es gelungen ist, digitale, numerische Signale direkt in Bearbeitungsprozesse umzusetzen. Dabei hat sich durch das, was wir Digitalisierung nennen, für alle die Arbeit verändert. Bis in die 1960er Jahre ließen sich Maschinen und Geräte nur mechanisch oder elektromagnetisch steuern. Schrittmotoren erlaubten es auf einfachere Weise als bisherige mechanische Getriebe, gewünschte mechanische Bewegungen zu erzeugen und damit gewünschte Produkte herzustellen. Eine vorherige Planung der Produktion wird dadurch im virtuellen Raum möglich, die dann sehr viel einfacher als bisher in das *dirty end*, in reale mechanische Produktion umsetzen lässt.

Schon aus diesem Grunde sind heute viel mehr Menschen mit der Planung, Beschreibung und Berechnung der Produktion und der Verteilung beschäftigt als jemals zuvor – auch wenn es immer noch das ›dreckige Ende‹ der Produktion gibt, beispielsweise beim Nähen von Kleidung, beim Verschrotten von Schiffen oder beim Abbauen jener Rohstoffe, die die elektronischen Geräte zu ihrem Funktionieren brauchen.

Was sich aber über das Lohnverhältnis sagen lässt, so hat es noch nie so viele Menschen gegeben, die darauf angewiesen waren, dass jemand anderes sie braucht für einen Produktionsprozess, für den sie Lohn erhalten. Ende des 20. Jahrhunderts war weltweit über die Hälfte der Menschen in Städten angesiedelt und hat, wie es noch für die Mehrheit der Weltbevölkerung am Anfang des 20. Jahrhunderts galt, die Möglichkeit verloren, durch Landwirtschaft einen Teil ihrer Lebensmittel und ihres Lebensunterhalts zu produzieren.[11]

»Alles was ist, ist wert, dass es zugrunde geht.« (Johann Wolfgang von Goethe)

Obwohl wir von der klassischen Sozialgeschichte, die in die Soziologie mündete, obwohl wir etwa von Karl Marx, Max Weber oder Norbert Elias lernen könnten, wie unterschiedlich Menschen sich zu verschiedenen Zeiten in unterschiedlichen Gesellschaften verhalten haben, wie formbar das menschliche Arbeitsvermögen ist, wie flexibel es sich veränderten gesellschaftlichen Verhältnissen anpasst oder in der Anpassung gleich bleibt, geht das Narrativ der Arbeits- und Industriesoziologie von eigentümlich starren Menschen mit festgelegten Verhaltensweisen aus, die sich anscheinend in der Geschichte der Bundesrepublik kaum verändert haben.

Ohne diesen Glauben an die Unveränderbarkeit der Menschen bei und durch die Arbeit lässt sich die Ignoranz gegenüber einem stattfindenden soziologischen Großexperiment kaum erklären: 40 Jahre lang war ein Land zwischen verschiedenen Gesellschaftsformen geteilt – es trennten weder eine andere Sprache noch Vor-Geschichte die beiden Teile, was auf den Ausgang des Experiments möglicherweise Einfluss gehabt hätte. In dem einen Teil, der BRD, wurde die »soziale Marktwirtschaft« unter Mitwirkung der Gewerkschaften praktiziert, während im anderen Teil, der DDR, jedenfalls nicht der Konkurrenzkapitalismus herrschte, sondern eine spezifisch in ihren Mechanismen zu untersuchende geplante Wirtschaft. Nach dieser zwei Generationen langen Phase jedenfalls unterschiedlicher Gesellschaftssysteme wurden die beiden Teile wieder zusammengeschmissen – und die Arbeitssoziologie interessiert sich anscheinend nicht für die Folgen, die an zwei Generationen hinsichtlich des Verhaltens zur Arbeit zu beobachten wären.

Vielleicht habe ich ja beim Umfang dieses schönen Werkes etwas überlesen, aber das hier benutzte *Handbuch Arbeitssoziologie*[12] erwähnt diesen historischen Vorgang nicht nennenswert. Kann es sein, dass solcher Arbeitssoziologie ein ahistorisches Verständnis des Subjektes der Arbeit zugrunde liegt und sie annimmt, geschichtliche Erfahrung, gelernte Weisheiten, schmerzliche Niederlagen und mühsame Erfolge hätten keinen Einfluss auf die Reaktion der Arbeitenden auf neue Arbeitszumutungen?

Gegen die Tendenz, alle Arbeitenden als immer gleich oder hinreichend ähnlich zu verstehen, interessiert mich an der Entwicklung des Arbeitsvermögens die Unterschiedlichkeit in den verschiedenen Ländern bei aller gleichmachenden Durchkapitalisierung: Die Internationale Arbeitsorganisation IAO/ ILO feiert 2019

---

11   Eric John Ernest Hobsbawm: The Age of Extremes. A History of the World 1914–1991, London 1994, deutsch als: Das Zeitalter der Extreme: Weltgeschichte des 20. Jahrhunderts 1914–1991. Aus dem Englischen von Yvonne Badal, München/Wien 1995.
12   Vgl. F. Böhle/G. G. Voß/G. Wachtler (Hg.): Handbuch Arbeitssoziologie, Wiesbaden 2010.

ihr hundertstes Bestehen – und ich empfände es als nützliche Aufgabe der sozialhistorischen Museen, nicht die Durchsetzung gleicher Standards in den verschiedenen Ländern zu beobachten, sondern den Ursachen nachzuforschen, warum sie immer noch unterschiedlich geblieben sind.

Warum also das englische Rentensystem auf dem Hausbesitz beruht, das deutsche bisher auf dem Umlagesystem, warum es ein unterschiedliches Pensionsalter mit unterschiedlich anschließender Versorgung gibt und wie unterschiedlich Arbeitszeit und Arbeitsintensität gehandhabt und geregelt werden, beispielsweise in deutschen und schwedischen Krankenhäusern. Meine starke Vermutung geht dahin, dass das Resultat zentraler symbolisch aufgeladener Konflikte beide Seiten oder die drei Seiten des Konfliktes einschließlich des Staates so beeinflusst, dass an eine in anderen Ländern mögliche Änderung der Verhaltensregeln nicht gedacht wird.

Eine solche Ausstellung in den Arbeitsmuseen Europas würde erkennbar machen, dass nicht technische oder wirtschaftliche Zwänge Form, Art und Umfang von Arbeit bestimmen, sondern der Ausgang von Konflikten über deren Gestaltung, deren Lehren sich möglicherweise durch einen Besuch eines Museums umdeuten ließen.

Axel Haunschild
Erzählungen wider Willen.
Arbeitsnarrative in den Wirtschaftswissenschaften und in der Arbeitswissenschaft

Einleitung

Für mich als interdisziplinär sozialisiertem Forscher – von einem Wirtschaftsingenieurstudium über die betriebswirtschaftliche Personal- und Organisationsforschung mit arbeits- und organisationssoziologischer Prägung hin zu meiner jetzigen Position als Leiter eines Instituts für interdisziplinäre Arbeitswissenschaft – fällt es schwer, den Arbeitsbegriff und die Arbeitsnarrationen »meiner« Disziplin auf den Punkt zu bringen. Dies umso mehr, als den Wirtschaftswissenschaften zwar im Mainstream ein starkes Forschungsparadigma zugrunde liegt (methodologischer Individualismus und Tendenz zu mathematisch-formaler Theoriebildung), in einigen Teildisziplinen der Betriebswirtschaftslehre, wie der Personal- und der Organisationsforschung, aber viele Anlehnungen an sozialwissenschaftliche und z.B. psychologische Forschung zu finden sind. Heterogenität bezüglich der Konzeptualisierung und Beforschung von Arbeit findet sich auch und sogar in noch stärkerem Maße in der Arbeitswissenschaft, also der Disziplin, deren expliziter Gegenstand die »Arbeit« ist. Eine Darstellung und Würdigung der heterogenen Arbeitsbegriffe und -narrationen in den Wirtschaftswissenschaften und in der Arbeitswissenschaft geschweige denn deren historische Ursprünge und Entwicklungen können hier nur sehr selektiv angedeutet werden. Zunächst werde ich kurz mein (derzeitiges, da durchaus zukünftig veränderbares) eigenes Verständnis von Arbeitsforschung darlegen und im Anschluss auf die Behandlung von Arbeit in den Wirtschaftswissenschaften mit dem Schwerpunkt Betriebswirtschaftslehre (BWL) und in der Arbeitswissenschaft eingehen. Eine Besonderheit der orthodoxen Wirtschaftswissenschaft und weiter Teile der Arbeitswissenschaft (zumindest deren dominante, im Wesentlichen ergonomische, medizinische und arbeitspsychologische Ausrichtungen) sehe ich darin, dass ihre

Arbeitsnarrative – im Sinne in sich stimmiger, großer Erzählungen gerade nicht als kontingente Narrative reflektiert werden. Auch grenzen sie bestimmte Erzählerinnen und Erzähler aus, wie z.B. die arbeitenden (und die aus welchen Gründen auch immer nicht arbeitenden) Menschen selbst sowie ihr direktes soziales Umfeld. Hierauf werde ich zum Abschluss meines Beitrags näher eingehen.

Wirtschaftswissenschaftliche Arbeitsforschung – (m)eine Sichtweise

In drei 2009 bis 2011 durchgeführten Erhebungen haben Manfred Schweres (Arbeitswissenschaft) und Stephan Laske (Personalforschung) Wirtschaftswissenschaftler nach der Geschichte und heutigen Relevanz einer Arbeitsorientierung in den Wirtschaftswissenschaften befragt.[1] Zu meinem Verständnis einer arbeitsorientierten wirtschaftswissenschaftlichen Forschung habe ich in meiner Antwort Folgendes formuliert:

> 1. *Die wissenschaftliche Untersuchung von Arbeit, d.h. konkret die Formen, in denen Betriebe (bzw. allgemein Organisationen), aber auch Individuen, menschliches Handlungsvermögen zur Produktion von Gütern oder Dienstleistungen nutzen, in welcher Form sie Einfluss auf das Arbeitsvermögen selbst und seine Transformation in Arbeitsleistung nehmen und welche individuellen, organisationalen und gesellschaftlichen Konsequenzen mit diesen Nutzungs-, Beeinflussungs- und Transformationsformen verbunden sind. Diese Perspektive orientiert sich an der Labour Process Theory. Sie beinhaltet eine historische (genealogische) und eine gesellschaftswissenschaftliche Analyse sowie eine Sinndimension, da die Nutzungs-, Beeinflussungs- und Transformationsformen eine Geschichte und einen gesellschaftlichen Kontext haben und da menschliche Arbeit subjektiv bedeutsam ist und erfahren wird.*
>
> 2. *Mit der genannten Forschung verbunden ist das Ziel, zur partizipativen Verbesserung der Gestaltung und Organisation von Arbeit nach ökonomischen Kriterien (Effizienz und Effektivität) und nach Kriterien menschengerechter Arbeit beizutragen und entsprechende Gestaltungs- und Handlungsansätze zu entwickeln.*
>
> 3. *Arbeitsforschung im oben genannten Sinne sollte nicht als isolierter Teil der Wirtschaftswissenschaft gesehen werden, sondern es sollte der Versuch unternommen werden, Arbeit in Theorien der Organisation allgemein und in Theorien der Unternehmung (bzw. des Betriebes) im Besonderen zu integrieren.*[2]

---

1 S. Laske/M. Schweres (Hg.): Arbeitsorientierung in den Wirtschaftswissenschaften. Vielfalt als Krisenindikator oder als Potenzial?, München/Mering 2014.

2 Axel Haunschild: »Stellungnahme zur Arbeitsorientierung in den Wirtschaftswissenschaften«, in: Laske/Schweres (Hg.): Arbeitsorientierung in den Wirtschaftswissenschaften, 73–75, hier: 73; vgl. auch Axel Haunschild: »›Keiner kann sich mehr verschenken‹ Arbeitswissenschaft und Gesellschaft«, in: R. Ortlieb/B. Sieben (Hg.): Geschenkt wird einer nichts – oder

Diese Perspektive weist Gemeinsamkeiten mit der von Werner Nienhüser (2004) entwickelten politischen Personalökonomie auf, die von einer Interessendivergenz zwischen Kapital und Arbeit (labour) ausgeht und die den Einfluss von regulierenden Institutionen auf die durch ein Beschäftigungsverhältnis konstituierte Austauschbeziehung zwischen Arbeitgeber/Auftraggeber und Arbeitnehmer/Arbeitskraft sowie auf Human Resource Management-Strategien berücksichtigt.[3] Auch nimmt diese Sichtweise sowohl die ungleiche Machtverteilung der beteiligten Akteure als auch deren Reproduktion durch die von ihr selbst geprägten Austauschprozesse in den Blick.

Insbesondere die Sinndimension von Arbeit, der Einfluss von Individuen selbst auf Ihr Arbeitsvermögen und seine Nutzung, die Betrachtung auch individueller und gesellschaftlicher Konsequenzen von Arbeit sowie die Beteiligungsorientierung legen für die Analyse und Gestaltung von Arbeit die Berücksichtigung einer Stimmenvielfalt nahe, d.h. die Berücksichtigung der Narrationen von Arbeitskräften selbst sowie von deren Familienmitgliedern oder Partnern, aber auch von Managern, Betriebsräten, Gewerkschaftlern, Vertretern von Arbeitgeberverbänden, Ausbildungsinstitutionen usw. Im nachfolgenden Abschnitt werde ich zunächst – in groben Zügen – darlegen, welche Rolle Arbeit in den Wirtschaftswissenschaften überhaupt spielt.

Arbeit als Gegenstand der Wirtschaftswissenschaften

Arbeit stellt in den Wirtschaftswissenschaften in erster Linie einen Produktionsfaktor dar, mit Arbeitsproduktivität (Input-Output-Beziehung) und dem Preis für Arbeit auf Arbeitsmärkten als den zentralen Größen für wissenschaftliche Erklärungsmodelle. So lässt z.B. die mikroökonomisch fundierte BWL Gutenberg'scher Prägung für eine Arbeitsorientierung jenseits der Berücksichtigung von Arbeit in Produktionsfunktionen keinen Raum. Gerade die Transformation von Arbeitsvermögen in Arbeitsleistung durch Formen der Arbeitsorganisation und vor allem Management- und Personalführungsprozesse bleibt bewusst eingeklammert. Die klassische Organisationslehre berücksichtigte zwar stellenbezogene Aufgabenmerkmale, aber im Sinne einer aus den Unternehmenszielen abgeleiteten instrumentellen Gestaltung von Arbeitsteilung. Vertreter der betriebswirtschaftlichen Personalforschung (so z.B. Eduard Gaugler, Norbert Koubek, Stephan Laske, Walter Oechsler, Dudo von Eckardstein, Hartmut Wächter) waren allerdings in den 1970er und 1980er Jahren mit Fragen der Humanisierung des Arbeitslebens (HdA) und/oder Fragen der betrieblichen Partizipation und Mitbestimmung befasst. In dieser Zeit wurden mit Hilfe staatlicher Fördermittel anwendungsorientierte Forschungsprojekte finanziert, deren Ziel es war, Arbeitsbedingungen insbesondere in der Industriearbeit zu verbessern und die Partizipation abhängig beschäftigter Arbeitskräfte zu erhöhen.

Man kann insgesamt jedoch sagen, dass eine Arbeitsorientierung in der BWL zwar vorhanden, aber für die Entwicklung der Disziplin nicht prägend war; dies

---

doch? Festschrift für Gertraude Krell, München/Mering 2012, 41–46.
3   Werner Nienhüser: »Political (Personnel) Economy – A Political Economy Perspective to Explain Different Forms of Human Resource Management«, in: Management Revue, 2/15 (2004), 228–248.

verdeutlicht schon ein Blick in Lehrbücher der Betriebswirtschaftslehre. Dies liegt, so meine Einschätzung, auch daran, dass die Personalwirtschaftslehre (und daran hat sich bis heute wenig geändert) von vielen Betriebswirten nicht als eine für das Fach zentrale Teildisziplin wahrgenommen wurde. Auch hat, wie die meisten der personalwirtschaftlichen Lehrbücher aus den 1980er und 1990er Jahren zeigen, die Orientierung an Zielen und Inhalten des Programms »Humanisierung der Arbeit« nicht zu einer ausgeprägten Arbeitsorientierung dieser Teildisziplin selbst geführt. In den 1990er Jahren ist vielmehr eine stärkere Orientierung am strategischen Management (Human Resource Management [HRM], Human Capital Management) und an mikroökonomischen Theorien (Personalökonomik) zu beobachten. Beiden Forschungsrichtungen ist eine Arbeitsorientierung im oben dargelegten Sinne eher fremd. Beim strategischen HRM aufgrund einer Perspektive, die sich auf den Wertschöpfungsbeitrag der Humanressourcen zum Unternehmenserfolg konzentriert und dabei die Ebene konkreter Arbeit bzw. der Arbeitenden (einschließlich der Manager) zugunsten der Einbeziehung des HRM in unternehmensstrategische Entscheidungsprozesse vernachlässigt. Diese Perspektive geht zu weiten Teilen von gegebenen und nicht hinterfragten Unternehmenszielen aus und ist damit kapital- bzw. arbeitgeber- und nicht arbeitsorientiert. Auch bei der Personalökonomik findet sich im Wesentlichen eine solche Orientierung an Arbeitgeberzielen. Noch schwerwiegender aber ist, dass die methodologischen ökonomischen Annahmen (a) bezüglich der Organisation von Arbeit eine ahistorische Perspektive favorisieren, (b) die Sinndimension von Arbeit theoretisch nicht greifen können, (c) zwar von Interessendivergenzen zwischen Arbeitgebern und Arbeitnehmern ausgehen, aber die betriebliche Nutzung von Arbeit bzw. Arbeitskraft und die Gestaltung von Arbeitsbedingungen nicht als politischen Prozess begreifen und (d) von gegebenen Präferenzen ausgehen und damit deren gesellschaftliche Konstitution (z.B. durch Formen der Arbeit) nicht zum Gegenstand wissenschaftlicher Erklärungen machen.

Beide genannte Forschungsorientierungen spiegeln sich auch in anderen betriebswirtschaftlichen Teildisziplinen wider. Sie entfalten aufgrund entsprechend ausgerichteter einflussreicher Zeitschriften verbunden mit deren zunehmender Relevanz für Karriere- und Selektionsentscheidungen im wirtschaftswissenschaftlichen Beschäftigungssystem eine große Wirkmächtigkeit im Hinblick auf die Forschungsausrichtung von Nachwuchswissenschaftlern.

Zentrale wirtschaftswissenschaftliche Narrative über Arbeit sind aus einer Managementperspektive die Betonung von Personal als zentrale strategische Ressource (in der Praxis: »Mitarbeiter sind unser wichtigstes Kapital«) und aus einer personalökonomischen Perspektive die Betrachtung von Verträgen zwischen Arbeitgebern und Arbeitnehmern bzw. zwischen Auftraggebern und Arbeitskräften, in deren Rahmen beide Vertragspartner unter gegebenen Restriktionen – und gegebenenfalls auch bewusst zu Lasten der anderen Vertragspartei, d.h. opportunistisch – ihren Nutzen maximieren. Auch wenn dies in den für die Analyse solcher Verträge verwendeten Modellen nicht zwangsläufig angelegt ist, wird im Narrativ davon ausgegangen, dass Arbeitskräfte ohne Kontroll- und Anreizsysteme nicht im Sinne des Arbeitgebers handeln. Diese Erzählung vernachlässigt intrinsische Motivation, kollektive Arbeitsidentitäten z.B. von Professionen und insgesamt die Sozialität menschlichen Handelns. Letztere wird jedoch in jüngerer Zeit in der experimentellen Ökonomie quasi naturwissenschaftlich »entdeckt« und weniger in naheliegenden Kooperationen mit Sozialwissenschaftlern, als vielmehr mit Naturwissenschaftlern, z.B. Neurowissenschaftlern, untersucht. Gerade die ökonomisch ausgerichtete Arbeits- und Personalforschung verwendet in Teilen biologistische Metaphern, wie z.B. Fit(ness) und Selektion, sowie kampforientierte Begriffe, wie Wettbewerb, Wettkampf, Konkurrenz oder Turniere zwischen Arbeitskräften um z.B. Bonuszahlungen, Arbeitsplätze oder Beförderungen.[4]

Trotz dieser aus Sicht der betriebswirtschaftlichen Arbeitsorientierung zunächst ernüchternden Diagnose gibt es gegenwärtig aber auch Entwicklungen, die eine (wieder) zunehmende Arbeitsorientierung erkennen lassen. Aktuelle Themen personal- bzw. betriebswirtschaftlicher Forschung, die (zumindest implizit) Arbeit und deren Veränderungen sowie z.T. auch deren Gestaltung als Gegenstand der Analyse haben, sind z.B.: Formen sogenannter atypischer Beschäftigung, verschiedene Formen von Arbeit (Dienstleistungsarbeit allgemein, Wissensarbeit, Emotionsarbeit, interaktive Dienstleistungsarbeit, kreative Arbeit, ehrenamtliche Arbeit), Mitbestimmung und Arbeitsorganisation in Projektnetzwerken[5], Work-Life-Balance, Corporate Social Responsibility/Unternehmensethik/Nachhaltigkeit (mit Themen wie Labour Standards, Lohngerechtigkeit), Demographie (Arbeitsvermögen einer alternden Belegschaft), die Bedeutung intrinsischer und die Grenzen extrinsischer Motivation, gesundheitliche Folgen von Arbeitsintensivierung und fehlender Anerkennung, aber auch Entrepreneurship (im Sinne der Arbeit des Unternehmers). Auch in der internationalen Organisationsforschung ist das Thema Arbeit zwar nicht allgegenwärtig, wird aber doch (zunehmend) behandelt (flexible work, work identities, enterprising selves).

Mit diesen Beispielen soll nicht gesagt sein, dass bezüglich einer Arbeitsorientierung der Betriebswirtschaftslehre im oben skizzierten Sinne von einer weiten Verbreitung gesprochen werden kann. Nach wie vor wird eine Beteiligung an gesellschaftlichen Debatten über z.B. Gute Arbeit (DGB) oder eine Neue Qualität der Arbeit (INQA) in der Selbstwahrnehmung des Faches von den meisten Forscherinnen und Forschern nicht zum »Kerngeschäft« der Betriebswirtschaftslehre gezählt. Aber aktuelle Entwicklungen der *Arbeits*welt werden häufig unter Bezugnahme auf sozialwissenschaftliche Forschung aufgegriffen und es wird (z.T. auch in der Personalökonomie) erkannt, dass diese Entwicklungen personalwirtschaftliche und personalpolitische Konsequenzen haben und dass betrieblichen Formen der Arbeitsorganisation über ökonomische Anreize hinaus Einfluss auf das Arbeitsvermögen, die Arbeitsleistung und Arbeitsidentitäten haben. Mit Bezügen auf sozialwissenschaftliche Analysen von Arbeit öffnet sich das Feld sowohl für andere disziplinäre Erzählungen über Arbeit[6] als auch für qualitative narrative Methoden, die Erzählungen von arbeitenden Menschen über ihre Arbeit und deren Bedeutung für ihre gesamte Lebensführung[7] als Quelle empirischer Forschung ernst nehmen.

---

4   Vgl. Uschi Backes-Gellner/Edward P. Lazear/Brigitta Wolff: Personalökonomik. Fortgeschrittene Anwendungen für das Management, Stuttgart 2001.
5   Vgl. J. Sydow/C. Wirth (Hg.): Arbeit, Personal und Mitbestimmung in Unternehmungsnetzwerken, München/Mering 1999.
6   Siehe die Beiträge von Sabine Pfeiffer und Friedericke Hardering in diesem Band.
7   Vgl. z.B. Studs Terkel: Working. People Talk About What They Do All Day and How They Feel About What They Do, New York 1974; David Hall: Working Lives. The Forgotten Voices of Britain's Post-War Working Class, London 2012.

Die Arbeitswissenschaft und ihr Verhältnis zur menschlichen Arbeit

Die Ursprünge der Arbeitswissenschaft können in den Arbeiten des Scientific Management von F.W. Taylor und seinen Zeitgenossen zu Beginn des 20. Jahrhunderts gesehen werden. Als akademische Disziplin ist sie in Deutschland traditionell in den Ingenieurwissenschaften angesiedelt. Mit dem Ziel der Optimierung von Arbeitssystemen unter Berücksichtigung von Effizienz- und Belastungsaspekten wurden und werden Arbeitsprozesse organisatorisch und physiologisch analysiert, z.T. mit extremem Detaillierungsgrad (z.B. in Zeitstudien). Schon früh wurde die Arbeitswissenschaft als multidisziplinäre Wissenschaft gesehen, die u.a. Wirtschaftswissenschaft, Soziologie, Pädagogik, Rechtswissenschaft, Arbeits- und Organisationspsychologie, Arbeitsmedizin und Ingenieurwissenschaften vereint. Sowohl das eher unverbundene nebeneinander dieser Disziplinen und die damit verbundene »Zerstückelung« des menschlichen Gegenstandes der Arbeitswissenschaft als auch eine sozialtechnologische Ausrichtung wurden früh kritisiert.[8] Insbesondere mit Gertraude Krells Studie zum Bild der Frau in der Arbeitswissenschaft lässt sich verdeutlichen, wie eine Disziplin, die an der auf objektiven gesicherten Erkenntnissen basierenden Gestaltung von Arbeit ausgerichtet ist,[9] ein Narrativ produziert, das allenfalls Teile lebendiger menschlicher Arbeit umfasst.

Krell hat anhand historischer und damals aktueller arbeitswissenschaftlicher Quellen herausgearbeitet, wie die Arbeitswissenschaft vor dem Hintergrund einer bürgerlichen Geschlechterordnung[10] und mit Annahmen über physiologische und anatomische Merkmale von Frauen sowie über weibliche »Wesensart« die Frau im Vergleich zum Mann als Defizitwesen konstruierte, das weniger leistungsfähig und in besonderer Weise zu schützen sei. Physiologisches und anatomisches Wissen wurde dahingehend mit Geschlechterstereotypen verknüpft, dass Frauen als personenbezogener, gefühlsbetonter und empfindlicher (aber *weniger* monotonieempfindlich!) sowie als konkret anstatt abstrakt denkend charakterisiert wurden.[11] Der arbeitende Mensch wurde mit dem arbeitenden Mann gleichgesetzt[12] und diente als (arbeitswissenschaftliche) Norm, von der die Frau als »Zwei-Drittel-Mann« abweicht. Krell folgerte damals, dass die Arbeitswissenschaft nicht nur Schwierigkeiten mit »Weiblichkeit« habe, sondern mit der Lebendigkeit ihres menschlichen Gegenstandes allgemein, die Diskriminierung des Weiblichen also nur eine Variante der »Diskriminierung des Lebendigen« sei.[13]

---

8   Vgl. Friedrich Fürstenberg: Konzeption einer interdisziplinär organisierten Arbeitswissenschaft, Göttingen 1975; Gertraude Krell: Das Bild der Frau in der Arbeitswissenschaft, Frankfurt a.M./New York 1984.

9   Vgl. Holger Luczak u.a.: Arbeitswissenschaft. Kerndefinition Gegenstandskatalog Forschungsgebiete. Bericht an den Vorstand der Gesellschaft für Arbeitswissenschaft und die Stiftung Volkswagenwerk, Eschborn 1987.

10 Vgl. Karin Hausen: »Arbeit und Geschlecht«, in: J. Kocka/C. Offe (Hg.): Geschichte und Zukunft der Arbeit, Frankfurt a.M./New York 2000, 343–361.

11 Krell, Das Bild der Frau in der Arbeitswissenschaft, 58f; 86; 105–111.

12 Vgl. ebd., 57.

13 Ebd., 137.

Das Geschlechterwissen und -bild der damaligen Arbeitswissenschaft zeigt in bemerkenswerter Weise einen interessanten Widerspruch auf. Die traditionelle und im Grunde auch die heutige Arbeitswissenschaft verfolgt das Ziel, gesicherte wissenschaftliche Erkenntnisse zu generieren und diese als Grundlage für Gestaltungsempfehlungen von Arbeitsplätzen und Arbeitssystemen heranzuziehen, nicht zuletzt unter Bezugnahme auf die §§ 90 und 91 des Betriebsverfassungsgesetzes, in denen von gesicherten arbeitswissenschaftlichen Erkenntnissen über die menschengerechte Gestaltung der Arbeit die Rede ist. Als einzig gangbarer Weg zur Generierung dieser gesicherten wissenschaftlichen Erkenntnisse wurde in aller Regel (und wird häufig auch noch heute) ein an den Naturwissenschaften orientiertes Vorgehen gesehen. Dem gegenüber stand jedoch eine geschlechtsdifferentielle Betrachtung, die von den selbst gesetzten strengen naturwissenschaftlichen Standards abwich. Vielmehr biologisierte die Arbeitswissenschaft der 1970er und frühen 1980er Jahre die u.a. aus einer spezifischen geschlechtsbezogenen gesellschaftlichen Arbeitsteilung und Sozialisation resultierenden Verhaltensweisen und Interessen von Frauen und Männern – z.T. behauptete sie diesbezügliche Unterschiede auch einfach nur und setzte geschlechtsspezifisch angenommene Eigenschaften mit objektiver Eignung für bestimmte Tätigkeiten gleich, ohne hierfür Belege anzuführen.[14] Die Geschlechterordnung als gesellschaftlicher Kontext von Arbeit[15] und der Arbeitswissenschaft selbst blieb damit außerhalb der wissenschaftlichen Analyse von Arbeitsanforderungen, Arbeitseignungen und Arbeitsbelastungen.

Ein Blick in das Einleitungskapitel über den Begriff der Arbeit und Menschenbilder im gegenwärtigen Standardlehrbuch der Arbeitswissenschaft von Schlick zeigt, dass sich seit Krells Analyse einiges geändert hat.[16] So ist die Arbeitswissenschaft heute offener für sozialwissenschaftliche Perspektiven und die subjektive Dimension sowie die gesellschaftliche Einbettung (*embeddedness*) von Arbeit. Viele Beiträge auf den Tagungen der Gesellschaft für Arbeitswissenschaft zeigen jedoch, dass weite Teile der Arbeitswissenschaft nach wie vor durch eine Ausrichtung an technisch-ökonomischen Rationalisierungs- und objektivistischen (und damit Sinn und Subjektivität außer Acht lassenden) Erkenntniszielen geprägt sind. Ein längeres Zitat aus dem Lehrbuch von Christopher Schlick soll verdeutlichen, was die Arbeitswissenschaft nicht über Arbeit, sondern die von ihr behandelten Probleme, die Gestaltungsziele und vor allem die eingeschlagenen Lösungswege – und damit über sich selbst – erzählt:

> *Das Gestaltungsziel ergibt sich also nicht aus dem Arbeitsprozess selbst oder der wissenschaftlichen Auseinandersetzung mit diesem, sondern aus wirtschaftlichen (Kapitalverwertung), politisch-rechtlichen (z.B. Fürsorgepflicht des Arbeitgebers), gesellschaftlichen und ethischen (z.B. Wertnormen, Akzeptanz) Motiven. Aus diesen erst entsteht eine Notwendigkeit oder Verpflichtung zur Beschäftigung mit Fragen des Arbeitsschutzes, der Arbeitsplatz- und Arbeitsablaufgestaltung*

---

14 Vgl. Haunschild: »Keiner kann sich mehr verschenken«, 41–46.
15 Vgl. Karin Hausen: »Die Polarisierung der ›Geschlechtscharaktere‹ – Eine Spiegelung der Dissoziation von Erwerbs- und Familienleben«, in: W. Conze (Hg.): Sozialgeschichte der Familie in der Neuzeit Europas, Stuttgart 1976, 363–393.
16 Ralph Bruder/Holger Luczak/Christopher Schlick: Arbeitswissenschaft, Berlin/Heidelberg ³2010.

oder der Entlohnung. Ausgehend von einer politisch-wirtschaftlichen Zielsetzung wird das Problem also in einem »top down«-Ansatz bis auf eine Ebene herunter gebrochen, auf der Lösungsansätze verfügbar sind.

Der Prozess der Arbeitsgestaltung lässt sich soweit als ein Problemlösezyklus beschreiben [...]. Ausgehend von einer globalen Zielsetzung, der Gestaltung eines Arbeitssystems in technischer, ökonomischer, sozialer etc. Hinsicht, erfolgt eine gedankliche Zerlegung (Analyse) in Teilprobleme, bis die Komplexität der Einzelprobleme soweit reduziert ist, dass verfügbare Lösungen herangezogen oder neue Lösungen gefunden werden können. Die Einzellösungen werden zur Gesamtlösung zusammengefasst (Synthese). Treten Konflikte zwischen partiellen Lösungen auf, müssen neue, nicht konfligierende Teillösungen gesucht werden. [...]

Die Arbeitswissenschaft selektiert Erkenntnisse, Methoden und Paradigmen anderer Wissenschaftsdisziplinen hinsichtlich ihrer Relevanz für die Arbeitsgestaltung und transformiert sie in valide, reliable, objektive sowie für die Praxis handhabbare Werkzeuge. [...]

Grundsätzlich sind [...] drei Fälle zu unterscheiden:
1. *Es existiert ein eindeutig definiertes Problem und dafür eine eindeutige Lösung. In diesem Fall steuert eine arbeitsbezogene Disziplin, z.B. Kennwerte und Kennlinien, zur Lösungsfindung bei (günstigster Fall). Ein Beispiel ist die Optimierung von »Gehen in der Ebene« nach arbeitsphysiologischen Erkenntnissen.*

2. *Häufiger ist der Fall, dass zwar ein eindeutig definiertes Problem existiert, aber mehrere Lösungen und damit mehrere relative Maxima und Minima vorliegen; eine oder mehrere Disziplinen steuern Erkenntnisse bei, um ein Optimum einzugrenzen, z.B. Lastentransport über Leitern/ Treppen/ schiefe Ebenen nach physiologisch-energetischen, (sicherheits-) technischen und arbeitsstättenplanerischen Optimierungskriterien.*

3. *Der übliche Fall ist, dass ein nur teilweise definierter Problemraum existiert, in dem viele Lösungen, basierend auf teilweise kontrastierenden Modellen und widersprüchlichen Erkenntnissen, möglich sind; am Lösungsprozess sind mehrere arbeitsbezogene Disziplinen beteiligt.*

Die dargestellte sequentielle Vorgehensweise geht damit in eine iterative über. Es handelt sich hierbei jedoch nicht um eine spezifisch arbeitswissenschaftliche Vorgehensweise. Vielmehr ist die geschilderte Vorgehensweise in der technikwissenschaftlichen Methodologie eingeführt [...] und findet sich als allgemeine Methodik der Systemgestaltung auch im technischen Regelwerk, z.B. der VDI 2221.[17]

---

17 Schlick/Bruder/Luczak: Arbeitswissenschaft, 10–13.

Die zugrundeliegende Erzählung ist damit, dass außerhalb der Arbeitswissenschaft entstehende Gestaltungsziele in von der Arbeitswissenschaft zu lösende Probleme übersetzt und diese dann in Teilprobleme zerlegt werden, die mit bekannten oder entwickelten Ansätzen gelöst und zu einer Gesamtlösung synthetisiert werden. Kriterien für die Bewertung der Lösungen (Werkzeuge) orientieren sich an quantitativen diagnostischen Messverfahren. Die im Text angeführten Beispiele zeigen, für welche Gestaltungsziele/Probleme dies gut funktioniert (Gehen in der Ebene, Lastentransport über Leitern/Treppen). Die so wissenschaftlich entwickelten und häufig nützlichen Lösungen (z.B. zu Schichtarbeit oder physisch belastenden Körperhaltungen bei der Arbeit) sollen hier in keiner Weise kritisiert werden. Deutlich wird jedoch, dass die an »technikwissenschaftlicher Methodologie« und naturwissenschaftlichen Messkriterien – Krell spricht von Arbeitswissenschaftlern als von »Ingenieuren des Lebens«[18] – orientierte disziplinäre Positionierung einige blinde Flecke produziert.

Einer dieser blinden Flecken ist die (im doppelten Sinne wahrgenommene oder auch nicht wahrgenommene) Rolle der Arbeitswissenschaft selbst in den auf gesellschaftlicher Ebene stattfindenden Diskursen über anzustrebende Ziele der Arbeitsgestaltung. Damit verbunden ist die eigene Positionierung im Spannungsfeld wirtschaftlicher, politisch-rechtlicher und gesellschaftlicher Interessenlagen sowie ethischer Motive. Gerade die Ursprünge der Arbeitswissenschaft zeigen, dass tayloristische Rationalisierungsansätze zu Wirkungen geführt haben, die dann von einer neuen Generation von Arbeitswissenschaftlern (Human Relation-Bewegung, später in Deutschland dann Humanisierung des Arbeitslebens) als zu lösende Probleme behandelt wurden. Es lässt sich also sagen, dass die Arbeitswissenschaft selbst einen Anteil hat, nicht nur an der Gestaltung »menschengerechter Arbeit«, sondern auch an der Produktion »arbeitsgerechter Menschen«.

Selbstorganisation, Enthierarchisierung, indirekte Steuerung, Projektarbeit, Entgrenzung und Selbstausbeutung als aktuelle Entwicklungen der Arbeitswelt und als Reaktionen auf entfremdete, Kreativitätspotentiale nicht ausschöpfende fordistische Arbeitsbedingungen[19] implizieren neue, psychische Formen von Arbeitsbelastungen und -beanspruchungen, deren Analyse und daraus abgeleitete Gestaltungsempfehlungen noch in den Anfängen stecken. Da die Logik der Zerlegung von Gesamtproblemen in lösbare Einzelprobleme dazu tendiert, Fragen der Arbeitsgestaltung von strukturellen gesellschaftlichen Rahmenbedingungen und allgemeinen Trends in der Arbeitswelt zu entkoppeln, ergeben sich hieraus besondere Herausforderungen für die Arbeitswissenschaft vor allem bezüglich der Selbstreflexion ihres zentralen Narrativs gesicherter und objektiver Erkenntnisse.

Erzählungen ohne Erzählende

In den Wirtschaftswissenschaften und in der Arbeitswissenschaft lassen sich starke Bezüge zu gesellschaftlichen Metaerzählungen erkennen. Die ökonomisch ausge-

---

18 Gertraude Krell: Ingenieure des Lebens. Zur Kritik der Arbeitswissenschaft. Dissertation, Universität Oldenburg 1983.
19 Vgl. Luc Boltanski/Ève Chiapello: Der neue Geist des Kapitalismus. Aus dem Französischen von Michael Tillmann, Konstanz 2003.

richtete Personalforschung geht von Vertragsparteien aus, die freiwillig Kontrakte eingehen, wobei Arbeitsverträge die Besonderheit aufweisen, dass eine längerfristige Bindung entsteht, die für Arbeitgeber mit Kontroll- und Anreizproblemen verbunden ist. Auch Kooperationen zwischen Auftraggebern und Auftragnehmern (z.B. mit Soloselbständigen) werden aus Kontraktperspektive unter Marktbedingungen untersucht. Die eher managementorientierte Personalforschung betont den Ressourcencharakter von Arbeitskräften und untersucht, welche Personalstrategien ökonomisch vorteilhaft für Organisationen sind. In beiden Perspektiven beziehen sich die disziplinären Narrative in besonderer Weise auf Marktlogiken und Wettbewerbsstrategien. Wie und unter welchen Bedingungen konkret gearbeitet wird, gehört nicht zum Gegenstand von Analysen, es sei denn bestimmte Bedingungen (z.B. fehlende Möglichkeiten, Beruf und Privatleben zu vereinbaren, oder fehlende Karriere- und Weiterentwicklungsmöglichkeiten) führen dazu, dass die »wertvolle Ressource Mensch« nicht an die Organisation gebunden werden kann, obwohl dies ökonomisch ratsam wäre. Die Arbeitswissenschaft ist aufgrund vieler beteiligter Disziplinen heterogen. Dennoch zeigen die Versuche, einen originär arbeitswissenschaftlichen Kern herauszustellen, dass eine Orientierung an den Idealen einer wertfreien und objektiven Wissenschaft erfolgt, die durch Wissensakkumulation – und hier folgt die Arbeitswissenschaft einem Fortschrittsnarrativ[20] – gesellschaftlich formulierte Probleme in lösbare Teilprobleme zerlegt und diese wieder zu einer Gesamtlösung zusammenfügt.

Sowohl in den Wirtschaftswissenschaften als auch in der Arbeitswissenschaft lässt sich insofern von Meta-Narrativen sprechen, als Narrative über Arbeit in diesen Disziplinen keine als solche reflektierte Erzählungen sind. Vielmehr gehört die eigene Rolle bei der Definition (und auch Reproduktion) von Problemen sowie die historische Kontingenz des Nexus von gesellschaftlichen Rahmenbedingungen, Interessenlagen und Forschungsmethoden sowie wissenschaftlichen Ergebnissen, Erkenntnissen und Gestaltungsempfehlungen nicht zum Selbstreflexions-Repertoire dieser Disziplinen (dass dies in der Soziologie anders ist, zeigt der Beitrag von Pfeiffer in diesem Band). Heterodoxe Ausnahmen bestätigen natürlich die Regel. wie z.B. die Arbeiten von Deidre McCloskey oder Geoffrey Hodgson in der Ökonomie, die oben erwähnten Arbeiten von Fürstenberg und Krell für die Arbeitswissenschaft sowie in der Personalforschung z.B. Krell, Richard Weiskopf, Barbara Townley, Maddy Janssen & Chris Steyaert und die Beiträge in Laske & Schweres.[21]

Aber noch eine weitere Perspektive auf Narrative in den Wirtschaftswissenschaften und der Arbeitswissenschaft lässt sich einnehmen, nämlich der Blick auf diejenigen,

---

20 Vgl. hierzu Friedericke Harderings Beitrag in diesem Band.
21 Vgl. Deidre N. McCloskey: The Rhetoric of Economics, Madison, Wisconsin ²1998; Geoffrey Hodgson: How Economics Forgot History: The Problem of Historical Specificity in Social Science, London 2001; Fürstenberg: Konzeption einer interdisziplinär organisierten Arbeitswissenschaft; Krell: Ingenieure des Lebens; Dies.: Das Bild der Frau in der Arbeitswissenschaft; Dies.: Vergemeinschaftende Personalpolitik, München/Mering 1994, in Arbeitswissenschaft sowie in der Personalforschung; R. Weiskopf (Hg.): Menschenregierungskünste. Anwendungen poststrukturalistischer Analyse auf Management und Organisation, Wiesbaden 2003; Barbara Townley: Reframing Human Resource Management. Power, Ethics and the Subject of Work, London 1994; Maddy Janssens/Chris Steyaert: »The Inhuman Space of HRM: Sensing the Subject«, in: Organization, 2/6 (1999), 371–383; Laske/Schweres: Arbeitsorientierung in den Wirtschaftswissenschaften.

die von Arbeit erzählen (dürfen). In den Wirtschaftswissenschaften dominieren derzeit quantitative Erhebungen, die Auswertung bestehender großer Datensätze und die mathematisch-formale Modellbildung. In weiten Teilen der Arbeitswissenschaft dominiert das Ideal durch Forschung abgesicherter, valider, reliabler und objektiver »Werkzeuge« für die Arbeitsgestaltung. In beiden Fällen werden Erzählungen von »Betroffenen«, nämlich den Arbeitenden selbst, als eine zu sehr auf subjektiven Wahrnehmungen basierende Datenquelle angesehen. Dies war und ist bereits für industrielle Arbeit problematisch. Als Vertreter der sogenannten Human Relations-Bewegung betonten z.B. Fritz J. Roethlisberger & William J. Dickson[22] im Anschluss an die berühmten, zunächst sozialtechnologisch und psychotechnisch intendierten Hawthorne-Experimente die Bedeutung der Interviewmethode für Arbeitsanalysen, insbesondere für die Erhebung subjektiver Wahrnehmungen von Arbeitsbedingungen sowie der mit der Arbeit verbundenen Identitäten und Sinnstrukturen. In der heutigen Arbeitspsychologie ist eine solche qualitativ-methodische Tradition[23] weitgehend verloren gegangen.

Gerade angesichts aktueller Entwicklungen hin zu mehr immaterieller Arbeit,[24] zu mehr Wissensarbeit[25] oder zu besonderen Anforderungen durch Emotionsarbeit[26] ist der Verzicht auf narrative Methoden kritisch zu sehen Während physisch beanspruchende Arbeit und deren Auswirkungen eher durch Messung und wissenschaftliche Beobachtung analysierbar ist, gilt für die genannten Arbeitsformen, dass der Prozess der Arbeit nur begrenzt beobachtbar und auch nur begrenzt bzw. nur anders darstellbar ist.[27] Interessanterweise findet auch die Diagnose von (psychischen) Belastungen durch Arbeit und die Therapie der damit verbundenen Folgen maßgeblich über das Sprechen statt (Coaching, Gesprächstherapien). Auch das Ausfüllen eines strukturierten Fragebogens könnte man natürlich als Erzählung eines arbeitenden Menschen über seine Arbeit deuten. Hier fehlen jedoch gerade zentrale Elemente des Erzählens, nämlich zum Beispiel die Dramaturgie, das Timing, die kontextbezogene Schwerpunktsetzung, das Verwenden von Metaphern und anderer Stilmittel sowie die Veränderung der Erzählung durch Re-Konstruktion des Vergangenen (gegenwärtige Vergangenheit) und neue Vorstellungen über die Zukunft (gegenwärtige Zukunft).

Selbstverständlich finden sich in den Wirtschaftswissenschaften und in der Arbeitswissenschaft Narrative der Arbeit. Da diese Disziplinen aber in weiten Teilen quantitativ-empirisch und nicht idiographisch, sondern nomothetisch ausgerichtet

---

22 Vgl. Fritz J. Roethlisberger/William J. Dickson: Management and the Worker, Cambridge, Massachusetts 1939.
23 Vgl. zur narrativen Psychologie auch: T. R. Sarbin (Hg.): Narrative Psychology. The Storied Nature of Human Conduct, New York 1986 und Wolfgang Kraus: »Narrative Psychologie«, in: S. Grubitzsch/K. Weber (Hg.): Psychologische Grundbegriffe. Ein Handbuch, Reinbek bei Hamburg 1998.
24 Vgl. Michael Hardt/Antonio Negri: Empire. Cambridge, Massachusetts/London 2000.
25 Vgl. Mats Alvesson: Knowledge Work and Knowledge-intensive Firms, Oxford 2004.
26 Vgl. Arlie R. Hochschild: The Managed Heart: Commercialization of Human Feeling, Berkeley/London/Los Angeles 1983.
27 Vgl. hierzu aus Sicht des Museums Jürgen Bönigs und aus Sicht der Literatur(wissenschaft) Torsten Erdbrüggers Beitrag in diesem Band.

sind, erzählen sie wider Willen. Die Bewusstmachung und kritische Selbstreflexion unterschiedlicher (möglicher) Narrative ist in ihnen nicht vorgesehen, wie auch die Berücksichtigung von Narrativen der arbeitenden Menschen selbst. Ausnahmen hiervon stellen – allerdings gegenwärtig als heterodox zu bezeichnende – interpretative sozialwissenschaftliche Perspektiven innerhalb der Wirtschaftswissenschaften und der Arbeitswissenschaft dar.

Christoph Scheuplein
Narrationen der Arbeit
in der deutschsprachigen Humangeographie

Einleitung

»Die Arbeitskraftbehandlung in dem historisch gegebenen Wirtschaftssystem«, formulierte Alfred Weber, der spätere Klassiker der Wirtschaftsgeographie im Jahr 1909, erkläre »den halben lokalen Aufbau unseres gegenwärtigen Gesellschaftskörpers«.[1] Arbeitsprozesse strukturierten in seiner Sichtweise den Raum nicht nur in dem schlichten materialen Sinne, dass die Arbeit die Produktionsstandorte, Transport- und Kommunikationswege sowie andere Infrastrukturen im geographischen Raum hervorbringe. Vielmehr seien im kaiserlichen Deutschland wie überall in der entwickelten kapitalistischen Wirtschaft eine institutionelle Arena mit Kammern, Verbänden und Schlichtungsverfahren entstanden, in denen der industrielle Konflikt moderiert werde. Diese Institutionen der Arbeitsregulierung gliedern den gesellschaftlichen Raum in miteinander verwobene nationale und regionale Ebenen. Ob und wann diese gesellschaftliche Gestaltungskraft der Arbeit, die Weber eher andeuten als ausführen konnte, in die akademische Disziplin der Humangeographie aufgenommen wurde, wird in diesem Beitrag anhand der deutschsprachigen Diskussion rekonstruiert.

Die Humangeographie konstituiert sich nicht über einen Gegenstand oder eine Methode, sondern über die sinnhafte Konstruktion von Raumbezügen in der sozialwissenschaftlichen Forschung. Spezifische Verwendungskontexte dieses raumbezogenen Wissens führen zu den Forschungsbereichen und Konzepten des Faches. Die Theoriebildung ist daher stark von den Entwicklungen in den sozialwissenschaftlichen Nachbardisziplinen und von deren historischen Wandel beeinflusst. Eine Charakterisierung von Narrationen der Arbeit in der Humangeographie erklärt sich so zum einen über die wissenschaftsinternen Strukturen, die das Aufnehmen neuer

---

1   Alfred Weber: Ueber den Standort der Industrien. Erster Teil. Reine Theorie des Standorts. Tübingen 1909, 213.

Verwendungskontexte ermöglichen. Über den Geographielehrer und den stadt- und regionsbezogenen Planer hinaus hat sich zum anderen seit den 1960er Jahren ein Berufsbild des ›raumbezogenen Analytikers mit Querschnittskompetenz‹, etabliert, der z.B. in Verwaltungen, Consulting-Unternehmen und internationalen Organisationen Verwendung findet. Der wissenschaftsexterne Einfluss global umspannender Kommunikationssysteme, Märkte oder kultureller Codes, die die Räumlichkeit als soziales Phänomen nicht haben verschwinden lassen, sondern erheblich differenziert haben, wird damit berücksichtigt. Gerade die zunehmende Komplexität und Abstraktheit moderner Gesellschaften erfordert es, die Analyse einzelner Problembereiche auf einer Skala räumlicher Maßstabsebenen zu verorten und eine Reflexionsfähigkeit über diesen Raumbezug aufzubauen.

Dies hat auch das Sprechen über Arbeit in der Humangeographie geprägt. Die heutigen, vielfältigen Verwendungskontexte raumbezogenen Wissens haben in der Humangeographie zu einer ausgedehnten und pluralen Thematisierung von Arbeit geführt. Diese Pluralität soll in diesem Aufsatz in der folgenden Struktur dargestellt werden: Nach einem Blick auf die historisch eher geringe Thematisierung von Arbeit in der älteren Humangeographie (Die Vermessung des Arbeitsraums) wird der Bedeutungsgewinn und die Vervielfältigung an Thematisierungen in den vergangenen 30 Jahren im Überblick dargestellt und mit dem Wandel von Theoriekonzepten in Verbindung gebracht (Systemkrise und Arbeitsorganisation). Dabei werde ich mich auf den Teilbereich der Wirtschaftsgeographie konzentrieren, aber auch einige Arbeiten der Sozialgeographie einbeziehen. Im Abschnitt über Arbeitsmärkte wird die Konstituierung der Teildisziplin »Arbeits(markt)geographie« nachgezeichnet, die in der deutschsprachigen Geographie seit etwa 15 Jahren von unterschiedlichen Startpunkten aus angegangen wird. Danach wird der Kontext politischer und gewerkschaftlicher Arbeit aufgegriffen, aus dem heraus die Beschäftigten als handelnde Subjekte und (Mit-)Gestalter von Raumstrukturen betrachtet werden (Der Arbeits-Platz als gesellschaftliches Konfliktfeld). Schließlich werden neue innovative Sektoren wie die Kreativwirtschaft einbezogen, für die vielversprechende Strategien der wirtschaftlichen Entwicklung in großstädtischen Quartieren und auf der Basis einer entgrenzten und selbstbestimmten Arbeit formuliert werden (Kreativität oder die coole Arbeit im neuen Kapitalismus). Es folgen knappe Schlussfolgerungen.

Die Vermessung des Arbeitsraums

Die deutschsprachige Humangeographie hat seit dem Zweiten Weltkrieg zwei Wandlungen in der theoretischen Ausrichtung vollzogen, die als Paradigmenwechsel im Kuhn'schen Sinne begriffen werden können. Arbeit wurde noch in den 1950er Jahren als eine Beschreibung eines an die physischen Landschaften der Erde angepassten Stoffwechsels angelegt. Obwohl in Deutschland bereits vor dem Ersten Weltkrieg der Übergang zur Industriegesellschaft erfolgt war und die hochgradige räumliche Indeterminiertheit der Arbeitskraft konzeptionell reflektiert worden war,[2] hielt die

---

2 Vgl. Alfred Weber: »Industrielle Standortslehre (Allgemeine und kapitalistische Theorie des Standortes)«, in: E. Gothein/F. Leitner/E. Schwiedland (Hg.): Grundriss der Sozialökonomik. Abt. VI: Industrie, Bergwesen, Bauwesen, Tübingen 1914, 54–82.

Humangeographie an der Betrachtung von Mensch-Natur-Symbiosen fest, weil ihr Verwendungskontext die Vorstellung von »Ländern« bzw. »Landschaften« war und blieb, die als einheitlicher Untersuchungsgegenstand betrachtet werden sollten.[3] Die Arbeitskräfte waren in diese Symbiose eingelagert; es wurden höchstens die kulturell bedingten räumlichen Differenzierungen der Arbeitseinstellung registriert,[4] während eine Untersuchung von Arbeitsqualifikationen, -intensitäten oder -organisationsformen als soziale Phänomene ausgeschlossen blieben, weil sie »keinem natürlichen Verbreitungsgesetz« unterlagen.[5]

Ab den 1960er Jahren wurde dann der seit den späten 1940er Jahren in den USA begründete »Spatial Science«-Ansatz übernommen, der mit einer quantitativ-nomothetischen Methodologie eine Öffnung zum Verwendungskontext staatlicher Planungsaufgaben angestrebt hatte. Ganz im Sinne des staatlichen Adressaten gehörten Verwissenschaftlichung durch Methodenentwicklung, Rationalität und Quantifizierung zum Ethos dieser akademischen Revolution. Damit einher ging eine intensive Rezeption betriebs- und volkswirtschaftlicher Ansätze. Die Forschungsperspektive verschob sich von der »Landschaft« zu den »Raumsystemen« auf unterschiedlichen räumlichen Maßstabsebenen. Analog zur Betriebswirtschaftslehre wurde in dem grundlegenden wirtschaftsgeographischen Lehrbuch Ludwig Schätzls[6] die Arbeit als ein Kostenfaktor eingeführt, der bei der unternehmerischen Suche nach dem kostenoptimalen Standort einzubeziehen sei. Bezeichnenderweise wurden nun mit rund fünfzigjähriger Verspätung die anfangs erwähnten standörtlichen Arbeiten Alfred Webers in den Kanon der Wirtschaftsgeographie aufgenommen. Die physische Entfernung und ihr ökonomischer Ausdruck als Raumüberwindungskosten wurden vom sogenannten raumwirtschaftlichen Ansatz als die wesentliche Brücke zur Quantifizierung und Gesetzesbildung angesehen – ganz wie es die Regionalökonomie als ein Teilgebiet der Volkswirtschaftslehre zur gleichen Zeit unternahm.[7]

Wie die neoklassische Volkswirtschaftslehre mit ihrer einzelwirtschaftlichen und marktorientierten Perspektive verfolgte der raumwirtschaftliche Ansatz die Interaktion der Marktakteure im Rahmen von Regionen oder dem Nationalstaat als den Handlungseinheiten des politisch-administrativen Prozesses. Im Kern sahen sich die Vertreter der »Spatial Science« – wie schon ihr Begründer Walter Isard – der keynesianischen Globalsteuerung und einem auch regional ausgleichsorientierten Wohlfahrtsstaat verpflichtet. Arbeitslosigkeit wird als ein Problem ungenutzter volkswirtschaftlicher Ressourcen verstanden, das durch staatliche Intervention in die Marktallokation behoben werden kann. Es werden z.B. die räumlichen Disparitäten auf dem Arbeitsmarkt thematisiert und eine aktive Arbeitsmarkt- und Regionalpolitik diskutiert.[8] Die Arbeitskräfte bleiben dabei eine objektivierbare Verfügungsmasse

---

3 Vgl. Ulrich Eisel: Landschaft und Gesellschaft. Räumliches Denken im Visier, Münster 2009.
4 Vgl. Erich Otremba: Allgemeine Agrar- und Industriegeographie, Stuttgart ²1960, 279.
5 Ebd., 285.
6 Vgl. Ludwig Schätzl: Wirtschaftsgeographie. 1: Theorie, Paderborn 1978, 37.
7 Vgl. Edwin von Böventer: Standortentscheidung und Raumstruktur, Hannover 1979.
8 Vgl. Ludwig Schätzl: Wirtschaftsgeographie. 3: Politik, Paderborn 1986; Elmar Kulke: Wirtschaftsgeographie, Paderborn ³2008, 288–299.

unternehmerischer Initiative und staatlicher Planung, ohne dass ihnen eine eigene Interessenartikulation in diesem Kräfteparallelogramm zugesprochen wird.

Akteurstheoretisch werden im raumwirtschaftlichen Ansatz die drei Gruppen der Unternehmen, der Haushalte und des Staates unterschieden.[9] Arbeit wird hier analog zur neoklassischen Theorie in der Volkswirtschaftslehre indirekt über das Arbeitsangebot der Haushalte bzw. die Arbeitsnachfrage der Unternehmen behandelt, während der Staat diese Grundordnung garantiert und reguliert. Die Arbeit wird als ein subjektloser Prozess unterhalb der Oberfläche von Markthandlungen wahrgenommen. In diesem Sinne wird weder eine Sozialfigur des Arbeitenden, noch ein Prozess der Arbeit betrachtet. Die in den vergangenen Jahren stattgefundene konzeptionelle Weiterentwicklung des raumwirtschaftlichen Ansatzes – ausgehend von der Berücksichtigung von steigenden Skalenerträgen, externen Effekten und unvollkommenen Märkten[10] – hat an der Bewertung von Arbeit nichts Wesentliches geändert.

Systemkrise und Arbeitsorganisation

Der Spatial Science-Ansatz verlor in den USA und in Großbritannien bereits gegen Ende der 1970er Jahre seine hegemoniale Stellung in der Humangeographie. Dahinter steht erstens ein erfolgreicher Institutionalisierungsprozess in den USA, d.h. der Aufbau von »Urban Studies«- und »Regional Studies«-Studiengängen, die als interdisziplinär angelegte und problemorientierte Studiengänge in Konkurrenz zur Humangeographie traten. Mit dem konsekutiven Aufbau der Studiengänge und der Orientierung an arbeitsplatzbezogenen Qualifikationen (anstelle von formalen Bildungsabschlüssen) ermöglichte das angelsächsische Bildungssystem einen leichteren Eintritt dieser Absolventen in diverse Berufsfelder, in denen raumbezogenes Wissen und eine methodische Querschnittskompetenz gefragt waren. Zweitens engte der geringe Stellenwert an Raumordnung und Regionalpolitik in den USA den Berufsmarkt für administrativ orientierte Ausbildungsinhalte ein, während die Vielzahl an zivilgesellschaftlichen Einrichtungen eine Nachfrage nach spezifischen Qualifikationen erzeugten. Entsprechend intensiv wurden bereits in den 1970er Jahren in den USA und in Großbritannien Themenfelder wie Streiks, innerbetriebliche Konflikte, Arbeitslosigkeit und Deindustrialisierungsfolgen sowie ethnische Diskriminierung auf dem Arbeitsmarkt aufgegriffen.[11] Begleitet wurde dies durch eine Rezeption der gängigen sozialwissenschaftlichen Theoriebildung wie etwa der polit-ökonomischen Ansätze und der soziologischen Handlungs- und Gesellschaftstheorien. Besonders einflussreich wurden in der angelsächsischen Humangeographie marxistische Ansätze, mit denen die wirtschaftlichen und sozialen Standortmuster moderner Gesellschaften als Ausdruck einer kapitalistischen Gesellschaftsordnung

---

9 Vgl. Kulke: Wirtschaftsgeographie, 33.
10 Vgl. Masahisa Fujita/Paul Krugman/Anthony J. Venables: The Spatial Economy. Cities, Regions, and International Trade, Cambridge, Massachusetts 1999.
11 Vgl. Doreen Massey: Spatial Divisions of Labor. Social Structures and the Geography of Production, New York 1984.

charakterisiert wurden.[12] Die Arbeitskräfte sind in dieser Sicht die abhängige Variable einer vom Kapital beherrschten Arbeitsorganisation. Explizit weist der Ansatz darauf hin, dass das Arbeitsvolumen und die Arbeitsqualifikationen keine regional fixierten Standortfaktoren sind, sondern aktiv im Rahmen von Industrialisierungsprozessen geschaffen werden. Diese Darstellung ist inzwischen in der wirtschaftsgeographischen Lehrbuchliteratur verankert. So weisen etwa Danny Mackinnon und Andrew Cumbers[13] darauf hin, dass (1) gesicherte empirische Befunde über die räumliche Differenzierung von Arbeitsprozessen und -kosten vorliegen, (2) diese Differenzierung aus systemischen wie auch aus historisch-kulturellen Quellen folgt und (3) diese Differenzierung gegenwärtig nicht nivelliert, sondern restrukturiert und reproduziert wird.

Im deutschsprachigen Raum geschah die Rezeption dieser Theorieansätze wiederum zeitlich verzögert. Der größere Arbeitsmarkt für Geographen in Deutschland aufgrund der staatlichen Planungsinstanzen wurde jedoch auch durch den Aufbau von Studiengängen für Stadt- und Regionalplanung wie durch regionalökonomisch geschulte Volkswirte geschmälert. Zugleich öffnete die Krise des westdeutschen Sozialsystems in den 1980er und die Wiedervereinigungskrise in der Mitte der 1990er Jahre eine kritische Sicht auf staatliche Rationalität und Krisenregulierung. Dieser Impuls wurde in der Humangeographie über einen speziellen Teil der marxistischen Ansätze, die aus der Volkswirtschaftslehre stammende Regulationstheorie, aufgenommen.[14] Die soziale Regulierung von Arbeit wurde hier erstmals als Zentrum des wirtschaftlichen Systems begriffen und die Verbindung zwischen den stofflich-technischen Aspekten der Arbeit, ihrer Organisation auf betrieblicher Ebene und ihrer makroökonomischen bzw. nationalstaatlichen Einrahmung betont. So wurden erstmals die Bezüge zwischen der Produktions- und Arbeitsorganisation in Betrieb und Unternehmen und der räumlichen Ausprägung intensiv verfolgt.[15] Mit der Situierung dieser Aspekte innerhalb eines institutionellen nationalen Kontextes (flankiert von regionalen und globalen Bezügen) war bereits eine räumliche Referenz gegeben, den die Humangeographie bereitwillig aufgriff.[16] Zugleich bot die Regulationstheorie mit der Periodisierung von »Formationen« eine neue historische Darstellung des Kapitalismus. Die historische Kontrastierung einer standardisierten, dequalifizierenden und hierarchisierten Arbeitsorganisation in der Formation des »Fordismus« gegenüber einer flexiblen, inhaltsreichen Arbeitsorganisation im »Postfordismus« etablierte sich zu einem wirkungsmächtigen Narrativ in der Humangeographie. Dieses in der ersten

---

12 Vgl. David Harvey: The Limits to Capital, Oxford 1982; Neil Smith: Uneven Development. Nature, Capital and the Production of Space, Oxford 1984; Michael Storper/Richard Walker: The Capitalist Imperative. Territory, Technology, and Industrial Growth, New York 1989.
13 Vgl. Danny Mackinnon/Andrew Cumbers: An Introduction to Economic Geography. Globalization, Uneven Development and Place, Harlow ²2011, 148–172.
14 Vgl. Stefan Krätke: Strukturwandel der Städte. Städtesystem und Grundstücksmarkt in der »post-fordistischen« Ära, Frankfurt a.M./New York 1991; Stefan Krätke: Stadt – Raum – Ökonomie. Einführung in aktuelle Problemfelder der Stadtökonomie und Wirtschaftsgeographie, Basel/Boston/Berlin 1995, 84–99.
15 Vgl. R. Borst u.a. (Hg.): Das neue Gesicht der Städte. Theoretische Ansätze und empirische Befunde aus der internationalen Debatte, Basel/Boston/Berlin 1990.
16 Vgl. Jamie Peck: Work-Place. The Social Regulation of Labor Markets, London 1996.

Hälfte der 1990er Jahre etablierte Narrativ fand Eingang in alle derzeit aktuellen Lehrbücher zur Wirtschaftsgeographie.[17] Das eigentliche regulationstheoretische Forschungsprogramm wurde empirisch u.a. durch Susanne Albrecht[18] umgesetzt, die den Formwandel der Erwerbsarbeit entlang der Begriffe »Deregulierung« und »Flexibilisierung« beschrieb. Die in diesem Prozess entstehenden atypischen Beschäftigungsformen wurden im Kontext bestimmter Raumtypen und in ihrer faktischen räumlichen Verbreitung dargestellt. Dabei entstand ein differenziertes Bild, in dem der Formwandel der Arbeit das Wirtschafts- und Sozialmodell teils durch die höhere Anpassungsfähigkeit stabilisierte, teils aber auch unterminierte. Untersuchungen, die den Wandel zu postfordistischen Arbeits- und Produktionsstrukturen in Bezug zum Wandel von Raumstrukturen setzten, sind selten und wurden am ehesten am Beispiel der Automobilindustrie unternommen.[19]

Daneben entwickelten sich vielfältige Deutungsweisen der Regulationstheorie. Deren krisentheoretische Ausrichtung, durch die der Formwandel der Arbeitsorganisation als ein konfliktbehafteter und widersprüchlicher Prozess begriffen wurde, wurde wenig aufgegriffen.[20] Kurzum, die regulationstheoretische Fokussierung auf die Arbeits- und Produktionsorganisation ist rückblickend als ein starker Impuls aufzufassen, von dem ausgehend sich ein ganzes Prisma an Positionen eröffnet hat. Bevor diese weiteren Positionen betrachtet werden, soll noch das Feld der geographischen Arbeitsmarktforschung vorgestellt werden, dass mit seiner stark empirischen Ausrichtung und mit dem Einsatz quantitativer Methoden auch ein Bindeglied zum Spatial Science-Ansatz darstellt.

Arbeitsmärkte

Die räumlich ungleiche Verteilung von Qualifikationen, funktionalen Tätigkeiten und von Arbeitslosigkeit ist ein altes sozialwissenschaftliches Thema. Der institutionelle Verwendungskontext einer raumbezogenen Analyse von Beschäftigungs- und Arbeitslosigkeitsstrukturen rückte mit dem hohen Stand der Arbeitslosigkeit in den

---

17 Vgl. z.B. Harald Bathelt/Johannes Glückler: Wirtschaftsgeographie, Stuttgart ³2012, 406–417; Kulke, 109; Boris Braun/Christian Schulz: Wirtschaftsgeographie, Stuttgart 2012, 138–142.

18 Vgl. Susanne Albrecht: »Regionale Arbeitsmärkte und Flexibilisierungsprozesse«, in: Geographische Zeitschrift, 3/4 90 (2002), 180–193; Susanne Albrecht: Arbeitsmärkte in großstädtischen Agglomerationen. Auswirkungen der Deregulierung und Flexibilisierung am Beispiel der Regionen Stuttgart und Lyon, Münster 2005; Susanne Albrecht: »Arbeitsmärkte im Umbruch – Erosion der Erwerbsgesellschaft?«, in: Geographische Zeitschrift, 1/2 96 (2008), 1–20.

19 Vgl. Martina Fuchs: »Neue räumliche Verflechtungen und veränderte Arbeitsbeziehungen im Produktionssystem ›Automobil‹ – Das Beispiel Puebla (Mexiko)«, in: Zeitschrift für Wirtschaftsgeographie, 2/39 (1995), 124–132; Charlotte Schmitz: Regulation und Raum. Das Lohnverhältnis in Produktionsnetzwerken der Autozulieferindustrie in Mosel/Sachsen und Martorell/Katalonien, Frankfurt a.M. 1999.

20 Vgl. Christoph Scheuplein: »Die Regulationstheorie in der deutschsprachigen Wirtschaftsgeographie: Bilanz und Perspektiven«, in: W. Krumbein u.a. (Hg.): Kritische Regionalwissenschaft. Gesellschaft, Politik, Raum – Theorien und Konzepte im Überblick, Münster 2008, 50–167.

Industrieländern seit dem Ende der 1970er Jahre in den Focus. Eine explizite Beschäftigung in der deutschsprachigen Humangeographie wurde zudem durch den Anstieg der Arbeitslosigkeit nach der Wiedervereinigung angeregt. »Arbeitsmarktfragen sind in der Geographie wenig verankert« konnten aber Heinz Faßmann und Peter Meusburger[21] noch Ende der 1990er Jahre feststellen und diesen Gegenstand zum Zentrum der neu zu gründenden Teildisziplin Arbeitsmarktgeographie erklären: Es gehe dieser um »räumliche Verteilungsmuster von arbeitsmarktrelevanten Merkmalen (wie Arbeitslosigkeit, Erwerbsbeteiligung, Qualifikation, Arbeitsplatzstruktur)«[22] und insbesondere um die räumlichen Ungleichgewichte von Trägern dieser Merkmale.[23] Das übergreifende Narrativ ist daher ein regionales mismatch der arbeitsmarktrelevanten Merkmale zwischen den Regionen, das mittels aktiver Arbeitsmarkt- und Regionalpolitik zu beheben ist.[24] Es geht z.B. um lokal aufgebaute Qualifikationen, die durch den wirtschaftlichen Strukturwandel entwertet wurden und nun durch privatwirtschaftliche wie staatliche Qualifizierungsinitiativen umorientiert werden sollen. Die gleichgewichtsorientierten, neoklassischen Arbeitsmarkttheorien werden hier als eine idealtypische Referenzgröße aufgefasst, die tatsächliche räumliche Differenzierung wird jedoch den institutionalistisch angelegten Segmentationstheorien des Arbeitsmarktes zugetraut. Die These einer gesellschaftlichen Differenzierung in Teilarbeitsmärkte, z.B. anhand der Kriterien Qualifikation, Geschlecht oder Ethnie, bietet dabei eine gute Möglichkeit, diesen Teilarbeitsmärkten wiederum Raumtypen bzw. spezifischen Regionen zuzuordnen.

Innerhalb dieses vor allem von Faßmann/Meusburger aufgespannten konzeptionellen Rahmens wurde dann eine breite Anzahl von arbeitsmarktrelevanten Merkmalen empirisch untersucht, so etwa die Qualifikationsstruktur,[25] das Geschlecht[26] und die Altersstruktur[27]. Dieser Forschungsansatz ist in geographischen Überblickswerken stark präsent.[28] Die regionale Arbeitsmarktforschung wurde in der ersten Hälfte der

---

21 Heinz Faßmann/Peter Meusburger: Arbeitsmarktgeographie. Erwerbstätigkeit und Arbeitslosigkeit im räumlichen Kontext, Stuttgart 1997, 15.
22 Ebd., 16.
23 Vgl. ebd., 37.
24 Explizit z.B. Michael Franck: »Mismatch-Arbeitslosigkeit auf dem deutschen Arbeitsmarkt«, in: Zeitschrift für Wirtschaftsgeographie, 1/47 (2003), 42–55.
25 Vgl. Martina Fromhold-Eisebith/Wolfgang Schrattenecker: »Qualifikationsentwicklung der Beschäftigten in Deutschland. Eine raumbezogene Analyse«, in: Raumforschung und Raumordnung, 4 (2006), 258–269.
26 Vgl. Andrea Besenthal u.a.: »Struktur und Dynamik der weiblichen Erwerbstätigkeit«, in: H. Faßmann/B. Klagge/P. Meusburger (Hg.): Arbeit und Lebensstandard. Nationalatlas Bundesrepublik Deutschland, München 2006, 84–87.
27 Vgl. Volker Bode/Joachim Burdack: »Junge Menschen ohne Arbeit«, in: Faßmann/Klagge/Meusburger (Hg.): Arbeit und Lebensstandard, 48–49; Dieter Bogai/Franziska Hirschenauer: »Erwerbsbeteiligung und Arbeitslosigkeit der Älteren«, in: Faßmann,/Klagge/Meusburger (Hg.): Arbeit und Lebensstandard, 78–81.
28 Vgl. Faßmann/Klagge/Meusburger (Hg.): Arbeit und Lebensstandard; Britta Klagge: »Arbeitsmärkte im Umbruch«, in: R. Glaser/H. Gebhardt/W. Schenk (Hg.): Geographie Deutschlands, Darmstadt 2007, 195–202; Lech Suwala: »Regionale Arbeitsmärkte«, in: E. Kulke (Hg.): Wirtschaftsgeographie Deutschlands. Heidelberg ²2010, 43–70.

2000er Jahre durch das bundeseigene Institut für Arbeitsmarkt- und Berufsforschung vorangetrieben,[29] wobei einige Humangeographen Teil dieses interdisziplinären Teams sind.

Die Betrachtung der Arbeitsmarktpolitik ist ein integraler, aber wenig ausgeführter Teil der humangeographischen Arbeitsmarktforschung.[30] Stärkere Aufmerksamkeit haben erst seit einigen Jahren die Institutionen, die die Erwerbsarbeit und den Arbeitsmarkt regulieren, erhalten. So nahm Susanne Heeg[31] das eigentliche Zentrum einer Regulierung des Arbeitsmarktes, die Gestaltung von Tarifverträgen, in den Blick und zeigte die räumlich sehr unterschiedliche Bindung von Beschäftigten an Tarifverträge. Zu regionalen Strukturen der gewerkschaftlichen Seite[32] existiert bislang lediglich ein knapper Überblick, und eine humangeographische Untersuchung der Akteure der industriellen Beziehungen bleibt, mit der Ausnahme einer Studie über den Niedergang korporatistischer Strukturen,[33] ein Forschungsdesiderat.

Der Arbeits-Platz als gesellschaftliches Konfliktfeld

Im Rahmen der polit-ökonomischen Ansätze ist die Abhängigkeit der Arbeit von den Entscheidungen des Kapitals eine analytische Aussage. Normativ kann dagegen die Selbstermächtigung des »Faktors Arbeit« gefordert werden. Dieses gesellschaftspolitische Anliegen der Arbeiterbewegung stellt einen eigenen Verwendungskontext für humangeographisches Wissen dar, denn die Organisierbarkeit von Beschäftigten muss jeweils deren lokale Lebensverhältnisse berücksichtigen. In den gewerkschaftlich schwach organisierten USA übernehmen akademische Aktivisten eine wichtige Vermittlungsfunktion im Rahmen von Organisationskampagnen. Auf diesen Verwendungskontext bezogen sich Mitte der 1990er Jahre Ansätze, die die Arbeit als selbstbestimmten Faktor und die Arbeitenden als bewusste Subjekte in die Forschung einführen wollten. Innerhalb einer kapitalistischen Produktion von Raumstrukturen sollten die Arbeitskräfte als Element begriffen werden, das zwar durch die gesellschaftliche Struktur, durch die Geschichte und durch das gesellschaftspolitische Gegenüber determiniert wird, zugleich aber auch eine determinierende Kraft besitzt.[34] Daher for-

---

29 U. Blien/D. Bogai/S. Fuchs (Hg.): Die regionale Arbeitsmarktforschung des IAB: Aufbau, Leitbild und Forschungsperspektiven, 2007, online unter: http://doku.iab.de/grauepap/2007/dachpapier_regionalforschung_2007.pdf (Stand: 24.09.2014)

30 Vgl. Faßmann/Meusburger, Arbeitsmarktgeographie, 231; Elisabeth Gohrbandt/Günther Weiss: »Arbeitsmarktpolitik zwischen Integrationserfolg und Sisyphusarbeit«, in: Faßmann/Klagge/Meusburger (Hg.): Arbeit und Lebensstandard, 68–69.

31 Vgl. Susanne Heeg: »Differenzierung und Dezentralisierung der Tarifpolitik«, in: Faßmann/Klagge/Meusburger (Hg.): Arbeit und Lebensstandard, 64–65; Susanne Heeg: »Maßstäblichkeit von Arbeitsbeziehungen – räumliche Bezüge der Tarifpolitik in Deutschland«, in: Geographische Zeitschrift, 1/2 96 (2008), 21–40.

32 Martina Fuchs: »Gewerkschaften und Arbeitskämpfe«, in: Faßmann/Klagge/Meusburger (Hg.): Arbeit und Lebensstandard, 66–67.

33 Vgl. Susanne Heeg: »Erosion of corporatism? Rescaling of industrial relations in Germany«, in: European Urban and Regional Studies, 2012. prepublished, doi: 10.1177/0969776412445724.

34 Vgl. Andrew Herod: Labour Geographies. Workers and the Landscapes of Capitalism, New

dert Andrew Herod[35] eine Arbeitsgeographie als eigenständige Teildisziplin, die die Autonomiepotenziale der Arbeit auslotet und ihre raumstrukturierende Gestaltungskraft offenlegt. Entsprechende empirische Untersuchungen beziehen sich u.a. auf das Solidarverhalten in Streiks, auf lokale und überlokale Handlungsmöglichkeiten der Belegschaften und betrieblichen Interessenvertretungen sowie auf das internationale Handeln gewerkschaftlicher Organisationen.[36] Die übergreifende Narration ist die (Selbst-)Ermächtigung der zunächst passiven und vereinzelten Arbeitskräfte, die in der Praxis des industriellen Konflikts ihre gleichartige Interessenlage identifizieren und zu solidarischem Handeln finden. Allerdings wird diese Narration analytisch vielfach gebrochen, es werden die Trennungen und Blockaden der Handelnden und die Unzulänglichkeiten ihrer Handlungsressourcen und -strategien herausgearbeitet. Die Themen dieses Diskurses wurden mit dem programmatischen Artikel von Christian Berndt und Martina Fuchs[37] auch in die deutschsprachige Diskussion getragen. Einen dem angelsächsischem Diskurs ähnlichen Gebrauch dieser Narration kann man in den Veröffentlichungen von Christian Zeller[38] antreffen. In einer Studie zu einer Unternehmensübernahme durch einen transnationalen Konzern untersucht Zeller[39] die Auseinandersetzungen zwischen den Arbeitnehmervertretern und dem Management bzw. die Aushandlung einer Machtbalance. In einem weiteren Beitrag zum Formwandel der Erwerbsarbeit betont Zeller[40] dessen riskanten und prekären Seiten. In dieser Übertragung des US-amerikanischen Diskurses bleiben jedoch zugunsten der Perspektive eines einheitlichen Kapitalismus die nationalen Differenzen der Arbeitsregulierung ausgespart.

Während in der US-amerikanischen Geographie der Typ des eingreifenden Intellektuellen und Politik-Aktivisten zahlenmäßig stark vertreten ist, führt die stärkere institutionelle Einbindung der Gewerkschaften in den deutschsprachigen Ländern eher zu einer Adressierung von Expertenwissen an den professionell-routinisierten Politikbetrieb. Wenn im deutschen Diskurs die Beschäftigten als Subjekte des Handelns perspektiviert werden sollen, liest sich dies wie ein Protest gegen die Integration von Arbeitnehmerinteressen in die politisch-administrativen Rahmenbedingungen. Die Narration der Selbstermächtigung wird dann als eine Ermächtigung gegenüber den Institutionen der Arbeitsregulierung und der gewerkschaftlichen Interessenver-

York 2001, 34.
35 Vgl. Andrew Herod: »From a Geography of Labor to a Labor Geography«, in: Antipode, 1/29 (1997), 1–31.
36 Vgl. Noel Castree u.a.: Places of Work. Global Capitalism and Geographies of Labour, London/Thousand Oaks/New Delhi 2004; Noel Castree: »Labour Geography: A Work in Progress«, in: International Journal of Urban and Regional Research, 4/31 (2007), 853–862.
37 Vgl. Christian Berndt/Martina Fuchs: »Geographie der Arbeit: Plädoyer für ein disziplinübergreifendes Forschungsprogramm«, in: Geographische Zeitschrift, 3/4 90 (2002), 157–166.
38 Vgl. Christian Zeller: »Bausteine zu einer Geographie des Kapitalismus«, in: Zeitschrift für Wirtschaftsgeographie, 3/4 47 (2003), 215–230.
39 Vgl. Christian Zeller: »Rescaling power relations between trade unions and corporate management in a globalising pharmaceutical industry: the case of the acquisition of Boehringer Mannheim by Hoffman-La Roche«, in: Environment and Planning A, 9/32 (2000), 1545–1568.
40 Vgl. Christian Zeller: »Globalisierung der Arbeit und der Verunsicherung«, in: Geographische Zeitschrift, 1/2 96 (2008), 76–96.

tretung verstanden. Somit wird eher eine bewusste Wahrnehmung und Kultivierung heterogener Interessenlagen – z.b. aufgrund des Geschlechts, des Alters oder der Herkunft – angestrebt, wobei eine weitere Beschädigung etablierter Formen der Arbeitsregulierung als Freiheitsgewinn gilt. In diesem Sinne sieht Berndt mit einem Blick auf transnationale Produktionsverlagerungen und Migrationsprozesse den Beschäftigten mit Normalarbeitsverhältnis als »sesshaften Stakeholder der deutschen Variante des Kapitalismus«[41]. Während der Subjekt-Bezug der US-amerikanischen Arbeitsgeographie im Einklang mit den »Organizing«-Ansätzen des Dachgewerkschaftsverbandes AFL-CIO steht, werden die deutschen Gewerkschaften als strukturkonservative Bewahrer einer untergehenden Arbeitswelt geschildert.

Ein wichtiges Themenfeld, das Verhältnis von Geschlecht und Arbeit, hat durch die polit-ökonomisch informierten Ansätze und durch die Subjektzentrierung eine neue Interpretation erfahren. In den Ansätzen der »Gendered Labour Geography« wird nicht nur die geschlechtliche Arbeitsteilung als historisch-institutionell entstandenes Produkt neu betrachtet, sondern es werden auch die Betrachtungsgrenzen über den engen Rand der Erwerbsarbeit ausgedehnt.[42] Wird so die häusliche und informelle Arbeit einbezogen, dann wird zugleich die Narration der homogenen Interessenlage auf den weiblichen Teil der Arbeitskräfte eingeengt. In der deutschsprachigen Diskussion gibt es neben einem Debattenüberblick[43] Untersuchungen z.B. zum Zusammenhang von Erwerbsarbeit und Familienstrukturen[44] sowie Studien über die Entscheidungen des Erwerbslebens, die geschlechtsspezifisch und in einem konkreten Raum verortet getroffen werden.[45]

Ein weiteres über den polit-aktivistischen Kontext erschlossenes Thema ist die transnationale Arbeitsmigration. Die Arbeitsmigranten verbinden die unterschiedlichen Wohlstands- und Produktivitätsniveaus der Welt; sie sind ein Produkt der damit verbundenen gesellschaftlichen Konflikte und sie führen zu neuen Konflikten in den von ihnen gewählten Ankunftsländern. Raumbezogene Analysen dienen hier als argumentative Unterfütterung internationaler Solidarität. Eine Narration der Homogenisierung fokussiert sich hier auf die (Nicht-)Beschäftigten des globalen Südens, deren prekäre Arbeits- und Lebenschancen in den Ankunftsländern des Nordens eine gemeinsame Interessenlage konstituiert.[46]

---

41 Christian Berndt: »Methodologischer Nationalismus und territorialer Kapitalismus – mobile Arbeit und die Herausforderungen für das deutsche System der Arbeitsbeziehungen«, in: Geographische Zeitschrift, 1/2 96 (2008), 41–61, hier: 47.

42 Vgl. Doreen Massey: Place, Space and Gender, Cambridge 1994; Susan Hanson/Geraldine Pratt: Gender, Work and Space, New York 1995; Linda McDowell: Capital Culture. Gender at Work in the City, Oxford 1997.

43 Vgl. Verena Meier Kruker/Michaela Schier/Anne von Streit: »Geography and Gendered Labour Markets«, in: GeoJournal, 4/56 (2002), 243–251.

44 Vgl. Elisabeth Bühler: »Formen der Vereinbarkeit von Erwerbsarbeit und Familie. Strukturen und Entwicklungstendenzen in der Schweiz«, in: Geographische Zeitschrift, 90 3/4 (2002), 167–179.

45 Vgl. Michaela Schier: Münchener Modefrauen. Eine arbeitsgeographische Studie über biographische Erwerbsentscheidungen in der Bekleidungsbranche, München/Mering 2005.

46 Vgl. Christof Parnreiter: »Von Mauern und Löchern: Zuwanderung in die USA«, in: Geographische Rundschau, 6/60 (2008), 40–47.

Mit seinen Integrationskonflikten besitzt das Migrationsthema auch eine hohe innenpolitische Relevanz. In diesem Verwendungskontext dominieren andere Narrationen. So werden im Transnationalismus-Diskurs die ethnischen bzw. kulturellen Potenziale der Migranten als Erklärungsgrund für die Form der Integration herangezogen.[47] Explizit hat Hans-Joachim Bürkner[48] kritisiert, dass die eigentlichen arbeitsbezogenen Motive der Migranten in diesem kulturalistischen Diskurs verschwinden.

Kreativität oder die coole Arbeit im neuen Kapitalismus

Die Debatten zu einem postfordistischen Akkumulationsregime in den 1990er Jahren verwiesen auch auf neue, erstrebenswerte Veränderungen in der Arbeits- und Lebenswelt. Insbesondere wurde über den Anstieg von Dienstleistungen, die Zunahme der wissensintensiven Tätigkeiten, die Höherqualifizierung des Arbeitskörpers und die Individualisierung von Lebensentwürfen berichtet.[49] Der Postfordismus wurde als ein Versprechen auf eine flexible, hierarchiefreie und kreative Tätigkeit aufgefasst, die gegen die großbetriebliche, repetitive Beschäftigung in den industriellen Kernsektoren aus der Mitte des 20. Jahrhunderts abgesetzt wurde. Diese zunächst allgemein formulierte Narration wurde ab den späten 1990er Jahren in einem speziellen Verwendungskontext aktualisiert: Die Kultur- und Kreativwirtschaft vergrößerte ihr Umsatz- und Beschäftigungsvolumen, was einen Wettlauf der Wirtschaftsförderer um die attraktivsten Unternehmen dieses Sektors auslöste. Dies heizte die Nachfrage nach stadtgeographischer und -planerischer Strategieberatung an. In den Mittelpunkt stellte sich bald die These eines radikalen Wandels der Arbeitswelt durch die »kreative Klasse«.[50] Diese hochqualifizierten Arbeitskräfte aller wissensintensiven Branchen wurden zur eigentlichen Quelle des regionalen Wachstums erklärt, was den Wettbewerb der Unternehmen um diese knappe Ressource erklärt. Für die Standortförderer ergab sich die Empfehlung, dass sie die von den Kreativen angestrebte Lebensqualität am Wohnort schaffen sollten, worauf hin sich ein positives regionales Wirtschaftswachstum einstellen werde (»jobs follow people«). In dieser Narration werden (nur) die hochqualifizierten Arbeitskräfte zu Impulsgebern und Profiteuren des neuen innovativen Kapitalismus, der durch eine vielfache Entgrenzung der Arbeit beschrieben wird: Arbeit und Freizeit, Arbeitsort und Lebensraum, Arbeitskraft und Person durchdringen sich wechselseitig und der Arbeitnehmer wird zum Unternehmer seiner selbst. Diese Narration hat vehemente Gegenreden gefunden, in

---

47 Vgl. Ludger Pries: »Mexikanische Arbeitswanderung in die USA. Gegenwärtige Struktur und neue Formen transnationaler Migration«, in: Geographische Rundschau, 7/8 (1999), 382–387; Ludger Pries: »Transnationalismus, Migration und Inkorporation. Herausforderungen an Raum- und Sozialwissenschaften«, in: Geographische Revue, 3/5 (2003), 23–40.
48 Vgl. Hans-Joachim Bürkner: »Transnationale Migration Cultural turn und die Nomaden des Weltmarkts«, in: Zeitschrift für Wirtschaftsgeographie, 2/49 (2005), 113–122.
49 Vgl. Danny Mackinnon/Andrew Cumbers: An Introduction to Economic Geography: Globalization, Uneven Development and Place, Harlow ²2011,155 ff.
50 Vgl. Richard Florida: The Rise of the Creative Class – And How It's Transforming Work, Leisure, Community and Everyday Life, New York 2002.

denen die Zumutungen und Widersprüche dieser Arbeitswelt thematisiert werden.[51] In einer Studie zur Werbewirtschaft in Deutschland beschreibt Joachim Thiel[52] die kreativen Quartiere der Großstädte als Orte, an denen die Belastungen der entgrenzten Arbeit am ehesten von den Beschäftigten abgefedert und mit den familiären Ansprüchen in Einklang gebracht werden können. Gleichwohl wird das Narrativ der hochmobilen, entgrenzten, selbstbestimmten Arbeitsavantgarde der Kreativen auch im deutschsprachigen Raum aufgegriffen.[53] Dabei werden Abschwächungen gegenüber der US-amerikanischen Version der Creative Class-These vorgenommen. So wird mit Blick auf die geringeren interregionalen Unterschiede in der Lebensqualität und der Infrastruktur, der höheren Bedeutung formaler Bildungsabschlüsse und der höheren Regulierung des Arbeitsmarktes darauf hingewiesen, dass die Mobilität der Kreativen geringer und die Relevanz gewachsener Unternehmensstrukturen in Deutschland bzw. Kontinentaleuropa höher ausfällt.[54]

Schlussfolgerungen

Dieser Beitrag geht davon aus, dass Narrationen in der Humangeographie nicht über einen einzelnen Gegenstand oder eine Methode identifiziert werden können, sondern dass raumbezogenes Wissen auf außerwissenschaftliche Entstehungs- und Verwendungszusammenhänge bezogen ist. Diese Zusammenhänge dienen als Impulsgeber für konzeptionelle und empirische Thematisierungen von Arbeit, und sie formieren mit ihrem Adressaten eine bestimmte Erzählstruktur. Dabei besitzt das Wissenschaftssystem eigene Strukturen und Handlungsoptionen, aufgrund derer diese Themenangebote unterschiedlich intensiv aufgegriffen werden. Insgesamt fünf wichtige Verwendungskontexte wurden identifiziert: (1) Der Kontext staatlicher Raumordnungs- und Regionalpolitik, in dem das Narrativ einer Überwindung regionaler Disparitäten durch administrative Maßnahmen verfolgt wird, wobei die Arbeit als passive Ressource verstanden wird. (2) Der Kontext wirtschaftlicher Krisen und regionaler Deindustrialisierungsfolgen, in dem das Narrativ einer neu entstehenden flexiblen, inhaltsreichen Arbeitsorganisation des Postfordismus entwickelt wurde. (3) Der Kontext regionaler Arbeitsmärkte, in dem die Differenzierung von relevanten

---

51 Vgl. Jamie Peck: »Struggling With the Creative Class«, in: International Journal of Urban and Regional Research, 4/24 (2005), 740–770; Stefan Krätke: »›Creative Cities‹ and the Rise of the Dealer Class. A critique of R. Florida's Approach to Urban Theory«, in: International Journal of Urban and Regional Research, 4/34 (2010), 835–853.

52 Vgl. Joachim Thiel: Creativity and Space. Labour and the Restructuring of the German Advertising Industry, Aldershot/Burlington 2005; Joachim Thiel: »Lokale Dimensionen der Entgrenzung von Arbeit: ein arbeits-geographischer Blick auf die Kultur- und Medienwirtschaft«, in: Geographische Zeitschrift, 1/2 96 (2008), 62–77.

53 Vgl. Bastian Lange: Die Räume der Kreativszenen: Culturepreneurs und ihre Orte in Berlin, Bielefeld 2007; B. Lange u.a. (Hg.): Governance der Kreativwirtschaft. Diagnosen und Handlungsoptionen, Bielefeld 2009; Ralf Ebert/Klaus R. Kunzmann/Bastian Lange: Kreativwirtschaftspolitik in Metropolen, Detmold 2012.

54 Vgl. Stefan Krätke: The Creative Capital of Cities. Interactive Knowledge Creation and the Urbanization Economies of Innovation, Oxford 2011.

Merkmalen zwischen den Regionen mittels aktiver Arbeitsmarkt- und Regionalpolitik zu beheben ist. (4) Der Handlungskontext der Organisation von Beschäftigten in ihrem lokalen Lebensumfeld, wobei das Narrativ von arbeits- und lebensweltlichen Trennungen, die eine einheitliche Interessenvertretung behindern, verfolgt wird. (5) Der Kontext neuer Sektoren wie der Kreativwirtschaft, in dem die Beschäftigten mit ihren Präferenzen für Lebensqualität die Entwicklungschancen der (großstädtischen) Standorte bestimmen.

Nicht aufgegriffen wurde der Verwendungskontext der Schulgeographie, obwohl sich in den geographiedidaktischen Zeitschriften eine Vielzahl an Thematisierungen von Arbeit finden. In diesem für das Fach wichtigen Publikationssegment werden die Theorieperspektiven und Forschungsansätze der anderen Kontexte aufgegriffen bzw. didaktisch kleingearbeitet.

Da die genannten Thematisierungen im angelsächsischen Raum meist zuerst erschlossen wurden, wurde in diesem Beitrag für die einzelnen Felder angedeutet, warum es zu einer zeitlichen Verzögerung und zu einer inhaltlichen Umformung der Narrationen von Arbeit im deutschsprachigen Raum kam. Aus dem wissenschaftsexternen Impuls der Verwendungskontexte erwachsen große Herausforderungen für die Einheit der Disziplin, weshalb die generierten Theorien und Methoden immer wieder aufeinander bezogen und zu einem möglichst überschaubaren Set geformt werden. Dabei dienen die Einführungsvorlesungen und Lehrbücher als wichtige Arenen der Selbstverständigung. Da die Relevanz der Verwendungskontexte zwei bis vier als gering für die Ressourcen des Faches (Publikationsmöglichkeiten, Drittmittel) und für die Berufschancen von Absolventen eingeschätzt werden, mag nachvollziehbar sein, warum diese Narrationen der Arbeit im deutschsprachigen Raum kaum Eingang in die einführenden Lehrbücher z.B. der Wirtschaftsgeographie gefunden haben. Vielleicht unterschätzt die deutsche akademische Humangeographie aber auch bloß die gesellschaftliche Gestaltung der (räumlichen) Strukturen von Arbeit. Möglicherweise könnten die Praktiker, die heute schon in den Arbeitsagenturen, Personalabteilungen, Wirtschaftsförderungen und Interessenverbänden mit dem Ausgleich räumlicher Disparitäten beschäftigt sind, von einer besseren konzeptionellen Aufbereitung einer Geographie der Arbeit profitieren.

Gottfried Schweiger
Arbeit – Eine philosophische Reflexion

Zur Ausgangslage

Es gibt in der Philosophie relativ wenig neuere Arbeiten, die den Arbeitsbegriff näher und ausführlicher thematisieren.[1] Zumeist ist Arbeit ein nebenher und ohne weitere Analyse gebrauchter Begriff, dessen Verwendung sich an den herrschenden Konventionen und dem üblichen Sprachgebrauch orientiert.[2] Natürlich haben im Laufe einer mehr als zweitausendjährigen Geschichte der westlichen Philosophie eine große Zahl an Philosophinnen und Philosophen am Thema der Arbeit gearbeitet – sofern Philosophieren Arbeiten ist – doch dabei keinen kohärenten Kanon oder gar eine einigende Definition hervorgebracht. Die in der Geschichte liegenden Schätze zu heben oder einen neuen Versuch einer Definition oder Wesensbestimmung von Arbeit vorzulegen, ist hier jedoch nicht mein Ziel. Ich denke, dass wichtige Konturen und Aspekte eines philosophischen Verständnisses von Arbeit deutlich werden, wenn man, anstelle einer Definition von Arbeit, versucht, sich einige relevante Aspekte der heutigen Formung von Arbeit zu vergegenwärtigen, insbesondere, was ihre normative und ethische Dimension anbelangt, ohne die jeder Arbeitsbegriff unvoll-

---

1   Vgl. Otto Neumaier: »Was ›Arbeit‹ bedeutet«, in: T. Böhler/O. Neumaier/G. Schweiger/C. Sedemak (Hg.): Menschenwürdiges Arbeiten. Eine Herausforderung für Gesellschaft, Politik und Wissenschaft, Wiesbaden 2009, 11–38.

2   Ein Beispiel aus der jüngeren Literatur ist das Einführungsbuch von Manfred Füllsack. Auch er versucht keine eigentliche, gar philosophische Definition von Arbeit, sondern orientiert sich an einer Reihe von Problemen, die heute allerorts mit Arbeit verbunden werden. Er schreibt: »Viele aktuelle Überlegungen und Diskussionen zur Arbeit orientieren sich aber an ganz bestimmten Formen der Arbeit: an der Industriearbeit, der Erwerbs- oder Lohnarbeit, der landwirtschaftlichen oder der Dienstleistungsarbeit, an der Arbeit von Maschinen, von Organisationen oder auch an abgeleiteten Formen wie der der ›Beziehungsarbeit‹, der ›Trauerarbeit‹, des ›Workshops‹, der ›Arbeit der Natur‹ oder der ›Arbeit der Begriffe‹.« Manfred Füllsack: Arbeit, Wien 2009, 12.

ständig wäre.³ Wahrscheinlich ist Arbeit, zumindest heute, ein »dichter«, also ebenso präskriptiver wie deskriptiver Begriff⁴ und birgt in sich stets gesellschaftlich geronnene Werturteile, Normen und Handlungsanweisungen. Hinter jeder Realisierung von Arbeit liegen sicherlich anthropologisch-universale Züge des Menschseins, die in der physisch-psychischen Besonderheit des Menschen begründet sind, etwa in seiner Angewiesenheit auf koordinierte Tätigkeiten zur Produktion und beständigen Reproduktion seiner Lebensmittel – im weitesten Sinne. Diese universale Bestimmtheit von Arbeit als menschliche Tätigkeit – die gleichzeitig die Bestimmtheit des Menschen durch Arbeit ausdrückt – tritt jedoch, das versuche ich hier vor allem zu zeigen, immer nur in einer bestimmten gesellschaftlichen Formung auf, und es ist vermutlich aufgrund eines fehlenden Maßstabs von Ur-Arbeit gar nicht mehr auszumachen, ob Arbeit dadurch deformiert wird oder nicht. Die eigentliche Frage ist doch, ob Arbeit, wie wir sie heute verstehen, organisieren und durchführen, den ethischen und politischen Maßstäben entspricht, die wir sinnvollerweise an sie anlegen sollten.

Zur gesellschaftlichen Formung von Arbeit

Arbeit ist sowohl durch die Gesellschaft bestimmt, wie sie auch selbst die Gesellschaft bestimmt.⁵ Es kann, so meine anti-essentialistische These, keine allgemeine und universale Bestimmung von Arbeit geben, sondern immer nur eine Reflexion darauf,

---

3   Damit folge ich auch dem Fazit von G. Günter Voß, der eine philosophisch tiefe Übersicht über den Arbeitsbegriff jüngst vorgelegt hat: »Wesentlich sinnvoller erscheint es, einen Apparat von Aspekten zu entwickeln, die man relational aus philosophischen oder historischen Gründen mit Arbeit verbinden möchte. Diese können analytisch flexibel vor dem Hintergrund der jeweiligen gesellschaftlichen Konstellationen Aktivitäten zugeordnet werden, um diese zu beurteilen. Dann geht es nicht mehr um die auf eine Definition abzielende Frage ›Was ist Arbeit?‹ (und was nicht), sondern darum, in welchem Ausmaß und hinsichtlich welcher Aspekte unterschiedlichste Aktivitäten verschiedenartiger Akteure in der Gesellschaft ›Arbeits-Charakter‹ haben, warum das so ist, wie es sich ändert und was daraus folgt, etwa für eine Diagnose über den Zustand der Gesellschaft.« G. Günter Voß: »Was ist Arbeit? Zum Problem eines allgemeinen Arbeitsbegriffs«, in: F. Böhle/G. G. Voß/G. Wachtler (Hg.): Handbuch Arbeitssoziologie, Wiesbaden 2010, 23–79, hier: 65.

4   Das Konzept »dichter« Begriffe oder Konzepte wurde von Bernard Williams fruchtbar gemacht. Vgl. Bernard Williams: Ethics and the Limits of Philosophy, Cambridge 1985.

5   Zusammengefasst hat das Gert Schmidt: »Auf einer allgemeinen Ebene lässt sich kompakt zusammenfassen: Arbeit ist gesellschaftliche Wirklichkeit und Gesellschaft ist Wirklichkeit von Arbeit in unterschiedlichen Modalitäten. Dieser Zusammenhang vermittelt sich über materielle gesellschaftliche Infrastruktur wie Fabriken, Geräte und Verkehrswege, über immaterielle gesellschaftliche Infrastruktur, wie Institutionen des Arbeitsrechts, Berufsausbildung und Arbeitsschutz etc., über sozial angeeignete individuelle Sinngebung, über generalisierte und kollektive Verhaltensformen und geltende Normen, wie Arbeitszeitdisziplin, Akzeptanz von Anweisungen etc., und nicht zuletzt auch über Wertvorstellungen und moralische und ethische Standards wie Fleiß, Ehrlichkeit, Solidarität, Verantwortung etc. Mittels Arbeit reproduziert sich Gesellschaft als Wirtschaftsstandort und Produktionsprozess, als Herrschaftsgefüge und politische Ordnung, als kulturelle Identität und als Lebenswelt.« Gert Schmidt: »Arbeit und Gesellschaft«, in: F. Böhle, F./G. G. Voß/G. Wachtler (Hg.): Handbuch Arbeitssoziologie, Wiesbaden 2010, 127–147, hier: 128.

welche Tätigkeiten in einem bestimmten Kontext als Arbeit verstanden werden, und den Versuch herauszufinden, welche Bedeutung diese jeweilige kontextgebundene Fixierung bestimmter Tätigkeiten oder Tätigkeitsbereiche als Arbeit besitzt. Eine solche Reflexion scheint mir auch sinnvoller zu sein, als die Suche nach dem Wesen der Arbeit, das unverrückbar alle Zeiten überdauern würde. Es ist nicht einmal ausgemacht und auch gar nicht notwendig festzulegen, ob Arbeit eine dem Menschen alleine vorbehaltene Tätigkeit ist, also ob nicht auch Tiere – wie dies die Biologie zusehends nahe legt – oder Maschinen arbeiten würden.[6] Auch andere Wesensmerkmale sind zumindest umstritten: dass Arbeit ein Ziel und einen Zweck verfolgt, dass Arbeit eine kollektive Tätigkeit ist, dass Arbeit auf die Herstellung von materiellen und immateriellen Produkten ausgerichtet ist, dass Arbeit eine Tätigkeit für andere Menschen ist, dass Arbeit anstrengend ist etc.[7] Arbeit umfasst sicherlich in vielen Fällen alle diese Punkte, in vielen Fällen aber auch nicht, und manche Fälle von Arbeit sind sogar Arbeit, obwohl sie durch das genaue Gegenteil einiger dieser Punkte charakterisiert werden können. Wie im Falle eines meiner Bekannten, der nur zum Zwecke der Krankenversicherung im Betrieb des Vaters angestellt wurde, dort nicht einmal erschien, also in keinem sinnvollen Sinne für diesen Betrieb arbeitete, jedoch in einem anderen Sinne, der für die involvierten Personen sehr wohl der ausschlaggebende war, doch auf diese Weise arbeitete. Solche und ähnliche Widersprüchlichkeiten und Fälle, die sich so gar nicht gut einordnen lassen, begegnen einem auf Schritt und Tritt auf der Suche nach einer Definition der Arbeit.

Eines ist jedoch sicherlich unbestreitbar, nämlich dass Arbeit immer irgendwie sozial strukturiert und organisiert und auch die begriffliche Bestimmung von Arbeit durch diese Strukturierung geprägt ist. Eben weil es in einer Gesellschaft bestimmte Tätigkeiten gibt, die im Verbund mit anderen, gegen Bezahlung, zweckrational und auf die Produktion von Gütern und Dienstleistungen ausgerichtet sind, kann man auf die Idee kommen, diese Tätigkeiten Arbeit zu nennen und andere, die diese Kriterien nicht erfüllen, eben nicht Arbeit, sondern anders zu nennen. Das ruht sicherlich darauf auf, dass Menschen immer in irgendeiner Weise tätig sind, und zwar sowohl individuell als auch im Verbund mit anderen Menschen, dass ohne bestimmte Tätigkeiten der Produktion und Konsumtion der Lebensmittel – hier natürlich nicht nur als Nahrungsmittel gemeint – kein Mensch leben könnte.[8] Doch ist eben diese

---

6   Klassisch und in der Tendenz richtig, jedoch natürlich nicht mehr am aktuellen Stand der Forschung, hat schon Friedrich Engels festgehalten, dass Arbeit sicherlich für die Menschwerdung selbst bedeutsam ist und nicht erst beim »fertigen« Menschen auftritt. Vgl. Friedrich Engels: »Anteil der Arbeit an der Menschwerdung des Affen«, in: H. Heid/K. Rodax/E. Hoff (Hg.): Ökologische Kompetenz, Wiesbaden 2000, 96–104.

7   Angelika Krebs: Arbeit und Liebe. Die philosophischen Grundlagen sozialer Gerechtigkeit, Frankfurt a.M. 2002.

8   Vgl. die Definition von Christopher Hann: »Arbeit kann zunächst als soziale Tätigkeit verstanden werden, die für die Reproduktion menschlichen Lebens unerläßlich ist. In diesem Sinne muß Arbeit als zentraler Aspekt aller Gesellschaften verstanden werden, unabhängig davon, was deren Mitglieder über diese Tätigkeit denken.« Christopher Hann: »Echte Bauern, Stachanowiten und die Lilien auf dem Felde. Arbeit und Zeit aus sozialanthropologischer Perspektive«, in: J. Kocka/C. Offe (Hg.): Geschichte und Zukunft der Arbeit, Frankfurt a.M./New York 2000, 23–53, hier: 24.

Bestimmung gar keine der Arbeit, sondern nur eine Beschreibung dessen, was der Mensch tun muss, und es gibt gute Gründe, viele der hierzu gehörigen Tätigkeiten nicht als Arbeit zu bezeichnen wie umgekehrt viele Tätigkeiten, die dieser ursprünglichen Bestimmung nicht entsprechen, als Arbeit zu bezeichnen. Es wäre zum Beispiel nicht nur kontra-intuitiv, sondern würde vielfach Widerspruch hervorrufen, in einer hochgradig spezialisierten und derartig viele unnütze Dinge produzierenden Gesellschaft wie der unsrigen, nur jene Tätigkeiten als Arbeit zu bezeichnen, die die wirklich notwendigen – wie auch immer dies dann bestimmbar ist – Lebensmittel produzieren. Dass heute viele Formen der Konsumtion, ja der Verschwendung und Vergeudung als Arbeit gelten, ist nur ein weiterer Hinweis auf die gesellschaftliche Konstruktion von Arbeit.

Wenn es also, meiner Meinung nach, wenig Sinn macht, nach dem Wesen der Arbeit zu suchen, dann bleibt vor allem der Blick auf die herrschende Strukturierung von Arbeit, sowohl ihres Begriffes als auch ihrer Praxis. Darin liegen natürlich viele Fragen, die nicht genuin oder zumindest nicht alleinig in die Philosophie gehören – ich werde jedoch das Fass nicht öffnen, was Philosophie im Unterschied zu anderen Disziplinen denn überhaupt sei, vor allem in ihren Randbezirken der Sozialphilosophie, Politischen Philosophie etc. Hier tummeln sich also die Sozialwissenschaften, deren großer Vorteil es ist, über so etwas wie eine Methode zu verfügen, ebenso wie andere der Philosophie ähnlichen, notorisch grundlagenbedrohten Geistes- und Kulturwissenschaften.[9] Und sie alle teilen sich, mitunter aufeinander Bezug nehmend, mitunter in wohlwollender Ignoranz, die Fragen nach dem, was Arbeit nicht für alle Mal, aber heute ist: Wer stellt hier Arbeit her und zu welchem Zweck? Wie ist Arbeit organisiert, verwaltet, kontrolliert? Wie verändert sich Arbeit? Wer spricht über Arbeit und legt fest, was als Arbeit bezeichnet wird?

In der Frage nach der gesellschaftlichen Prägung der Arbeit könnte man nun eine Einseitigkeit der Beziehung vermuten, so als wenn Arbeit die Gesellschaft und ihre Mitglieder nicht in demselben Augenblick prägen würde, wie sie von diesen geprägt wird. Es gibt hier jedoch eine wahrlich dialektische Beziehung, also des gegenseitigen und gleichzeitigen Aufeinanderwirkens und der Veränderung. Ebenso wie sich Arbeit verändert, verändert sich die Gesellschaft. Die Einrichtung und die Produkte der Arbeit – Güter, Technologien und Wissen – sind es, die das Leben in einer Gesellschaft prägen, sowohl das kulturelle, soziale, politische und ökonomische. Dafür ließen sich unzählige ältere und neuere Beispiele anführen, und es wurde viel darüber gesprochen, was sich nicht alles dadurch verändert hat, dass neuere Technologien, Computer, Internet, Smartphones allgegenwärtig sind – im Leben wie in der Arbeit.

Ich möchte nur zwei Aspekte hervorheben, die man in guter alter kritischer Tradition immer wieder in den Diskurs gebracht hat und die heute noch aktuell sind: Erstens, die gesellschaftliche Strukturierung der Arbeit ist immer ein Ausdruck von

---

9   Ich darf auch in diesem Text wieder dankend auf einige sozialwissenschaftliche Literatur zurückgreifen, die ich freimütig für meine Zwecke vereinnahme. Ich sehe das Verhältnis von Philosophie und Sozialwissenschaften hier ähnlich entspannt wie Michael G. Festl: »Ende der Gemütlichkeit. Zum Verhältnis der normativen Theorie zur Soziologie am Beispiel der Arbeit«, in: Salzburger Beiträge zur Sozialethik, 4 (2013), online unter: http://www.uni-salzburg.at/pls/portal/docs/1/2133575.PDF. [Stand: 20..10.2014]

Machtverhältnissen. Zweitens, was als legitime Arbeit gilt, markiert gesellschaftliche Inklusion und Exklusion.

Der erste Aspekt macht deutlich, dass Arbeit nicht nur immer sozial geprägt ist und wir ohne diese Prägung gar keinen wirklichen Zugang dazu haben, was Arbeit ist und sein soll, sondern auch, dass diese Prägung jeweils herrschende Machtverhältnisse und -interessen widerspiegelt. Man sollte sich hüten, hier sogleich einem einfachen und vereinfachten Determinismus das Wort zu reden, da schlicht zu viele und unterschiedliche Interessen zusammenkommen und gesellschaftliche Machtverhältnisse keineswegs immer so klar und eindeutig sind. Dennoch lässt sich die kapitalistische Interpretation und Unterordnung von Arbeit nicht leugnen und auch nicht, dass diese letztlich eine Form der Herrschaft ist[10] – wenn auch nicht immer ganz klar ist, wer hier über wen herrscht.[11] Arbeit ist demgemäß wesentlich eine profiterzeugende Tätigkeit, die zwar eine besondere Ware ist, jedoch immer auch eine Ware und damit einen Preis hat. Alle Tätigkeiten, die sich hiergegen sperren, ja dieses Verständnis sogar offen unterlaufen, haben es nicht nur schwer, als Arbeit anerkannt zu werden, ja es ist ihnen eigentlich nicht möglich, größere gesellschaftliche Verbreitung zu erlangen. Es mag sogar gute Gründe geben, Arbeit so zu verstehen. Die Legitimation dafür ist dennoch problematisch und umstritten, was sich nicht nur an der Geschichte der Arbeitskämpfe ablesen lässt.[12] Die kapitalistische Verwertung von Arbeitskraft kann dabei durchaus unterschiedliche Formen annehmen, und die heute unter den Stichworten der Entgrenzung von Arbeit und Leben, der Subjektivierung von Arbeit oder der Flexibilisierung und Reorganisierung von Arbeit und Beschäftigung verhandelten Phänomene und Entwicklungen der jüngeren Zeit zeigen vor allem, wie schwierig es geworden ist, sowohl die gesellschaftliche Organisation der Arbeit auf

---

10 Vgl. Holger Schatz: Arbeit als Herrschaft. Die Krise des Leistungsprinzips und seine neoliberale Rekonstruktion, Münster 2004.

11 Ein Aspekt dieser Unübersichtlichkeit ist die Anforderung der freiwilligen Selbstunterwerfung oder auch Selbstausbeutung: »Das aufgewertete und ›befreite‹ Subjekt erbt im Zuge der Dezentralisierung gewissermaßen die Aufgabe der Instrumentalisierung seiner selbst. Mehr als bisher richtet es berufliche Ziele und die lebensweltlichen Bedürfnisse an den ›Erfordernissen‹ des Betriebs aus – nicht erzwungen sondern freiwillig. [...] Diesen Zustand der ›freiwilligen Unterwerfung‹ der Arbeitenden unter den ›Sachzwang Markt‹ kann man mit Rosa Luxemburg als *innere Landnahme* bezeichnen, mit Jürgen Habermas als *Kolonialisierung der Lebenswelt*.« Manfred Moldaschl/Dieter Sauer: »Internalisierung des Marktes – Zur neuen Dialektik von Kooperation und Herrschaft«, in: H. Minssen (Hg.): Begrenzte Entgrenzungen. Wandlungen von Organisation und Arbeit, Berlin 2000, 205–224, hier: 220.

12 Vgl. G. Schweiger/B. Brandl (Hg.): Der Kampf um Arbeit. Dimensionen und Perspektiven, Wiesbaden 2010.

den Begriff zu bringen[13] als auch ein macht- und sozialkritisches Instrumentarium daraus zu entwickeln.[14]

Der zweite Aspekt lässt sich gut daran ablesen, dass Arbeit nicht nur Wohlstand erzeugt, und den sicher nicht für alle, sondern vor allem auch Ausschluss, und dass die Nichtbeteiligung am Arbeitsgeschehen scharf sanktioniert wird.[15] Das ist zutreffend, auch wenn Arbeitslosigkeit für einige Personengruppen toleriert wird – zum Beispiel für Kinder, Hausfrauen und reiche Privatiers – und der Wohlfahrtsstaat eine brüchige Absicherung bereit stellt, deren Inanspruchnahme aber zunehmend gesellschaftlich geächtet und systematisch von Erfahrungen der Demütigung und Erniedrigung begleitet wird.[16] Eine Welt, in der Arbeitslosigkeit und Arbeit gleichwertige Zustände

---

13 So lesen wir gleich zu Beginn in der jüngsten Einführung von Heiner Minnsen: »Doch der herausragenden Bedeutung von Arbeit auch in der heutigen – modernen – Gesellschaft tut dies keinen Abbruch. [...] Grund genug also, sich mit Arbeit in der modernen Gesellschaft ausführlicher zu beschäftigen. Allerdings ist dies schwieriger als es zunächst scheint. Die sozialwissenschaftliche Arbeitsforschung, namentlich die Arbeits- und Industriesoziologie, hat, was schon immer ihre Stärke war, mit zahlreichen empirischen Studien eine Vielfalt von Befunden zutage gefördert, die zeigen, wie und unter welchen Bedingungen gearbeitet wird. Das Problem freilich ist: diese Befunde sind je nach Untersuchungsbereich so disparat, dass sie sich gegen die schnelle Interpretation einer einheitlichen Tendenz sperren. Mit anderen Worten: die Lage ist unübersichtlich – jedenfalls im Vergleich zu früher, im Vergleich zu den Nachkriegsjahrzehnten.« Heiner Minnsen: Arbeit in der modernen Gesellschaft: Eine Einführung, Wiesbaden 2011, 3.

14 Nicht ganz auf das Thema Arbeit fokussiert, aber dennoch spannend verhandelt, wird das Verhältnis von Kritik und sozialwissenschaftlicher Forschung und die Schwierigkeit Gesellschaftskritik auf den Punkt zu bringen in der Debatte zwischen Klaus Dörre/Stephan Lessenich/Hartmut Rosa: Soziologie – Kapitalismus – Kritik. Eine Debatte, Frankfurt a.M. 2009.

15 Stark zugespitzt hier die Beschreibung von Berthold Vogel: »Wer nicht erwerbstätig ist, der ist ein Nichts. Das gilt für Arbeitslose ebenso wie für diejenigen, die sich aufgrund familiärer Bindungen oder aus gesundheitlichen Gründen nicht mehr am Erwerbsleben beteiligen können. Auch die soziale Statusalternative der Hausfrau oder Mutter hat heute abgewirtschaftet. Selbst den Frauen bringt die Kindererziehung mittlerweile keine soziale Anerkennung mehr ein. Von den Männern ganz zu schweigen. Ein hauptamtlicher Hausmann oder Vater ist in den Augen der Öffentlichkeit ein armer Tropf. Alle schönen Reden von den neuen Männern und geteilter Elternverantwortung sind in den Zeiten der totalen Erwerbsarbeitsfixierung nichts als hohle Phrasen. Ein Mann, der nicht zur Erwerbsarbeit geht, ist kein Mann. Weder in den Augen seiner erwerbstätigen Geschlechtsgenossen noch in den Augen der Frauen. Die dauerhafte Erwerbsarbeit ist auf allen Ebenen des gesellschaftlichen Zusammenlebens die zentrale Anerkennungs- und Integrationsmaschine.« Berthold Vogel: »Überflüssige in der Überflussgesellschaft?«, in: H. Bude/A. Willisch (Hg.): Exklusion. Die Debatte über die »Überflüssigen«, Frankfurt a.M. 2009, 154–160, hier: 156.

16 Für diese Behandlung werden die Betroffenen auch noch selbst verantwortlich gemacht: »Durch die Arbeit an der Diskrepanz zwischen den ›Anforderungen des Arbeitsmarktes‹ und dem, was die Arbeitslosen einzusetzen bereit sind, um diesen Anforderungen zu entsprechen, werden die Ursachen von Arbeitslosigkeit individualisiert. Denn es sind in dieser Logik immer die Arbeitslosen, die nicht ausreichend zu Flexibilität und Mobilität und gegebenenfalls zu Anpassung und sozialem Abstieg bereit sind. Hierin liegt die eigentliche Leistung der Arbeitsvermittler – die natürlich nicht nur von ihnen hergestellt wird, sondern die sich in das Ensemble gesellschaftlicher Praktiken und Diskurse um Arbeitslosigkeit einfügt –: Nutzbringende Individuen hervorzubringen, die sich noch in ihre Nutzlosigkeit fügen.« Olaf

sind, erscheint da wie eine geradezu unvorstellbare Utopie – und wird wohl auch durch das Grundeinkommen nicht erreicht. Das Problem sitzt aber auch hier tiefer, und zwar fängt es schon damit an, wieso denn nun nur die marktrelevante und entlohnte Tätigkeit überhaupt als sinnvolle und als Arbeit zu gelten hat, während alles andere Hobbies sind, die man sich nach der Schinderei zum Vergnügen leisten darf. Darüber gibt es ebenso wenig eine echte gesellschaftliche und politische Diskussion, die mehr wäre als das gebetsmühlenartige Vorbringen der Vorzüge kapitalistischer Herrschaft und deren Segen für die Welt – zumindest im Sinne der Steigerung der Wohlstandsproduktion in den westlichen Ländern.[17] Vielmehr wird die Beteiligung an der Arbeitswelt zu allen möglichen und unmöglichen Bedingungen nahezu allen Gesellschaftsmitgliedern abverlangt und staatlicherseits unter Zuhilfenahme des Drohpotentials des sozialen Absturzes und der Verarmung gefördert.

Arbeit und Anerkennung

Der zweite Aspekt, den ich hier beleuchten möchte, betrifft das Verhältnis von Arbeit und Anerkennung. Dahinter steckt die nicht sehr originelle aber durchaus wichtige und richtige These, dass Arbeit und Anerkennung heute eng verknüpft sind, Arbeit eine wesentliche Quelle von Anerkennung ist.[18] Natürlich – das ist sowohl Alltagswissen, als auch empirisch gut dokumentiert – ist Arbeit auch eine der Hauptquellen der Missachtung, der Verletzung, der Entfremdung, der Herrschaft und Kontrolle.[19] Dass Arbeit diese beiden Funktionen übernimmt, ist wiederum

---

Behrend/Wolfgang Ludwig-Mayerhofer/Ariadne Sondermann: »Disziplinieren und Motivieren: Zur Praxis der neuen Arbeitsmarktpolitik«, in: A. Evers/R. Heinze (Hg.): Sozialpolitik. Ökonomisierung und Entgrenzug, Wiesbaden 2008, 276–300, hier: 299.

17 Und auch in diesen Ländern produziert der Kapitalismus natürlich täglich wenige Gewinner und sehr viele Verlierer. Die Krise der jüngsten Jahre, die vor allem Arbeitslosigkeit, Armut und ein Rückfahren des Wohlfahrtsstaates brachte, ist nur ein Beispiel dafür. Zu den ideologischen Grundlagen des neoliberalen Kapitalismus, seiner »großen Erzählungen« und ihrer Kritik (vor der Krise) vgl. Christoph Butterwegge/Bettina Lösch/Ralf Ptak: Kritik des Neoliberalismus, Wiesbaden 2007.

18 Das ist mittlerweile sowohl in der Soziologie als auch in der Philosophie, wo die Anerkennungsthese ihren Ursprung hat, ausführlich diskutiert worden: Axel Honneth: »Arbeit und Anerkennung. Versuch einer Neubestimmung«, in: Deutsche Zeitschrift für Philosophie 3/56 (2008), 327–341; U. Holtgrewe/S. Voswinkel/G. Wagner (Hg.): Anerkennung und Arbeit, Konstanz 2000.

19 Das ist auch dem »Doppelcharakter« zumindest einiger Anerkennungsformen notwendig eingeschrieben, die ihren Wert gerade dadurch besitzen, dass sie nicht allen zuteilwerden: »In der Moderne gründet sich die Wertschätzung der Subjekte besonders auf ihren Leistungsbeitrag in der Arbeit. Leistung aber bezieht sich zum einen auf einen gemeinsamen Wert: Dasjenige nämlich, was Gesellschaften oder soziale Gruppen als Leistung definieren. Dabei sind die Bewertung dessen, was als Leistung gilt und welche Bedeutung einer bestimmten Leistung jeweils beigemessen wird, historisch veränderlich. Zum anderen differenziert die Wertschätzung für Leistung, indem sie gerade die Unterschiedlichkeit von Leistung voraussetzt und honoriert. Wertschätzung hat also einen Doppelcharakter: Sie verbindet und trennt, sie stiftet Solidarität und Konkurrenz, ja auch sozialen Hass. Nicht nur kann nicht jede(r)

nicht zufällig, wenn auch nicht notwendig, sondern liegt in der bisher ansatzweise dargelegten, gesellschaftlichen Organisation von Arbeit begründet. Arbeit ist von Anerkennungsverhältnissen durchzogen und das Individuum kann sich zur herrschenden Organisation von Arbeit nur in sehr engen Grenzen positionieren und ist in den allermeisten Fällen, wenn nicht größere soziale Probleme in Kauf genommen werden können und wollen, zur Kooperation und zur Beteiligung an der Arbeitswelt angehalten. Es muss sich damit auch den herrschenden Anerkennungsverhältnissen unterwerfen oder, wenn es dazu nicht bereit ist, um seine eigene Interpretation von Anerkennung kämpfen.

Es geht eben für das Individuum wesentlich darum, sich Anerkennung zu sichern und vor Missachtung zu schützen und zwar nicht nur aus egoistischen Motiven, sondern weil die Erfahrung von Anerkennung die intersubjektiven Bedingungen der Subjektwerdung und der Identitätsbildung umschreibt. Damit ist zunächst ein sehr viel weiterer Anerkennungsbegriff angesprochen, der darauf abzielt, dass Menschen anerkennungsbedürftige Wesen sind, weil sie in ihrer physischen und psychischen Entwicklung auf die Zuwendung von anderen Personen angewiesen sind und dieser positiven Zuwendung auch Zeit ihres Lebens bedürfen.[20] Diese Anerkennungsbedürftigkeit ist sicherlich weiter auszudifferenzieren: Kinder sind in größerem Maße auf ihre Bezugspersonen angewiesen als Erwachsene, aber auch diesen ist kein gutes Leben möglich, sofern sie nicht von anderen Zuspruch erhalten und für ihre Eigenschaften und ihr Leben wertgeschätzt werden. Auch auf die staatliche Anerkennung und Sicherung der grundlegenden Freiheiten und Rechte einer Person kann letztlich niemand verzichten, der nicht wie Robinson Crusoe einsam und alleine leben möchte. Menschen arbeiten, nicht nur, aber sicherlich auch, weil sie dadurch Anerkennung in ihren verschiedensten sozialen, materiellen und symbolischen Formen – Lob, Einkommen, Macht, Status etc. – erhalten und sich im Lebenslauf aneignen können.[21]

---

gleich wertgeschätzt werden, eine solche Wertschätzung verlöre sogar ihren Sinn, wäre bestenfalls eine Form der Höflichkeit. Indem die moderne Gesellschaft nun die soziale Wertschätzung auf Arbeit gründet, werden nicht nur diejenigen aus den Anerkennungsbeziehungen exkludiert, die keine Arbeit haben, sondern auch bestimmte Arbeiten höher bewertet als andere. Daher ist Arbeit zugleich Quelle der Anerkennung *und* der Missachtung.« Stephan Voswinkel: Welche Kundenorientierung? Anerkennung in der Dienstleistungsarbeit, Berlin 2005, 18–19.

20 Axel Honneth hat drei Anerkennungsformen unterschieden, ich werde in meinen Ausführungen darauf jedoch nicht näher eingehen können, sondern mich mit der These, der Bedeutsamkeit von Anerkennung und ihrer Verbundenheit zur Arbeit, begnügen. »Demzufolge sind es die drei Anerkennungsformen der Liebe, des Rechts und der Wertschätzung, die erst zusammengenommen die sozialen Bedingungen schaffen, unter denen menschliche Subjekte zu einer positiven Einstellung gegenüber sich selbst gelangen können; denn nur dank des kumulativen Erwerbs von Selbstvertrauen, Selbstachtung und Selbstschätzung, wie ihn nacheinander die Erfahrung von jenen drei Formen der Anerkennung garantiert, vermag eine Person sich uneingeschränkt als ein sowohl autonomes wie auch individuiertes Wesen zu begreifen und mit ihren Zielen und Wünschen zu identifizieren.« Axel Honneth: Kampf um Anerkennung. Zur moralischen Grammatik sozialer Konflikte, Frankfurt a.M. 1994, 271.

21 Ich habe an anderer Stelle die temporale Dimension von Anerkennung im Lebenslauf herausgearbeitet und wie hier Anerkennungsforderungen erworben und aufgehoben werden: Gottfried Schweiger: »Die zeitliche Dimension sozialer Wertschätzung im Lebenslauf«, in:

Sie benötigen diese Erfahrungen, um ihr Leben gut gestalten zu können und sich selbst, wenn auch vielleicht nur in den vorgegeben Bahnen des institutionalisierten Lebenslaufs[22], selbst verwirklichen zu können.

Ebenso wie Arbeit ist Anerkennung aber immer in bestimmter Art und Weise gesellschaftlich geformt und besitzt kein überzeitliches oder für alle Gesellschaften verbindliches Wesen.[23] So ist schon die Festlegung, dass nur Erwerbsarbeit als Arbeit Anerkennung genießt, ebenso wenig notwendig, wie die Festlegung, dass manche Arbeiten mehr Anerkennung verdienen als andere. So kann Anerkennung auch stark egalitär gelesen werden, etwa in der Form eines universalen Respekts für alle Menschen und ihre Tätigkeiten. Heute ist aber die differenzierende Lesart bestimmend, die Tätigkeiten, die Arbeit sind, höher bewertet, als Tätigkeiten, die angeblich keine Arbeit sind und hier wiederum ein sehr stark differenzierendes Bewertungssystem innerhalb der Arbeitswelt hervorgebracht hat. Die notorische Unterbewertung sogenannter »Frauenberufe« und der gesellschaftlich so wichtigen Fürsorgearbeit ist nur ein Ausdruck davon, die Überbewertung sozial schädlicher Tätigkeiten in Rüstungsindustrie und im Finanzsektor ein anderer.

Eine jede starre gesellschaftliche Organisation von Anerkennung durch Arbeit hat aber nun sowohl positive als auch negative Aspekte. Einerseits gibt sie Sicherheit, indem für alle Beteiligten relativ klar erkennbar und einsichtig ist, wie Anerkennung erworben und Missachtung vermieden werden kann, andererseits schafft dies aber auch Einschränkungen in der individuellen Lebensentfaltung und legitimiert mitunter Ungerechtigkeiten. Wer sich einfügt und seine Arbeitskraft an den Marktbedürfnissen orientiert, entwickelt und an sie anpasst, dazu noch flexibel ist und sich gerne, aber nicht widerständig einbringt, wird mit relativer Sicherheit die Früchte seiner Arbeit ernten können und dies mit dem Gefühl und dem Zuspruch anderer, dass man sich diese Früchte auch redlich verdient habe. Wer sich der Arbeit in ihrer bestimmenden Form jedoch gänzlich oder zu weiten Teilen verschließt, also einen anderen Lebenslauf verfolgt, ist natürlich nicht völlig aus der Gesellschaft und ihren Anerkennungsverhältnissen ausgeschlossen, muss sich diese Inklusion und den Zugang zu Anerkennung aber anders und umso schwieriger erarbeiten – es sei denn

---

Prolegomena, 2/10 (2011), 239–264.

22 Das Konzept des institutionalisierten Lebenslaufs wurde maßgeblich von Martin Kohli ausgearbeitet und bietet eine Interpretationsfolie zum Verständnis der sozialen Strukturierung von Lebensläufen durch solche Institutionen wie Schule, Arbeit und Ruhestand. Kohli schreibt fast zwanzig Jahre nach der Ausarbeitung seiner ursprünglichen These dazu: »Der Lebenslauf als Institution – so die These – war zur neuen Folie für die individuelle Lebensführung geworden und blieb dabei handlungs- und deutungsoffen, ja er schrieb sogar eine solche Handlungs- und Deutungsoffenheit als soziale Anforderung im Sinne einer Biographisierung der Lebensführung fest.« Martin Kohli: »Der institutionalisierte Lebenslauf: ein Blick zurück und nach vorn«, in: J. Allmendinger (Hg.): Entstaatlichung und soziale Sicherheit. Verhandlungen des 31. Kongresses der Deutschen Gesellschaft für Soziologie in Leipzig 2002, Opladen 2003, 525–545, hier: 527.

23 Das lässt sich vor allem daran ablesen, dass Anerkennung sehr unterschiedlich institutionalisiert wird. Jüngere sozialtheoretische und empirische Forschungen zu solch unterschiedlichen Institutionen wie Familie und Ehe, Strafrecht oder Arbeit zeigen das eindrücklich. Für eine Übersicht siehe: S. O'Neill/N. Smith (Hg.): Recognition Theory as Social Research. Investigating the Dynamics of Social Conflict, Basingstoke/New York 2012.

die finanziellen Mittel zur gesellschaftlichen Inklusion werden ererbt. Während Arbeitslosigkeit der gesellschaftliche Nicht-Ort ist, den man schnellstmöglich verlassen sollte, wird Arbeit zum Ort der modernen Selbstverwirklichung[24] und zum Ort des eigentlichen Tuns erhoben, ohne dass die tatsächlichen Arbeitsplätze zur Erfüllung dieses Versprechens auch nur ansatzweise oder gar nachhaltig taugen würden.

Letztlich ist zurzeit eine auf den Markterfolg ausgerichtete Interpretation von Anerkennung vorherrschend, also ein Verständnis, dass Menschen dafür Anerkennung verdienen, ökonomisch erfolgreich zu sein.[25] Das ist aus gerechtigkeitstheoretischer und aus ethischer Sicht höchst problematisch, da es Anerkennung und die durchaus vernünftige Koppelung von gesellschaftlicher Anerkennung und Verdienst einseitig festlegt und ihrer kritischen Potenziale beraubt. Es ist schon nicht besonders gut legitimiert, dass der Markt – hier in grober Vereinfachung gesprochen – festlegen kann und sollte, was Arbeit ist, und dass er dazu legitimiert wäre, ein solch wichtiges Gut wie Anerkennung und dessen gesellschaftliche Verteilung zu bestimmen, ist umso mehr fragwürdig. Vielmehr bedürfte es einer Auseinandersetzung darüber, wofür in einer Gesellschaft überhaupt Anerkennung verdient werden kann – das hieße auch festzulegen, wofür man keine Anerkennung verdient und welche Formen der Anerkennung allen und unabhängig von ihren Leistungen zustehen – und auch darüber, wie die Tätigkeiten und Leistungen aller Gesellschaftsmitglieder anerkannt und gefördert werden können, selbst wenn sie nicht marktgerecht sind. Damit wäre auch ein oftmals blinder Fleck in der Gerechtigkeitstheorie angegangen, nämlich nicht immer nur nach der Verteilung von Arbeitsprodukten – vornehmlich Gütern – zu fragen, sondern die Produktion dieser Güter und die Verteilung von Arbeit selbst – insbesondere von sinnvoller und guter Arbeit – als Problem der Gerechtigkeit wahrzunehmen.[26] Gesellschaftspolitisch war dieser Punkt in der Debatte schon einmal erreicht, heute erscheint sogar eine Rückkehr zur »Normalarbeit« als sozialer und moralischer Fortschritt.[27]

---

24 Der Begriff der Selbstverwirklichung hat heute überhaupt seinen progressiven Charakter nahezu vollständig eingebüßt und ist fast zu einer Drohung an die Betroffenen verkommen, die sich hier selbstverwirklichen müssen. Dennoch sollte der Begriff nicht so einfach aufgegeben werden. Vgl. Axel Honneth: »Organisierte Selbstverwirklichung. Paradoxien der Individualisierung«, in: Ders. (Hg.): Befreiung aus der Mündigkeit. Paradoxien des gegenwärtigen Kapitalismus, Frankfurt a.M./New York 2002, 141–158.

25 Stephan Voswinkel hat eine weitere Ausdifferenzierung zwischen den Anerkennungsformen der »Würdigung« und der »Bewunderung« vorgeschlagen und eine zunehmende Orientierung an außergewöhnlichen Leistungen und Erfolgen in der Arbeit, die besonders belohnt würden, diagnostiziert. Paradigmatisch wären hier leistungsbezogene Entgelte und Boni zu nennen. Stephan Voswinkel: »Bewunderung ohne Würdigung? Paradoxien der Anerkennung doppelt subjektivierter Arbeit«, in: Honneth (Hg.): Befreiung aus der Mündigkeit, 65–92.

26 Einer der wenigen Vorschläge dazu stammt von Andrew Sayer, der zu Recht fordert, dass vor allem »sinnvolle« Arbeit unter allen Menschen gerecht verteilt und nicht in den Händen einiger weniger konzentriert werden sollte. Das wirft natürlich auch Fragen der Bildungs- und Ausbildungsgerechtigkeit auf. Vgl. Andrew Sayer: »Contributive Justice and Meaningful Work«, in: Res Publica, 15 (2009), 1–16.

27 Und über diese Diagnose sollte gerade auch die kritische Sozialphilosophie länger nachdenken: »*Traditionelle Normalarbeit* wird deshalb – in ganz bestimmten Aspekten – zu einer

In der Anerkennungstheorie kann somit selbst ein bestimmtes Narrativ der Arbeit gefunden werden, eines das durchaus »konservative« Züge trägt, wenn sie sich selbst auch durchaus als progressiv verortet. Mit dieser Perspektive ist nicht die wenig tiefe Einsicht gemeint, dass eine jede philosophische Theorie über Arbeit ein Text ist und daher immer auch »etwas« erzählt. Interessanter wird eine solche Perspektive vielmehr, wenn man Philosophie mit Hegel versteht, etwas, dass in der Anerkennungstheorie ja selbst angelegt ist, schließlich kommt der wesentliche Anstoß zu ihrer neueren Ausarbeitung bei Honneth und anderen von einer Interpretation des Hegel'schen Anerkennungstheorems, sei es in seinen Jenaer Frühschriften oder in seiner Phänomenologie des Geistes, her. Für Hegel ist Philosophie das Erfassen der jeweiligen Zeit in Gedanken, also vor allem Zeitdiagnose.[28] Dann bringt die Anerkennungstheorie etwas zu Ausdruck, was über sie als Theorie hinausgeht, und in das hineingreift, was eine der »großen Erzählungen« ihrer Zeit ausmacht. Diese Erzählung hat zumindest zwei zentrale Aussagen: Wir können und sollen nicht mehr nur erwerbsarbeiten, aber Erwerbsarbeit ist trotzdem so wichtig, dass wir keine Alternative dazu haben. Wir können und sollen den Kapitalismus kritisieren, aber wir kennen zu ihm und vor allem zum Markt keine Alternative. Im Detail ist sicherlich in beiden Aussagen, Wahrheit und Falschheit auszumachen, in der Richtung geben sie aber an, vor welchem Dilemma die heutige Zeit und die sie in Gedanken fassende kritische Philosophie steht. Sie kann uns keine glaubwürdigen Alternativen präsentieren, die über kosmetische Korrekturen hinausreichten. Die Koppelung von Arbeit und Anerkennung, die sowohl empirisch valide als auch sozialtheoretisch interessant ist, und eigentlich kritische Potenziale freisetzen sollte, stützt diesen Konservatismus, indem sie eine bestimmte Form von Arbeit, nämlich marktregulierte Erwerbsarbeit, moralisch auflädt. Für die Anerkennungstheorie Honneth'scher Prägung ist eine solche marktregulierte Erwerbsarbeit nicht einfach faktisch wertvoll für denjenigen, der sie ausübt, es ist vielmehr moralisch richtig, dass sie wertvoll ist.[29] Die Kritik an

---

positiven Referenzfolie, weil in ihr *als Prinzip* die Differenz von ›Arbeitszeit‹ und ›freier Zeit‹ enthalten ist; weil sie bestimmt, oder besser: bestimmbar macht, wann etwas und was überhaupt Mehrarbeit ist und daß diese per definitionem Kür und nicht Pflicht ist; weil sie dem Privatleben gleichsam ›eigenes Recht‹ und damit Planbarkeit gibt und für lebensweltliche Ansprüche und Bedürfnisse wenn schon vielleicht nie genügend, so doch wenigstens einigermaßen ausreichend Zeit einräumt; *kurz: weil hier prinzipiell Maßlosigkeit des Marktes, der Variabilität der Anforderungen von Kunden oder Vorgesetzten, genereller: der Grenzenlosigkeit Grenzen gesetzt sind.*« Nick Kratzer: Arbeitskraft in Entgrenzung. Grenzenlose Anforderungen, erweiterte Spielräume, begrenzte Ressourcen, Berlin 2003, 217; Hervorhebung im Original.

28 »Das *was ist* zu begreifen, ist die Aufgabe der Philosophie, denn das *was ist,* ist die Vernunft. Was das Individuum betrifft, so ist ohnehin jedes ein *Sohn seiner Zeit,* so ist auch die Philosophie *ihre Zeit in Gedanken erfaßt.* Es ist ebenso töricht zu wähnen, irgendeine Philosophie gehe über ihre gegenwärtige Welt hinaus, als, ein Individuum überspringe seine Zeit, springe über Rhodus hinaus. Geht seine Theorie in der Tat drüber hinaus, baut es sich eine Welt, *wie sie sein soll,* so existiert sie wohl, aber nur in seinem Meinen – einem weichen Elemente, dem sich alles Beliebige einbilden läßt. Mit weniger Veränderung würde jene Redensart lauten: *Hier ist die Rose, hier* tanze.« Georg Wilhelm Friedrich Hegel: Grundlinien der Philosophie des Rechts. Vorrede, in: Ders.: Werke Bd. 7, Frankfurt a.M. 1979, 26; Hervorhebungen im Original.

29 Der Arbeitsmarkt wird von Honneth moralisch aufgeladen, wie sich dies schon bei Hegel finden lässt, was bedeutet, dass wir ihn auch nicht – moralphilosophisch gesprochen – ab-

den Verwerfungen der Arbeit und des Kapitalismus, stellt diese nicht mehr prinzipiell in Frage, sondern erschöpft sich daran, ein »Zurück zum Fordismus und zum Wohlfahrtsstaat der 70er Jahre« zu fordern.[30] Wie von Arbeit erzählt wird, ist in der Anerkennungstheorie also nicht nur ein Nachvollzug dessen, *wie sie ist*, sondern stets auch damit verknüpft, *wie sie sein soll*, ohne dass letzteres den Rahmen des ersten grundsätzlich in Frage stellt.

---

schaffen sollten. Vielmehr ist es sogar moralisch geboten und für eine gerechte Gesellschaft notwendig, dass es einen Arbeitsmarkt und mit ihm marktregulierte Erwerbsarbeit gibt. Vgl. dazu: Honneth: Arbeit und Anerkennung.

30 Glasklar ausgesprochen hat das Hans-Christoph Schmidt am Busch in seiner aufschlussreichen Analyse der Honneth´schen Thesen zur Arbeit: »Weder in UA [Umverteilung als Anerkennung] noch in einer anderen Schrift entwickelt Honneth eine marktalternative Konzeption der Bestimmung des gesellschaftlichen Nutzens von Arbeitsleistungen und der ihnen gemäßen Einkommen. [...] In gesellschaftspolitischer Hinsicht besteht das Ziel der aktuellen Kritischen Theorie nicht in einer Kritik am Kapitalismus als solchen, sondern an dessen neoliberaler Spielart.« Hans-Christoph Schmidt am Busch: »Lassen sich die Ziele der Frankfurter Schule anerkennungstheoretisch erreichen? Überlegungen im Ausgang von Nancy Fraser und Axel Honneths politisch-philosophischer Kontroverse«, in: Deutsche Zeitschrift für Philosophie. Sonderband 21: Anerkennung, hrsg. von Hans-Christoph Schmidt am Busch und Christopher F. Zurn, Berlin 2009, 243–268, hier: 256. Vgl. dazu auch meinen Aufsatz: Gottfried Schweiger: »Poverty and Critique in the Modern Working Society«, in: Critique. Journal of Socialist Theory, 4/41 (2013), 515–529.

Torsten Erdbrügger
Von welcher Arbeit erzählt Literatur(wissenschaft)?

Angesichts einer gegenwärtig sprunghaft anwachsenden literaturwissenschaftlichen Forschung zur literarischen Darstellung ökonomischer Diskurse im Allgemeinen und von Arbeit im Speziellen, stellt sich die Frage, wie sich die Literaturwissenschaft diesem Phänomen widmet, wie das Verhältnis von Arbeit und Literatur in der Vergangenheit verhandelt wurde und welche Narrative von Arbeit in der Literatur und in analytischer Bezugnahme auf diese in der Literaturwissenschaft dominieren. Dieses Verhältnis skizziert der Beitrag entlang von Beispielen aus der deutschsprachigen Gegenwartsliteratur, die durch einen knappen historischen Abriss ergänzt werden. Die Frage, von welcher Arbeit die Literatur(wissenschaft) erzählt, verweist dabei auf die unhintergehbare Koppelung der Literaturwissenschaft an ihren Gegenstand und impliziert damit immer auch die Frage, von welcher Arbeit die Literatur erzählt. Der Beitrag wird im Folgenden dieser doppelten Fragestellung nachgehen. Im ersten Teil wird dafür die konjunkturell auftauchende These von der Absenz von Arbeit in der Literatur rekapituliert und mit Bezug auf die Gegenwartsliteratur relativiert: Nicht eine generelle Abwesenheit, sondern eine Unsichtbarkeit und, bezogen auf den Modus der Darstellung, eine Uneigentlichkeit charakterisiert die aktuellen literarischen Bezugnahmen auf die Arbeitswelt.

Diese Uneigentlichkeit der Erzählungen von Arbeit wird im zweiten Teil des Beitrags an einschlägigen Beispielen aus der deutschsprachigen Gegenwartsliteratur exemplifiziert, die die Darstellung der tätigen Arbeit zugunsten einer Beschreibung der Folgen von Arbeit und Arbeitslosigkeit auf das Subjekt verschoben haben, sodass, zugespitzt formuliert, nicht die Arbeit, sondern ihre diskursive Allgegenwart erzählt wird.

Da die Frage nach den Narrationen von Arbeit immer auch eine Frage nach der Beschaffenheit des zentralen Gegenstands dieser Narrationen evoziert, widmet sich der dritte Teil des Beitrags einer skizzenhaften Rekonstruktion des historischen Wandels der literarisch inszenierten Arbeit und bestimmt Prekarität als das gegenwärtig dominierende Hauptnarrativ.

Wie die Literaturwissenschaft mit diesen Erzählungen umgeht, ist Gegenstand des letzten Abschnitts, der den aktuellen Stand der literaturwissenschaftlichen ›Arbeitsforschung‹ referiert.

Ziel des Beitrags ist nicht eine narratologische Feinanalyse einzelner Textbeispiele, sondern die Rekonstruktion zentraler Problemfelder, die sich immer dann eröffnen, wenn sich die Literaturwissenschaft auf fachfremdes Terrain begibt, wenn also im konkreten Fall die Frage nach den Eigenschaften der Erzählungen von Arbeit auf eine grundlegende Frage nach den Eigenschaften der erzählten Arbeit verschoben und verkürzt wird.

Ist Literatur arbeitslos?

Der Literaturwissenschaftler und Schriftsteller Enno Stahl beobachtet am Ende des ersten Jahrzehnts der 2000er Jahre das »Phänomen einer generellen Abwesenheit oder gar beschönigenden Verkürzung arbeitsweltlicher Realitäten in der neuen deutschen Literatur.«[1] Es sei, so Stahls Befund, »[a]ngesichts der herausragenden Bedeutung, die der Faktor ›Arbeit‹ – mit all seinen Implikationen – in der Gegenwartsgesellschaft besitzt, [...] auffällig, wie wenig die aktuelle deutsche Literatur dazu zu sagen hat.«[2] Problematisch an dieser Aussage über die ›Arbeitslosigkeit‹ der neueren deutschen Literatur ist unweigerlich die getroffene Quellenauswahl.[3] Im Mittelpunkt des kurzen Aufsatzes stehen insgesamt sechs Gegenwartstexte: zunächst Christian Krachts *Faserland* (1995), Benjamin von Stuckrad-Barres *Soloalbum* (1998) sowie Elke Naters' *G.L.A.M.* (2001). Bei diesen Autor_innen handelt es sich um Protagonist_innen einer

---

1   Enno Stahl: »Alltag ohne Arbeit? Die Abwesenheit von Arbeit und Broterwerb in der jüngeren deutschen Erzählprosa«, in: H.-P. Preußer/A. Visser (Hg.): Alltag als Genre, Heidelberg 2009, 87–94, hier: 93.

2   Ebd., 87.

3   Die Aussagen zur Absenz von Arbeitsrealitäten in der deutschsprachigen Gegenwartsliteratur sind, wie die meisten literaturwissenschaftlichen Befunde zum Status quo der literarischen Produktion, in höchstem Maße der subjektiven Wahrnehmung der jeweiligen Wissenschaftler_innen unterworfen. Verifizierbare Aussagen zur Verbreitung bestimmter Thematiken in der Literatur müssten konsequent an der literarischen Gesamtproduktion eines Jahres ausgerichtet sein, die dafür zunächst einmal zu lesen wäre. Das ist, wie bereits ein Blick auf die belletristische Jahresproduktion 2013 verdeutlicht, schlicht unmöglich. Der Börsenverein des deutschen Buchhandels nennt für diesen Zeitraum allein 15.600 Titel aus dem Segment Belletristik (ohne Kinder- und Jugendliteratur), wobei nur die Erstauflagen berechnet werden. Davon abzuziehen wären noch die Übersetzungen aus anderen Sprachen (4.048), so dass in Deutschland 2013 11.552 belletristische, deutschsprachige Werke erschienen sind. Nur ist die Zahl der in Frage kommenden Werke weitaus größer als die vom Börsenverein ausgewiesenen, denn dieser erfasst weder die Verlage aus Österreich und der Schweiz, noch sind Theatertexte in den 11.552 Titeln enthalten. In jedem Fall müsste eine valide Aussage über die Ignoranz gegenüber dem Thema Arbeit in der deutschsprachigen Gegenwartsliteratur seit 2000 sich auf weit über 150.000 Texte beziehen. Vgl. die Zahlen des sich auf die Deutsche Nationalbibliografie, VLB 2013 berufenden Börsenvereins des Deutschen Buchhandels (Hg.): Tabellenkompendium zur Wirtschaftspressekonferenz des Börsenvereins des Deutschen Buchhandels e.V. am 3. Juni 2014, online unter: http://www.boersenverein.de/buchmarkt2013 [Stand: 02.02.2015]

Popliteratur, deren distinkte Labeling- und Sampling-Strategien und deren distinguierte Autorinszenierungen[4] allerdings kaum eine Auseinandersetzung mit gegenwärtigen Arbeitsrealitäten erwarten lassen. Stahl attestiert ihnen, wenig verwunderlich, unisono ein »Arbeits-Bashing«[5]. Hinzu gesellen sich Judith Hermanns Verkaufserfolg *Nichts als Gespenster* (2003), Sven Regeners nicht minder populärer Berlin-Roman *Herr Lehmann* (2001) und Anne Webers *Gold im Mund* (2005). Letzterer ist der einzige Text, der sich, wie bereits der verlegerische Paratext insinuiert, explizit auf Arbeit, konkret auf die Arbeit im (Großraum-)Büro bezieht, das den räumlichen Rahmen des Romans absteckt. In den Augen des Kritikers bietet dieses Framing indes noch keine Garantie für eine adäquate literarische Beschreibung von Arbeitsprozessen, denn: »Was nicht darin vorkommt, ist der Arbeitsalltag. [...] Was in diesem Büro tatsächlich geschieht, erfährt man nicht, es erschöpft sich bei Weber in Formeln reiner Abstraktion.«[6] Hier wäre zu fragen, ob nicht die Abstraktion, neben der Exemplifikation, ein tradiertes literarisches Verfahren der Bezugnahme auf die (soziale) Welt ist, und ob nicht die ›Abstraktionsleistung‹ gerade eine Qualität markiert, die die Literatur über die bloße Abbildung der Welt, über ihre eigene Sekundarität hinaushebt. Zudem ist mindestens fraglich, ob zwangsläufig gearbeitet werden muss, damit Literatur von Arbeit erzählen kann. Widersprechen sich Stellungnahme (das Dazu-zu-Sagen-Haben) und Abstraktion? Und kann die Tatsache, dass man nicht erfährt, was im Büro gearbeitet wird, nicht auch eine implizite Aussage über gegenwärtige Arbeitswelten enthalten?

Schiebt man diese Zweifel beiseite und folgt der Argumentation Stahls, ist Arbeit in der Gegenwartsliteratur (oder zumindest in den Bestsellern) also nicht präsent – und wenn sie doch präsentiert wird, erfolgt dies im Modus einer Uneigentlichkeit, die den Prozess des Arbeitens, das eigentliche Tun ausblendet: »Bevor man auch nur die Beschreibung eines einzigen dort tätigen Menschen erhalten hat, weiß man schon genauestens über das Aussehen der Zimmerpflanze Bescheid, die vor ihrem Schreibtisch steht.«[7] Das ist allerdings kein Novum. Aussagen zur Fehlstelle der Darstellung von Arbeit in der Gegenwartsliteratur haben Konjunktur. Hilmar Grundmann mutmaßt in einer Studie zum Werk Martin Walsers, dass aufgrund der Omnipräsenz von Arbeit im Diskurs diese eine Zentralstellung in der Literatur einnehmen und der

---

4 Vgl. dazu Heribert Tommek: »Das deutsche literarische Feld der Gegenwart, eine Welt für sich? Skizzen einer strukturellen Entwicklung, in das Beispiel der (westdeutschen) ›Tristesse-Royale‹-Popliteraten mündend«, in: I. Gilcher-Holtey (Hg.): Zwischen den Fronten. Positionskämpfe europäischer Intellektueller im 20. Jahrhundert, Berlin 2006, 397–417.

5 Stahl: Alltag ohne Arbeit, 88. Stahl greift damit einen alten Vorwurf auf, den der anarchistische Schriftsteller Peter-Paul Zahl (1944–2011) in seinem Debütroman *Von einem, der auszog, Geld zu verdienen (1970)* seinen Antihelden, den Teilzeitarbeitsverweigerer Wolf, artikulieren lässt. Nur dass sich Wolfs Lektüreindruck nicht auf die bohèmehaften Popliteraten, sondern auf die spätbürgerlichen ›modernen Klassiker‹ bezieht: »liest dann Broch oder Mann oder Jahnn oder Musil, hast dich festgefressen an diesen Sachen, wunderst dich jedoch immer wieder, daß nahezu alle Hauptfiguren dieser Romane ihr festes Einkommen haben, Erben irgendwelcher Vermögen sind, Millionäre, Gutsbesitzer, Privatiers«. Peter-Paul Zahl: Von einem, der auszog, Geld zu verdienen [1970], Frankfurt a.M. 1976, 36.

6 Stahl: Alltag ohne Arbeit?, 91.

7 Ebd.

Homo oeconomicus zu ihrem Protagonisten werden müsste,[8] und der Literaturwissenschaftler Erhard Schütz artikuliert die gegenwärtige Krisenhaftigkeit der Arbeit als »gute Voraussetzung«[9] für das Entstehen von Kunst – ebenfalls vorgetragen als Prognose, nicht als Zustandsbeschreibung.

Die Klage über die tatsächliche oder vermeintliche Abwesenheit des Themenfeldes Arbeit in der deutschen Literatur hat ihre eigene Geschichte.[10] Der Schriftsteller Joseph Haslinger verweist in einem literaturkritischen Essay aus dem Jahr 1984 darauf, dass diese Fehlstelle in Frankreich bereits im 19. Jahrhundert benannt wurde.[11] In den 1960er Jahren hat Walter Jens die Arbeitswelt als unbeschriebenes Blatt der bundesrepublikanischen Nachkriegsliteratur ausgemacht: »Die Welt, in der wir leben, ist«, so Jens in der Zeitschrift *Die Kultur*, »noch nicht literarisch fixiert. Die Arbeitswelt zumal scheint noch nicht in den Blick gerückt zu sein.«[12] Auch die Formierung der Dortmunder Gruppe 61, die sich die »[g]eistige Auseinandersetzung mit der industriellen Arbeitswelt und ihrer sozialen Probleme«[13] auf die Fahnen geschrieben hat, stellt so besehen eine aus einem zuvor beobachteten Mangel an Arbeitsrealitäten in der Kunst gezogene Konsequenz dar.

Dass das Verhältnis von Arbeit und Literatur ein schwieriges ist, das nicht nur durch mangelnde Anschauung oder praktische Erfahrung der Schriftsteller_innen, sondern maßgeblich durch literaturästhetische Prämissen bedingt ist, unterstreicht Haslinger, wenn er insinuiert, man sollte »meinen, nichts könne einfacher sein für die Literatur, als das Gewöhnliche darzustellen, den Alltag, die Arbeitswelt […]. Tatsächlich ist es gerade umgekehrt. Nichts ist schwieriger als die Darstellung des Alltags.«[14] Haslinger argumentiert, die Schwierigkeit der Arbeitsbeschreibung bestehe in der Unvermischbarkeit zweier Realitätserfahrungen. Die Arbeitsrealität sei nicht die ästhetisch geformte Realität der Literatur. Literatur könne niemals Realität abbilden,

---

8 Vgl. Hilmar Grundmann: Berufliche Arbeit macht krank. Literaturdidaktische Reflexionen über das Verhältnis von Beruf und Privatsphäre in den Romanen von Marin Walser, Frankfurt a.M. u.a. 2003, 12.

9 Erhard Schütz: »Literatur – Museum der Arbeit?«, in D. Kift/H. Palm (Hg.): Arbeit – Kultur – Identität. Zur Transformation von Arbeitslandschaften in der Literatur, Essen 2007, 13–33, hier: 13.

10 Einen Überblick über die Debatte bietet etwa Susanne Heimburger: Kapitalistischer Geist und literarische Kritik. Arbeitswelten in deutschsprachigen Gegenwartstexten, München 2010, 16–22.

11 Joseph Haslinger: »Literatur und Arbeitswelt«. In: Wespennest 55 (1984): Lesen ist Fernsehen im Kopf. Texte über Literatur, 38–46, hier: 40f.

12 Walter Jens: »Antwort auf eine Umfrage«, in: Die Kultur 155 (1960), 5.

13 Zit. nach Hanneliese Palm: »›Nützt die aufgezwungene Freizeit zu Eurer Fortbildung, lest Bücher!‹ Fritz Hüser: Sammler, Bibliothekar, Literaturvermittler, Mentor«, in: V. Zaib/ Fritz-Hüser-Gesellschaft (Hg.): Kultur als Fenster zu einem besseren Leben und Arbeiten. Festschrift für Rainer Noltenius, Bielefeld 2003, 222–366, hier: 361. In späteren Wiederabdrucken des Programms fehlt dieser einleitende, die Thematik festlegende Passus. Vgl. etwa: »Das alte und noch gültige Programm der Gruppe 61«, in: H.-L. Arnold (Hg.): Gruppe 61. Arbeiterliteratur – Literatur der Arbeitswelt, Stuttgart/München/Hannover 1971, 10.

14 Haslinger: Literatur und Arbeitswelt, 41.

ohne ihren Status als Literatur zu verlieren. Für Haslinger muss Literatur mehr sein als »Hülse, Medium oder Transportgestell für andere Realitäten«[15].

Mit dem Prozess der Virtualisierung von Arbeit verschärft sich das Abbildungs- und Beschreibungsproblem. Da schon Handwerk und nicht erst industrielle Arbeit oder die Bürotätigkeiten der Angestellten im Wesentlichen auf der Wiederholung von routinierten Handgriffen beruht, ist die bloße Darstellung eines Arbeitsalltags aus ästhetischen und aufmerksamkeitsökonomischen Gesichtspunkten mit Sicherheit kein literaturfüllendes Programm. Dabei handelt es sich um ein Problem, das sich selbst im Umfeld der Gruppe 61 und des Werkkreises findet: Schon in Max von der Grüns *Irrlicht und Feuer* (1963) geht es weniger um die Arbeits- als um die Beziehungsprobleme des Protagonisten Jürgen Fohrmann. Diese fehlen indes auch nicht in den sozialistischen Varianten des Themas, wie in Eduard Claudius *Menschen an unsrer Seite* (1953), und auch nicht in Werner Bräunigs in der DDR nicht veröffentlichtem und erst 2007 erschienenem Roman *Rummelplatz*, dem Christa Wolf im Vorwort bescheinigt, er beschreibe »[d]ie Schauplätze, die Arbeitsvorgänge [...] in erstaunlicher und wohl beispielloser Genauigkeit«.[16] Auch in Erasmus Schöfers Romantetralogie *Die Kinder des Sysifos* (2001–2008) wird gearbeitet. Die Darstellung konkreter Tätigkeiten (etwa in einer von den Arbeiter_innen besetzten und selbstverwalteten Glashütte[17] im zweiten Band) nimmt dennoch einen überschaubaren Platz im Textganzen ein.

Trotzdem: Auch wenn die Darstellung von Arbeit nicht das Zentrum des Textes bildet, wird Arbeit dennoch textbestimmend. Schöfers Romanwerk schreibt sich in eine marxistische Tradition ein und interpretiert die Geschichte der Bundesrepublik als eine Geschichte der (wenn nicht Klassen-, so doch) Arbeitskämpfe. Das reicht vom Geschichtsstudenten Viktor Bliss, dem auf Grundlage des Radikalenerlasses von 1972 eine spätere Karriere als Lehrer verweigert wird, über seinen Freund, den Betriebsrat Manfred Anklamm, der zwischen die Fronten aus Arbeiterschaft, Gewerkschaft und Arbeitgebern gerät, bis hin zu Armin Kolenda, der als Journalist und im Werkkreis über die Arbeitskämpfe berichtet. Die – metatextuell auf die Literaturproduktion rückapplizierbare – konkrete Anschauung der Produktion im Glashüttenwerk wird ihm zur Grundlage jeglichen Schreibens über Arbeit und ebnet die Differenzen zwischen Hand- und Kopfarbeitern ein:

> *Also Vik – ich bin dir so dankbar, dass du mich hierher mitgenommen hast! Eine unbezahlbare Erfahrung! Hab nie gewusst was mir fehlt – diese lebendige Anschauung von produktiver Arbeit, wie das ineinander greift – die vielen Fähigkeiten die zusammenwirken, durfte sogar einen Kölbel einblasen beim Herrn Bilo, und heut abend wolln sie mir zeigen wie sie die Scherben einlegen in die Häfen –*[18]

---

15 Ebd. 44.
16 Christa Wolf: »Vorwort«, in: Werner Bräunig: Rummelplatz, hrsg. v. A. Drescher, Berlin 2007, 5–6, hier: 5.
17 Schöfer erzählt darin die Geschichte der 1970 von der Belegschaft in Selbstverwaltung übernommenen Glashütte Süßmuth im nordhessischen Immenhausen.
18 Erasmus Schöfer: Zwielicht. Die Kinder des Sisyfos Bd. 2, Berlin 2011, 135; Interpunktion und Rechtschreibung wie im Original.

Schöfers Erzähler fängt damit die Arbeit nicht im Prozess selbst ein, sondern gibt einen retrospektiven Erlebnisbericht Kolendas wieder. Die Unmittelbarkeit der Erfahrung, die der Journalist preist, wird damit doch wieder nur vermittelt zur Darstellung gebracht, wie überhaupt alle Protagonisten Schöfers – als (verhinderte) Lehrer, als Journalisten, als Betriebsräte – Vermittler sind.

Angesichts dieser Beispiele wäre Enno Stahls Aussage zum Mangel an Arbeit in der Gegenwartsliteratur zumindest in dem Sinne zuzustimmen, als die direkte Anschauung, die unmittelbare Beschreibung der konkreten Tätigkeit eine Marginalie selbst in solchen Werken bleibt, die sich der Arbeitsthematik explizit zuwenden. Zu konstatieren ist also weniger die Inexistenz als vielmehr die Unsichtbarkeit von Arbeitsprozessen; eine Unsichtbarkeit, die nicht zuletzt mit dem Wandel der Arbeit im Postfordismus zusammenhängt und sich verschärft, je weniger Arbeitszeit und Freizeit voneinander zu trennen sind. Aber genau diese Vermischung der Sphären, das Ausgreifen der Arbeit in den privaten Bereich, wie auch die Simulation von Freizeitaktivitäten und Freizeitkulissen während der Arbeitszeit kann zu Literatur werden. Philipp Schönthalers *Das Schiff das singend zieht auf seiner Bahn* (2013) ist ein Beispiel dafür, wie Arbeit und Leben sich vermischen, Arbeit zum ausschließlichen Daseinszweck überhöht und ein Leben jenseits der Arbeit zur Marginalie wird. Die collageartig erzählten Geschichten der Creatives eines internationalen Kosmetikkonzerns sind dabei nicht vielstimmig, sondern werden zu einem affirmativen, sich in Phrasen ergehenden, mit Anglizismen bis zur Sinnentleerung gespickten Lobgesang auf den neuen Kapitalismus harmonisiert, dem kein Erzähler widerspricht. Es wird viel bei der Arbeit gesprochen und es wird viel über Arbeit gesprochen, die konkrete Arbeit der Protagonisten besteht im Sprechen über Arbeit.

Der Körper als Quelle menschlicher Arbeits*kraft*, an dem die Arbeit sichtbar wird, dient in diesen Bereichen oftmals nur mehr als ikonischer Ausweis der eigenen Verfügungsgewalt. Er ist gestylt, gepflegt, trainiert, kurz: Kapital des unternehmerischen Selbst, Teil des Portfolio, Ausdruck der Selbstbeherrschung und Durchsetzungsstärke. Körperlich gearbeitet wird, da sich das Gros der literarischen Arbeitsdarstellungen in gläsernen Bürowelten aufhält, nicht mehr im überwiegend sitzend ausgeübten Beruf, sondern ausschließlich in der Freizeit, die auf diese Weise von der Arbeitssemantik kontaminiert wird. Beispielhaft lässt sich die verzweifelte Aufwertung körperlicher Fitness angesichts ihres praktischen Bedeutungsverlustes im Arbeitsprozess beim Investmentbanker Bernhard Milbrandt aus Sascha Rehs Roman *Gibraltar* (2013) ablesen. Wie dessen auf Hartz-IV gesetzte Stieftochter folgerichtig bemerkt, hat Milbrandt, »was den Krafteinsatz angeht, ungefähr den leichtesten Job der Welt […], nämlich immer nur schön mit dem Zeigefinger auf seine Maus tippen und mit seinem Wichtigtuer-Headset nicht einmal den Telefonhörer abnehmen.«[19] Dass der Banker dabei mit griechischen Staatsanleihen ›jongliert‹, verweist metaphorisch weniger auf die körperlich-mechanische Seite der Artistik, als auf die latente Gefahr des Kontrollverlustes bei der Jonglage.[20] Denn davon handelt Rehs Roman: vom finanziellen Ruin der Bank und der Flucht Milbrandts.

---

19 Sascha Reh: Gibraltar, Frankfurt a.M. 2013, 160.
20 Damit bestätigt Rehs Roman aus der Finanzwelt allerdings vollkommen die Beobachtung Stahls: Die Arbeit des Bankers wird als undurchsichtiges, auf Intuition basierendes hoch-

Auf die schwierige Visualisierung und Literarisierung solcher Kopfarbeit, deren körperlicher Ausdruck sich auf die Bewegung von Augen, Mund und Zeigefinger beschränkt, aber auch schon von mechanischen Arbeitsabläufen hat Erhard Schütz hingewiesen. Er konstatiert:

> *Arbeit hat ja ohnehin das Problem mangelnder Sichtbarkeit. Was sichtbar ist, sind die Gehäuse und Werkzeuge und die Produkte, in denen der Prozess der Arbeit aber eingeschlossen blieb oder verschwunden war. Und umso mehr bei der immateriellen Arbeit der Büros. Dies Problem mangelnder Sichtbarkeit teilt die Arbeit mit dem Schreiben.*[21]

Wenn beides zusammenkommt, das Arbeiten und das Schreiben, mag man annehmen, wird das Darstellungsproblem eklatant.[22] Allgemein ist zu konstatieren, dass Arbeit in der Literatur nie unmittelbar, sondern immer (erzählerisch) vermittelt ist, selten rein (als Tun) vorkommt, sondern fast immer in soziale Interaktion eingebunden erscheint.

Arbeit als Diskurs

Überblicksartig lässt sich die Hypothese formulieren, dass Arbeit in der Gegenwartsliteratur zunehmend weniger als Tätigkeit denn als Diskurs erzählt wird. Nicht die konkrete Arbeit im Büro, in der Firma, Fabrik oder Werkstatt ist zentraler Gegenstand literarischer Erzählungen, sondern die Frage, wie sich das Subjekt zu gesellschaftlichen Denkmustern über Arbeit positioniert, wie es ihnen ausgesetzt ist, sie verinnerlicht, sich ihnen anpasst oder gegen sie opponiert. Zu diesem Ergebnis kommt auch Anke S. Biendarra in einem Aufsatz zur New Economy in der Gegenwartsliteratur. Mit Bezug auf Rainer Merkels Roman *Das Jahr der Wunder* (2001) fasst sie zusammen:

> *Obwohl der Themenkomplex ›Arbeit‹ für den Roman absolut zentral ist, bleiben die eigentlichen Arbeitsprozesse und Arbeitsentwicklungen für den Leser opak. Diese Undurchsichtigkeit von Arbeit ist das vielleicht wichtigste Leitmotiv*

---

riskantes ›Spiel‹ präsentiert, deren Regeln kaum fixierbar sind. Auch deshalb interpretieren weder Milbrandt noch seine Stieftochter die Arbeit als ernsthaften Broterwerb, sondern als Spiel – was dem lateinischen Ursprung des Jonglierens von *ioculator* [= Spaßmacher] entspricht und noch im umgangssprachlichen »Jokus« oder »Jux« nachhallt.

21 Schütz: Literatur – Museum der Arbeit?, 17, Hervorhebung im Original.

22 Das hat zuletzt der Schriftsteller Robert Menasse deutlich gemacht, der sich in einer essayistischen Kritik an der gegenwärtigen Affirmation eines veralteten, weil am Produkt manueller Arbeit ausgerichteten, Arbeitsbegriffes abarbeitet, indem er fragt, wie immaterielle Gedankenarbeit, die kein Produkt erzeugt, dann bewertet wird. Vgl. Robert Menasse: »Arbeit, Freiheit und Wahn«, in: Ders: Permanente Revolution der Begriffe. Vorträge zur Kritik der Abklärung, Frankfurt a.M. 2009, 11–25.

in den meisten der hier angesprochenen Texte. Stattdessen stehen [...] die Emotionen und psychologischen Reaktionen der Figuren im Mittelpunkt.[23]

Ein zentrales Beispiel, mit dem die diskursive und psychische Dauerpräsenz von Arbeit trotz faktischer Verknappung oder gar Verlust illustriert werden kann, bietet Annette Pehnts 2007 erschienener und 2012 von Nicole Weegmann verfilmter Roman *Mobbing*. Der Text beschreibt aus der beschränkten – und das ist der narratologische Kniff dieser Geschichte, der im Film nicht umgesetzt wurde – Ich-Perspektive der Ehefrau von Joachim Rühler, dessen sukzessiven Arbeits- und Kontrollverlust.

Rühler ist Mitarbeiter in einer städtischen Verwaltung, betreut Städtepartnerschaften und hat einen etablierten Kollegen- und Bekanntenkreis. Dies ändert sich schlagartig, als er eine neue Vorgesetzte bekommt, die ihn Schritt für Schritt seinen Aufgaben enthebt, aus seiner Arbeit, seinen Freundschaften und schließlich aus seinem Job drängt. Rühler klagt gegen seine Kündigung, bekommt Recht und wird wieder eingestellt – nur im Büro duldet man ihn nicht länger. Deshalb bekommt er einen Container im Hof des Rathauses zugewiesen, wo er fortan mit Übersetzungen von Verwaltungstexten ins Französische betraut wird. Dass er kein Französisch kann, unterstreicht die Perfidie dieser sinnentleerten Arbeit, von der er annimmt, dass seine Vorgesetzte sie in den Papierkorb werfen wird.

In Pehnts Roman geht es auf 170 Seiten um die Arbeit und den Arbeitsverlust Joachim Rühlers, um die finanziellen und gesellschaftlichen Erosionen, die dieser Verlust mit sich bringt, um die psychischen Probleme, die daraus entstehen. Aus der Perspektive seiner Frau erleben wir eine Beziehungskrise, die auf die Arbeitskrise folgt, fragen uns, was genau Joachim Rühler den ganzen Tag macht und erheben leise Zweifel daran, ob er wirklich, wie er behauptet, gänzlich unverschuldet seine Arbeit verloren hat. Über die gesamte Länge des Textes also geht es um nichts als die Arbeit und den Arbeitsverlust, ohne dass wir den Protagonisten ein einziges Mal arbeiten sehen. Es geht um eine existentielle Krise, die ausgelöst wird durch das Wegbrechen nicht der finanziellen Existenz, die mit der Wiedereinstellung gesichert ist, sondern des Lebenssinns. Die sich daraus ergebende Dramatik fußt auf einem mächtigen Diskurs, der Arbeit zum gesellschaftlichen und individuellen Sinnstifter erklärt, aber in Erklärungsnot gerät, wenn die Arbeit, die Sinn stiften soll, entweder nicht mehr vorhanden ist, oder, wie im Fall von Pehnts Protagonist, sinnlos wird.

Auch wenn Arbeit damit nicht unmittelbar erzählt wird, ist sie seit den 2000er Jahren für viele Erzählungen handlungsgenerierend. Vornehmlich prekäre Beschäftigungsverhältnisse, Arbeitslosigkeit und berufliche Abstürze lassen sich nach dem Muster des Konfliktnarrativs als Masterplot erkennen, wobei insbesondere Geschichten vom Arbeitsverlust bei Topverdienern und Workaholics, die das Prinzip der Sinnstiftung durch Arbeit völlig internalisiert haben, auch wenn sie ökonomisch abgesichert sind, eine vergleichsweise hohe Fallhöhe und damit eine besondere Dramatik generieren.[24]

---

23 Anke S. Biendarra: »Prekäre neue Arbeitswelt. Narrative der New Economy«, in: J. Schöll/J. Bohley (Hg.): Das erste Jahrzehnt. Narrative und Poetiken des 21. Jahrhunderts, Würzburg 2011, 69–82, hier: 74f., Hervorhebung im Original.

24 Auffällig ist, dass die Dramatik der Handlung sich auch auf die Form niederzuschlagen scheint. Die Inszenierung von Arbeitslosigkeit auf deutschsprachigen Bühnen bedient sich

Nicht nur die in den frühen 2000er Jahren dominanten Erzählungen von Arbeitslosigkeit, sondern auch die darauf folgenden Narrative der Entgrenzung von Arbeitszeit und Arbeitsraum, neuer Herausforderungen durch subjektivierte Arbeit, befristete, niedrig entlohnte, nicht gesicherte Arbeitsverhältnisse markieren Krisenhaftigkeit als scheinbare Grundbedingung für die Literarisierung von Arbeit. Das hat literaturökonomische Gründe, denn gelingende Arbeit, Normalarbeitsverhältnisse, Alltäglichkeit scheinen kaum narrationswürdig oder nehmen innerhalb der literarischen Arbeitsbeschreibungen eine (aufgrund ihrer Alltäglichkeit oft übersehene) Randstellung ein.[25]

Narrative des Kampfes hingegen erzeugen erzählerische Spannung, gleichgültig, ob der Kampf gegen ein technisches Problem, gegen unzumutbare Arbeitsbedingungen, gegen die Monotonie[26], für gerechtere Löhne, oder im »Gewebe der Konkurrenz«[27] gegen einen Kontrahenten oder Saboteur[28], gegen widrige ökonomische Rahmenbedingungen, gegen den ›inneren Schweinehund‹ also – neoliberalistisch gewendet: gegen sich selbst gerichtet ist.

Dass Arbeit in diesen Texten den Hintergrund bildet, vor dem die Kämpfe der Protagonisten ausgetragen werden, ist evident. Dass Arbeit dafür nicht beschrieben oder ausagiert werden muss, scheint darin begründet, dass sie auf einem mächtigen Diskurs aufruht. Arbeit ist zur Leitmetapher für die menschliche Existenz geronnen. Sie bindet das Individuum ins gesellschaftliche Kollektiv ein und suggeriert ihm persönlichen Wert. Dabei wird tendenziell eine Leitdifferenz zwischen ›Arbeit haben‹ und ›keine Arbeit haben‹ gezogen. Interne Differenzen und Wertungen zwischen verschiedenen Formen von Arbeit scheinen im gegenwärtigen Status quo der Debatten nivelliert. Da der Besitz von legitim(iert)er Arbeit einen maßgeblichen gesellschaftlichen Inklusionsmodus darstellt, muss die Literatur, wenn sie Biographien auf dem

---

signifikant häufig einer dramatischen Form und nimmt die zuvor dominierenden Stilelemente des Postdramatischen Theaters (Hans Thies Lehmann) zurück.

25 Ein Beispiel für die geradezu ermüdend unspektakuläre Alltägspräsenz von Arbeit bieten die Romane Wilhelm Genazinos (nicht nur) der *Abschaffel*-Trilogie (1977–1979).

26 So im Angestelltenroman der 1970er Jahre. Vgl. dazu im Überblick: Heimburger: Kapitalistischer Geist 71–72, 84–90.

27 Joseph Vogl: Das Gespenst des Kapitals, Zürich 2010, 57. Vogl arbeitet unter diesem Schlagwort heraus, wie mit dem 19. Jahrhundert im Namen des Wettbewerbs die Mechanik des Tausches verabschiedet wird.

28 Hier sind deutliche Narrationsparallelen zwischen dem sozialistischen Realismus (der Arbeit besingen und nicht anklagen sollte, den Kampf also nicht gegen die Arbeit, sondern gegen einzelne Störfaktoren führen musste) und gegenwärtigen Arbeitsnarrationen zu ziehen. Mit dem markanten Unterschied, dass heute nicht mehr im Kollektiv mit ›Menschen an unsrer Seite‹ (Eduard Claudius) für ein idealistisches und ideologisch überformtes Ziel gekämpft wird, sondern der Kampf, wenn er sich nicht in der Affirmation von Selbsttechnologien gegen sich selbst richtet (zum Beispiel in der körperlichen Zurichtung und Züchtung von Körperpanzern in John von Düffels Bodybuilding-Roman *EGO* [2001] oder Thomas von Steinaeckers Versicherungsagentinnenroman *Das Jahr, in dem ich aufhörte, mir Sorgen zu machen, und anfing zu träumen* [2012]) als Kampf gegen Mitbewerber inszeniert wird, die, kulturpessimistisch gewendet zur kollektiven Bedrohung werden, wie in Reinhard Jirgls epischem Gesellschaftspsychogramm *Abtrünnig*: »[D]er im entgrenzten Raum zur Seite gestellte Nachbar ist stets der allfällige Konkurrent, schließlich der Feind.« Reinhard Jirgl: Abtrünnig. Roman aus der nervösen Zeit, München 2005, 331.

schmalen Grat zwischen Soll und Haben inszeniert, die Arbeit als konkretes Tun gar nicht mehr beschreiben. Für die Darstellung des Grundkonfliktes reicht der Ausweis der bloßen Existenz von Arbeit völlig aus. Insofern in den vergangenen Jahrzehnten eine sukzessive Verabschiedung vom Idealbild des (männlichen) Normalarbeitsverhältnisses stattgefunden hat und dieser Prozess sowohl von wissenschaftlichen als auch populärmedialen Beschwörungen der exzeptionellen, überall und immer prekarisierten Arbeit begleitet ist, scheint heute Prekarität, wie Pierre Bourdieu in einer zugespitzten These formulierte, tatsächlich überall zu sein. Was die Literatur auf diese diskursive Homogenisierung der Arbeit auf prekäre und nur noch durch Selbstoptimierung zu bewältigende flexible Arbeit antworten kann, erweckt den Anschein einer Typenbildung. Dies deuten Susanna Brogi, Carolin Freier, Ulf Freier-Otten und Katja Hartosch in der Einleitung ihres Konferenzbandes zu medialen Repräsentationen von Arbeit an: »Die festgestellte Homogenität in der Darstellung, zeige sich etwa in der Deutung des idealen ökonomischen Subjektes, die weitestgehend mit Diskursen korreliert, die in den Theorien Richard Sennetts, Luc Boltanskis und Ève Chiapellos oder Ulrich Bröcklings konstitutiv sind.«[29]

Das verweist nicht nur darauf, dass literarische Texte an einem Arbeitsdiskurs partizipieren, der sich zwischen flexiblem Menschen (Sennett) und unternehmerischem Selbst (Bröckling) im neuen Geist des Kapitalismus (Boltanski/Chiapello) aufspannt. Viel mehr zeigt es, dass der Theorieimport, vornehmlich aus der Soziologie, auch die literaturwissenschaftliche Auseinandersetzung mit dem Thema Arbeit in der Gegenwartsliteratur präformiert.

»La précarité est aujourd'hui partout«:
Zum Stand der literaturwissenschaftlichen ›Arbeitsforschung‹

Ein knapper literaturgeschichtlicher Überblick macht deutlich, dass die Thematisierung von Arbeit nicht erst heute, sondern seit der Goethezeit und der Vormoderne literaturgeschichtliche Relevanz bekommt. Arbeit wird in der Frühromantik als repetitiver, Langeweile evozierender Prozess[30] verhandelt, der Figuren des müßiggängerischen Taugenichts oder des romantischen Schwärmers auf den Plan ruft.[31] Während die Romantiker den konkreten Arbeitsort, vor allem das Bergwerk, entdecken, aber zum Sinnbild der menschlichen Psyche, zum Gang in die Tiefe und als ›Bergwerk der Seele‹ stilisieren, entstehen ab den 1840er Jahren und infolge der Industrialisierung aber auch sozialkritische Inventiven nicht nur von Marx und Engels (*Die Lage der arbeitenden Klasse in England* [1845]), sondern auch in Texten von George Sand (*Le Compagnon du Tour de France* [1840]) oder Bettine von Arnim (*Dies Buch gehört dem König* [1843]). Sieht man von der Arbeiterliteratur der zweiten Hälfte des 19. Jahr-

---

29 Susanna Brogi u.a.: »Arbeit und ihre Repräsentation«, in: Dies. (Hg.): Repräsentationen von Arbeit, 9–31, hier: 26.

30 Vgl. dazu Thorsten Unger: »Arbeit und Nichtarbeit in der Literatur. Texte dreier Jahrhundertwenden«, in: Brogi u.a. (Hg.): Repräsentationen von Arbeit, 59–85, hier: 66f.

31 Vgl. zu einem literaturgeschichtlichen Abriss des Müßiggangs Wolfang Müller-Funk: »Tu nix. Ein kleines Panorama der Arbeitsverweigerung«, in: Erdbrügger/Nagelschmidt/Probst (Hg.): Omnia vincit labor?, 429–442.

hunderts[32] bis zum Ersten Weltkrieg ab, erfährt das Thema in Folge drei markante Ausprägungen[33]: im naturalistischen Drama,[34] in der Literatur der Weimarer Republik[35] und in der Literatur der Arbeitswelt, die sich ab 1959 in der DDR im Bitterfelder Weg manifestiert und sich in Westdeutschland in der Dortmunder Gruppe 61[36] in bewusster Opposition zur bildungsbürgerlichen Elite der diskursdominierenden Gruppe 47 positioniert und ab den 1970er Jahren in den lokalen Werkstätten des im März 1970 als Abspaltung von der Gruppe 61 gegründeten Werkkreises Literatur der Arbeitswelt fortgeschrieben wird.[37]

Angesichts der mehrfachen literaturgeschichtlichen Konjunktur der Arbeitsproblematik ist auffällig, dass die literaturwissenschaftliche Forschung zu diesen Komplexen erst in den 1970er Jahren einsetzt. Das dürfte maßgeblich darauf zurückzuführen sein, dass hier eine neue (politisierte) Generation von Germanist_innen aus dem Umfeld der 68er die traditionelle, auf einen genieästhetischen Standpunkt zurückgezogene Forschung herausfordert. Andererseits ist der Boom der 1970er und frühen 1980er Jahre aber wohl auch Ausdruck der sich zu diesem Zeitpunkt bereits abzeichnenden massiven Veränderungen der bundesdeutschen Arbeitswelt selbst. In Folge des Strukturwandels sind seit den 1970er Jahren Arbeitsplätze nicht nur allgemein knapper und unsicherer geworden. Im Laufe der Zeit wurden neue Anforderungen an das Arbeitssubjekt gestellt, die sich aus Flexibilisierungsangeboten und -aufforderungen zusammensetzen. Auf der einen Seite der Flexibilisierungsprozesse steht eine Befreiung aus routinierten Arbeitsabläufen und die emanzipative Entfaltung des kreativen unternehmerischen Potentials der Arbeitssubjekte. Auf der anderen Seite folgen auf

---

32   Vgl. die einschlägige Studie des Literaturwissenschaftlers Klaus-Michael Bogdal: Zwischen Alltag und Utopie. Arbeiterliteratur als Diskurs des 19. Jahrhunderts, Opladen 1991.

33   Eigentlich wäre von vier Ausprägungen zu sprechen, aber die nationalsozialistische Vereinnahmung der Literatur der Arbeitswelt im Zeichen völkischer Kollektivideologie ist ein blinder Fleck der Literaturgeschichte und bislang nicht umfassend erforscht. Zu den strukturellen Parallelen nationalsozialistischer ›Projekt-Romane‹ und den Produktionsromanen der frühen DDR vgl. Erhard Schütz: »›Niemand kann sich freuen wie ein guter Arbeiter.‹ Von der Arbeiterliteratur zur Literatur der Arbeitswelt und zur Arbeitswelt der Literatur«, in: www.kurt-schumacher-akademie.de/_data/Schuetz.pdf [Stand: 02.02.2015].

34   Etwa in Gerhart Hauptmanns sozialem Drama *Die Weber* von 1892, das den Schlesischen Weberaufstand von 1844 behandelt und in dem zumindest im 2. Akt sehr konkret am Webstuhl gearbeitet wird. Im Roman finden sich Arbeit und Arbeitskampf zu dieser Zeit nicht in Deutschland, sondern in Frankreich, etwa in Émile Zolas *Germinal* (1885), einem Roman über die soziale Situation der französischen Bergarbeiter aus dem zwanzigbändigen Zyklus *Les Rougon-Macquart. Histoire naturelle et sociale d'une famille sous le Second Empire*, der zwischen 1871 und 1893 entstand, oder in der auf Fourier fußenden Sozialutopie Travail (1901).

35   Zu letzterer vgl. Thorsten Unger: Diskontinuitäten im Erwerbsleben. Vergleichende Untersuchungen zu Arbeit und Erwerbslosigkeit in der Literatur der Weimarer Republik, Tübingen 2004.

36   Vgl. als Überblick U. Gerhard/H. Palm (Hg.): Schreibarbeiten an den Rändern der Literatur. Die Dortmunder Gruppe 61, Essen 2012; G. Cepl-Kaufmann/J. Grande (Hg.): Schreibwelten – Erschriebene Welten. Zum 50. Geburtstag der Gruppe 61, Essen 2011.

37   Vgl. Kyu-Hee Cho: Zum literarischen Wirkungskonzept des Werkkreises Literatur der Arbeitswelt. Realismus und Arbeiterliteratur, Frankfurt a.M. u.a. 2000.

die Lockerungen aber auch Auflösungserscheinungen persönlicher Bindungen und die Ausweitung sozialer Unsicherheiten.

Die zeitgleich mit der Passage zum Postfordismus beginnenden literaturwissenschaftlichen Verhandlungen von Arbeitsrealitäten erweisen sich retrospektiv indes als Nekrologe auf den Fordismus. Sie beziehen sich vor allem auf industrielle Arbeitswelten,[38] greifen oft auf die Literatur des 18. und 19. Jahrhunderts zurück und reflektieren noch nicht die massiven Umwälzungen der industriellen Arbeit und die neuen Herausforderungen des sich abzeichnenden postfordistischen Leistungsregimes. In den 1980er und 1990er Jahren versiegt die literarische Befragung von Arbeitswelten und im Zuge dessen auch die literaturwissenschaftliche Forschung zu diesem Themenkomplex fast völlig. So stellt etwa Peter J. Brenner in seiner *Neuen deutschen Literaturgeschichte* fest: »Nach dem Ende der Studentenbewegung bleiben die Versuche, die bundesrepublikanische Wirklichkeit im Roman zu fassen, bemerkenswert spärlich.«[39] Stattdessen dominieren ab den 1970er Jahren Texte der ›Neuen Subjektivität‹, die den gesellschaftlichen Deutungsanspruch von Literatur verabschieden und der Politisierung von Gesellschaft und Literatur einen Rückzug auf das Innenleben ihrer Protagonisten entgegenhalten. Auch die Texte der literarischen Postmoderne verschließen sich den Arbeitsrealitäten mehrheitlich, so dass Arbeitsnarrativen, wie auch die einschlägigen Überblicksstudien erkennen lassen,[40] bis Ende der 1990er Jahre keine literaturgeschichtliche Bedeutung zukommt.

Eine »neue Literatur der Arbeitswelt«[41], die die entgrenzten, subjektivierten und/oder prekären Arbeitsbedingungen im neoliberalen Kapitalismus reflektiert, hat sich ab den späten 1990er Jahren als Verhandlung von Arbeitslosigkeit zuerst in Theatertexten[42], dann in der Erzählliteratur niedergeschlagen – ein Prozess, der bis heute nicht abgeschlossen ist. Zu beobachten ist eine Verschiebung der Protagonist_innen dieser Texte von den (Industrie-)Arbeiter_innen zu (immer auch in der Arbeitslosenversion existierenden) Manager_innen, Banker_innen, (Arbeitskraft-)Unternehmer_innen, Unternehmensberater_innen, Versicherungsagent_innen, Webdesigner_innen, Prekarisierten und anderen (Leid-)Träger_innen des neoliberalen Flexibilitätsdiskurses. In den 2000er Jahren ist angesichts internationaler Finanz- und Wirtschaftskrisen sowie des Aufstiegs (und Niedergangs) der New Economy eine Fülle von künstlerischen Bearbeitungen der neuen Herausforderungen der Arbeitswelt sowohl im Bereich der Romanproduktion als auch in Dokumentar- und Spielfilmen entstanden.

---

38 Einschlägig sind die Arbeiten westdeutscher Literaturwissenschaftler zur industriellen Arbeit in der DDR, etwa Bernhard Greiner: Die Literatur der Arbeitswelt in der DDR. Heidelberg 1974; Ingeborg Gerlach: Bitterfeld. Arbeiterliteratur und Literatur der Arbeitswelt in der DDR, Kronberg 1974; sowie zum Werkkreis Literatur der Arbeitswelt: Ute Grossmaas: Arbeiterliteratur als Beitrag zur Gesellschaftsveränderung? Romane aus dem »Werkkreis Literatur der Arbeitswelt«, Frankfurt a.M./Bern 1983.
39 Peter J. Brenner: Neue deutsche Literaturgeschichte, Tübingen 1996, 318.
40 Vgl. Heimburger: Kapitalistischer Geist, 29–50.
41 So der Terminus bei Heimburger: Kapitalistischer Geist, 69.
42 Vgl. Franziska Schößler: Augen-Blicke. Erinnerung, Zeit und Geschichte in Dramen der neunziger Jahre, Tübingen 2004, 288–309.

Mit Blick auf die literarische Produktion allein der letzten zwei Jahre, die nicht nur Texte zu Management-, Berater_innen- und Banker_innen-Karrieren (und Karriereverlusten), sondern auch zum klassischen mittelständischen Unternehmertum sowie zur Generation Praktikum[43] liefert, fällt auf, dass insgesamt eine Nivellierung der gesellschaftlichen Strata auszumachen ist. Wie Pierre Bourdieu in einer Rede 1997 betont, lauert Pekarisierung überall,[44] so auch in der Literatur: Alles leidet unter einem Zuviel an Flexibilisierung, alles ist im entgrenzten Kapitalismus permanent von Arbeitslosigkeit bedroht, egal ob Top Dog oder Underdog. Das führt dazu, dass die Manager_innen und Banker_innen auf einmal zu Identifikationsfiguren für breite Leser_innenschichten taugen, weil strukturelle Homologien der Arbeitszurichtung bestehen, die vom Managementdiskurs in andere Ausprägungen des unternehmerischen Selbst diffundieren. Diese Topverdiener_innen sind daher schon länger nicht mehr die skrupellose Spitze des Eisbergs eines ›Raubtierkapitalismus‹ – das waren sie vielleicht noch in den 1990er Jahren, wo psychopathische Antihelden wie Bret Easton Ellis' Investmentbanker aus *American Psycho* (1991) oder Frédéric Beigbeders Werbeagent aus *99 francs* (2000) ihr Unwesen trieben.

Parallel dazu hat sich – nachhaltig begünstigt von der kulturwissenschaftlichen Öffnung der Literaturwissenschaft – eine ganze Reihe von germanistischen und komparatistischen Studien mit Fragen der Ökonomie, mit der literarischen Darstellung des Kapitalismus, mit Literarisierungen des Homo oeconomicus, mit Handel, Tauschgeschäften und den ihnen eingeschriebenen und in der Literatur fortgeschriebenen Stereotypisierungen[45] auseinandergesetzt. Mit Fokus auf Diskurse der Finanzwirtschaft untersucht etwa Joseph Vogl die Genese des Homo oeconomicus in den Wechselwirkungen von politischer und poetischer Ökonomie.[46] Beispielhaft für die Analyse des Verhältnisses von Arbeit und Narration ist Vogls historischer Querschnitt insofern, als er die Relevanz der Literatur für die Formierung ökonomischer Diskurse ab dem 17. Jahrhundert rekonstruiert, die sich noch in gegenwärtigen Narrativen der Finanzwelt wiederfinden.[47] Wenngleich die Beschäftigung mit dem Ökonomischen deshalb nicht »schon fast eine neue Forschungsrichtung etabliert«[48] hat, wie Susanne Heimburger präsupponiert, ist doch zu konstatieren, dass die Untersuchungen von der Ökonomie der Literatur und der Poetik der Ökonomie eine große Schnittmenge

---

43 Alexander Preisinger: »›Der ganze Haufen las sich wie eine Zeitrafferreise in Richtung Desillusionierung.‹ Kapitalismuskritik als diskursive Formation am Beispiel des Genres Praktikantenroman«, in: S. Brogi u.a. (Hg.): Repräsentationen von Arbeit, 415–432.
44 Pierre Bourdieu: »Prekarität ist überall! Vortrag während der Rencontres européennes contre la précarité, Grenoble, 12. – 13. Dezember 1997«, aus dem Französischen von Andreas Pfeuffer, in: Ders.: Gegenfeuer. Wortmeldungen im Dienste des Widerstands gegen die neoliberale Invasion, Konstanz 1998, 96–102.
45 Vgl. etwa Franziska Schößler: Börsenfieber und Kaufrausch. Ökonomie, Judentum und Weiblichkeit bei Theodor Fontane, Heinrich Mann, Thomas Mann, Arthur Schnitzler und Émile Zola, Bielefeld 2009.
46 Vgl. Joseph Vogl: Kalkül und Leidenschaft. Poetik des ökonomischen Menschen, München 2002.
47 Vgl. Joseph Vogl: Das Gespenst des Kapitals.
48 Heimburger: Kapitalistischer Geist, 9.

mit der Untersuchung von aktuellen Arbeitsnarrativen aufweisen, die zu großen Teilen in ökonomische Diskurse eingebettet sind.[49]

Die Forschung zur Narration von Arbeit steht damit noch am Anfang, aber es ist ein wachsendes Interesse an literarisierten Arbeitsdiskursen zu konstatieren, auch wenn eine grundlegende Neueinschätzung der Literaturen und Kulturen der Arbeitswelt weder nach den in den 1970er Jahren einsetzenden ökonomischen und gesellschaftlichen Transformationsprozessen noch nach dem politischen Umbruch 1989f. erfolgte. Dieses Interesse drückt sich bislang primär in Konferenz- und Sammelbänden aus, etwa von Dagmar Kift und Hannelore Palm,[50] im Band *Narrative der Arbeit* des germanistischen Jahrbuchs Limbus,[51] den Bänden von Gisela Ecker und Claudia Lillge,[52] von Erdbrügger, Nagelschmidt und Probst[53] sowie interdisziplinär von Susanna Brogi und anderen.[54] Da Arbeit, ihre Subjekte und literarischen Räume nur als Einzelphänomene in historischen Konjunkturen und Rezessionen betrachtet werden, ergibt sich aus diesen Studien jedoch bislang kaum eine umfassende, analytisch oder methodologisch stringente Untersuchung des Themas,[55] auch wenn gegenwärtig daran gearbeitet wird.[56]

Die Arbeitspraxis der Literaturwissenschaft

Mit Blick auf die einschlägigen Sammelbände, die sich der literarischen Verarbeitung von Arbeit widmen, wird deutlich, dass zwar immer wieder die Rückkehr der Arbeit als Thema in die Literatur behauptet wird, dieser Rückkehr bei näherer Betrachtung aber kaum literarische Breitenwirkung zukommt. Im Fokus der Analysen stehen – mit wenigen Ausnahmen – immer dieselben Texte aus immer demselben Arbeitsmilieu. Aber auch die interdisziplinären theoretischen Anleihen, die eine kulturwissenschaftliche Literaturwissenschaft nutzt, unterliegen Wahrnehmungsschranken. Das lässt sich mit Blick auf die Beiträge des Bandes *Omnia vincit labor?* illustrieren.

Zunächst ist festzustellen, dass interdisziplinäre Theorieimporte in die Literaturwissenschaft überwiegend soziologischer Provenienz sind. Geschichtswissenschaft-

---

49   Vgl. zu diesem Komplex ferner den Sammelband von W. Amann/N. Bloch /G. Mein (Hg.): Ökonomie – Narration – Kontingenz. Kulturelle Dimensionen des Markts, Paderborn 2014 sowie Franziska Schößler/Christine Bähr: Ökonomie im Theater der Gegenwart. Ästhetik, Produktion, Institution, Bielefeld 2009.

50   Vgl. D. Kift/H. Palm (Hg.): Arbeit – Kultur – Identität.

51   Vgl. Limbus. Australisches Jahrbuch für germanistische Literatur- und Kulturwissenschaft, 2 (2009): Narrative der Arbeit – Narratives of Work.

52   Vgl. G. Ecker/C. Lillge (Hg.): Kulturen der Arbeit, Paderborn 2011.

53   T. Erdbrügger/I. Nagelschmidt/I. Probst (Hg.): Omnia vincit labor?

54   S. Brogi u.a. (Hg.): Repräsentationen von Arbeit.

55   Mit Ausnahme der hier bereits mehrfach zitierten Arbeit von Susanne Heimburger, die das Verhältnis von Arbeit und Literatur zur Jahrtausendwende entlang von soziologischen Schlagworten bestimmt und ein großes Panorama von Arbeitsweisen in der Gegenwartsliteratur entwirft.

56   Etwa im Dissertationsprojekt von Annemarie Matthies und komparatistisch bei Cora Rok.

liche, wirtschafts- oder arbeitswissenschaftliche, aber auch arbeitspsychologische Studien werden kaum rezipiert. Das verwundert angesichts der sozialwissenschaftlichen Deutungshoheit für die mit Arbeit assoziierten gesellschaftlichen Phänomene der Gegenwart kaum, zumal die Zuspitzung soziologisch empirischer Befunde auf gut zu verschlagwortende (Sozial-)Figuren höchst anschlussfähig erscheint. Zu den favorisierten Figuren zählen G. Günther Voß' und Hans J. Pongratz' »Arbeitskraftunternehmer«[57], in stärkerem Maße Ulrich Bröcklings Weiterentwicklung dieses Modells zum »unternehmerischen Selbst«[58]. Zu vermuten ist, dass dessen Argumentation deshalb äußerst anschlussfähig ist, weil Bröcklings Argumentation vornehmlich über Theoreme, Methode und Befunde Michel Foucaults zur Analytik der Macht und zur Diskursanalyse geführt wird, die auch in der kulturwissenschaftlich arbeitenden Literaturwissenschaft etabliert sind.

Mit Bröcklings Sozialfigur lassen sich all jene literarischen Figuren kategorisieren, die den Bedingungen neoliberaler Subjektivierungsstrategien im Postfordismus unterworfen sind, oder sich selbst unterwerfen. Für die in diesem Prozess ausgestoßenen und auf der Strecke bleibenden Arbeitsindividuen, die keine oder nur noch befristete, geringfügig entlohnte und diskursiv diskreditierte Arbeit verrichten, bildet Zygmunt Baumans Figur des »Überflüssigen« ein dankbares Pars pro toto.[59] Zwischen den beiden Polen eingeklemmt und sie gleichsam verbindend finden sich – drittens – der Flexibilisierungsdiskurs und der Prekarisierungsdiskurs, wobei eher auf ersteren und darin im Wesentlichen auf Richard Sennetts Figur des »flexiblen Menschen«[60] referiert wird – und nicht etwa auf seine Studien zum *Handwerk*[61] oder zur *Zusammenarbeit*[62].

Diese selektive Bezugnahme auf soziologische Theorien teilt die Literaturwissenschaft augenscheinlich mit anderen Disziplinen wie der Zeitgeschichte. Die Beweggründe für die getroffene Auswahl scheinen eng verknüpft mit den darin etablierten Erzählungen: Erzählungen von Kampf (gegen sich oder die Konkurrenz), von Verlust (des Arbeitsplatzes und der gesellschaftlichen Anerkennung), von Herausforderung, Bedrohung und Abenteuer weisen viele Schnittstellen mit literarischen Erzählmustern auf. In diese Richtung jedenfalls argumentiert der Soziologe Thilo Fehmel in Auseinandersetzung mit der Adaption soziologischer Befunde in der zeithistorischen Forschung:[63]

---

57 Vgl. Hans J. Pongratz/G. Günther Voß: Arbeitskraftunternehmer. Erwerbsorientierungen in entgrenzten Arbeitsformen. Berlin 2003; Dies.: »Der Arbeitskraftunternehmer. Eine neue Grundform der Ware Arbeitskraft?« In: Kölner Zeitschrift für Soziologie und Sozialpsychologie 50/1 (1998), 131–158.

58 Vgl. Ulrich Bröckling: Das unternehmerische Selbst. Soziologie einer Subjektivierungsform, Frankfurt/M. 2007.

59 Vgl. Zygmunt Bauman: Flüchtige Zeiten. Leben in der Ungewissheit, aus dem Englischen von Richard Barth, Hamburg 2008 und vgl. Heinz Bude/Andreas Willisch (Hg.): Exklusion. Die Debatte über die »Überflüssigen«, Frankfurt a.M. 2007.

60 Vgl. Richard Sennett: Der flexible Mensch. Die Kultur des neuen Kapitalismus [1998], aus dem Amerikanischen von Martin Richter, Berlin ⁸2010.

61 Vgl. Richard Sennett: Handwerk, aus dem Amerikanischen von Michael Bischoff, Berlin 2008.

62 Vgl. Richard Sennett: Zusammenarbeit. Was unsere Gesellschaft zusammenhält, aus dem Amerikanischen von Michael Bischoff, München 2012.

63 Namentlich bei Anselm Doering-Manteuffel und Lutz Raphael: Nach dem Boom. Perspekti-

> *Ist es nicht gerade die teilweise sehr drastische Beschreibung gesellschaftlicher Dynamik, die den Genannten [gemeint sind Beck, Foucault, Bourdieu, Sennett, Bauman und andere; d. Verf.] eine derart breite Rezeption gesichert hat? Verdanken sie nicht gerade der Thematisierung – und nicht der Dethematisierung – von Veränderung jene Bekanntheit [...]?*[64]

Über den theoretischen Bezugsrahmen engt sich das Feld der zu betrachtenden Erzählungen ein: Wo Flexibilisierungs-, Prekarisierungs- und Disziplinierungsmodelle den akademischen (und populärwissenschaftlichen) Diskurs bestimmen, präformieren und lenken sie den Blick der Literaturwissenschaft auf eben diese Themenfelder. Es wäre daher zumindest zu fragen, inwieweit literaturwissenschaftliche Arbeiten zum Arbeitskomplex eine Legitimation für die Beschäftigung mit der soziologischen Kategorie Arbeit darin suchen, in der Literatur möglichst die bekannten soziologischen Mainstreambefunde bestätigt zu finden. In diesem Sinne wird die Literatur in eine sekundäre Position gesetzt, die lediglich dazu angetan scheint, die Erzählungen der Wissenschaften über die Gesellschaft am Fallbeispiel zu subjektivieren und noch einmal zugespitzt zu erzählen.

Da die literaturwissenschaftliche Forschung zur postfordistischen Arbeitsproblematik noch in den Kinderschuhen steckt, kann der vergewissernde interdisziplinäre Rückgriff auf fachfremde Forschungsergebnisse nicht verwundern und ist für das Thema ohnedies unumgänglich. Die Konzentration auf ›Repräsentationen‹ von Arbeit, die oftmals die literaturwissenschaftliche Rede über Arbeit bestimmt, läuft aber immer Gefahr, Literatur zum (Stell-)Vertreter populärer oder wissenschaftlicher Diskurse zu reduzieren. Diese Gefahr stellt sich, wenn – und nur wenn – die Analyse von Faktoren (postfordistischer) Arbeitsregime mit einer Preisgabe narratologischer Analysemethoden korrespondiert. Diesen Sachverhalt bringt Alexander Preisinger auf den Punkt:

> *Eine symptomatische Analyse setzt jedoch zweierlei voraus: Eine Analyse dessen, was präsentiert wird (Literatur), und eine Analyse dessen, was repräsentiert wird (›die‹ ökonomische Wirklichkeit). Gerade Letzteres ist aber zunächst nicht Gegenstand einer literarischen Untersuchung (allenfalls einer literatursoziologischen), sondern der Gesellschaftswissenschaften. Dennoch zeigen sich literarische Interpretationen bezogen auf gegenwartsliterarische Darstellungen mitunter erstaunlich homogen, jedenfalls hinsichtlich jener Wirklichkeit, die der literarischen (Re-)Präsentation vorausgesetzt wird.*[65]

Erst die Befragung literarischer Texte nach dem Modus der Erzählung ermöglicht es schließlich, ihren Aussagewert über die bloße Abbildfunktion hinaus zu bestim-

---

ven auf die Zeitgeschichte nach dem Boom, Göttingen 22010.
64 Thilo Fehmel: »Institutioneller Wandel durch semantische Kontinuität: Die bruchlose Transformation der Tarifautonomie«, in: K. Andresen/U. Bitzegeio/J. Mittag (Hg.): Nach dem Strukturbruch? Kontinuität und Wandel von Arbeitswelten, Bonn 2011, 267–291, hier: 270.
65 Preisinger: Der ganze Haufen, 415f.

men. Sicherlich kann Literatur, indem sie die komplexen Verschiebungen im Feld der Erwerbsarbeit am konkreten Fall exemplifiziert, viel zu deren Verständnis beitragen. Die Exemplifikation allein begründet aber noch nicht den kritischen Gehalt literarischer Auseinandersetzungen mit der Arbeitswelt. Die Darstellung von Konflikten erzeugt erzählerische Spannung und kann daher immer auch literatur- und aufmerksamkeitsökonomischen Motivationen unterliegen, die nicht zwangsläufig dem aufklärerischen Impetus einer wie auch immer zu bestimmenden ›engagierten‹ Literatur folgen müssen. Insofern ist die narratologische Analyse, die nach der Art der Vermittlung von Inhalt fragt, unabdingbar, um der ebenso reflexhaften wie weit verbreiteten Grundannahme entgegenzuwirken, literarische Texte nähmen per se eine kritische Haltung gegenüber gegenwärtig hegemonialen Arbeitsweisen und Arbeitsbedingungen ein. Dass dies nicht unhinterfragt für alle Texte gleichermaßen gelten kann, sondern immer an die Erzählverfahren, also die Fragen nach Erzähler, Erzählhaltung, Modus und Fokalisierung, aber auch an Genrekonventionen gekoppelt ist, ist evident.

Zu fragen wäre, wie Arbeit durch Figurenhandlung, Figurenrede und Erzählerrede vermittelt wird, ob sie mono- oder multiperspektivisch, monologisch oder dialogisch erzählt wird, um mögliche Verabsolutierungen entgegenzuwirken. In diesem Sinne stellen Annemarie Matthies und Alexander Preisinger in einer Untersuchung des Ökonomischen in Texten von Marlene Streeruwitz, Rainer Merkel und Ernst Wilhelm Händler heraus: »Die Romane beziehen sich [...] durchaus kritisch auf die Ökonomie – aber mehr, als eine kritische Begutachtung des selbstinszenierten Schreckensbildes der Ökonomie lässt sich darin nicht finden.«[66] Und zwar deshalb nicht, so der Tenor des Aufsatzes, weil die Texte zwar den außerliterarischen Diskurs der Ökonomie ästhetisieren, gleichzeitig aber eine angenommene Auswegslosigkeit aus der Ökonomisierung von Arbeit und Freizeit affirmieren, ohne dem einen literarischen Kontrapunkt entgegenzustellen.

Hier wird die Frage nach der Erzählhaltung der Texte relevant. Warum etablieren die Texte keine Außenperspektive, keine erzählerische Gegenposition, wie sie (nicht nur) im multiperspektivischen, von mehreren Erzählern getragenen Roman möglich wäre? Durch die Eindimensionalität der Erzählinstanz und die mal homodiegetisch den Erzähler als Teilnehmer der erzählten Geschichte, mal heterodiegetisch ihn von der erzählten Geschichte ausschließend inszenierte Beschränkung auf die Perspektive der leidtragenden Protagonist_innen entstehen zwar literarische Beglaubigungen der soziologischen Thesen des unternehmerischen Selbst oder des flexiblen Menschen, aber kaum Alternativerzählungen zu den soziologischen Masternarratives. Auch Verweigerungen (der Arbeit an sich oder der gesellschaftlichen Aufwertung von Arbeit) als diskurssubvertierende, gegenhegemoniale Konzepte oder als Rückzugs- und Aussteigerphantasien aus der gesellschaftlich anerkannten Arbeitsdominanz sind rar.[67] Das mag zwar auch nicht die primäre Aufgabe von Literatur sein, aber dennoch fällt

---

66 Annemarie Matthies/Alexander Preisinger: »Literarische Welten der Ökonomisierung. Gouvernementale Schreibweisen im Gegenwartsroman«, in: Erdbrügger/Nagelschmidt/Probst (Hg.): Omnia vincit labor?, 139–152, hier: 152.

67 Vgl. Torsten Erdbrügger/Inga Probst: »Arbeitsplätze die neueste Literatur betreffend«, in: Gegenblende. Das gewerkschaftliche Debattenmagazin 25 (2014), online unter: http://www.gegenblende.de/2-014/++co++509a056-33-1e-22-2540066f352 [Stand: 2.02.2015]

auf, wie wenig experimentierfreudig sich die Gegenwartsliteratur in Bezug auf die Darstellungsweisen von Arbeitsdiskursen zeigt. Der subjektivierten Arbeit folgt allzu oft die subjektivistische interne Fokalisierung einer Mitsicht der Figurenperspektive.[68] Die Annahme, dass eine solche Literatur eine kritische Intervention in gegenwärtige Arbeitsdiskurse leisten könnte, bleibt dann oftmals nicht mehr als eine Vorannahme der Rezipient_innen, die sich erzählanalytisch kaum bestätigen lässt. Dass sich die deutschsprachige Gegenwartsliteratur, wenngleich vielleicht auch nicht in einer Hauptströmung, mit Arbeitswelten auseinandersetzt, hat die bisherige Forschung erwiesen. Die darauf aufbauende Frage nach dem analytischen Mehrwert dieser literarischen Arbeitsnarrationen hat Viviana Chilese provokant gestellt: »Propagiert die Gegenwartsliteratur daraus eine Kritik der aktuell existierenden ökonomischen Verhältnisse?« Ihre Antwort fällt nach der Analyse von Angestelltenverhältnissen in Prosatexten der Gegenwart ernüchternd aus: »Wohl kaum.« Die untersuchten Texte böten wenig mehr als »eine nüchterne Bestandsaufnahme.«[69]

Da dieser Befund auch auf die literaturwissenschaftlichen Texte zu Arbeitsnarrativen in der Literatur selbst übertragbar ist, die sich häufig in der »Bestandsaufnahme« der Existenz von Arbeit in der Literatur und der Definition dieser Arbeit erschöpfen, ohne die narrativen Strategien zu reflektieren, lässt sich konstatieren, dass sich die Literaturwissenschaft über das »Was« der literarischen Erzählungen von Arbeit verständigt hat. Das »Wie« jedoch bleibt bislang ein Desiderat.

---

68 Zu den wenigen Ausnahmen gehören Reinhard Jirgls polyphon angelegter Roman *Abtrünnig*, der vielstimmig Figurenrede und Gesellschaftsdiskurs mischt, dem Erzähler keine Redehoheit zubilligt und stattdessen Erzählen als Widerstreit (fiktionaler) Wahrheiten im Sinne Michail Bachtins inszeniert. Auch die sich in die Tradition des Schelmenromans einschreibende Nullfokalisierung eines auktorialen Erzählers und eines im Gegensatz dazu stark beschränkten Protagonisten in Volker Brauns *Machwerk oder Das Schichtbuch des Flick von Lauchhammer* (2008) ist ein prägnantes Beispiel dafür, wie Draufsicht und Figurenrede konfligieren.

69 Viviana Chilese: »Menschen im Büro: Zur Arbeitswelt in der deutschen Gegenwartsliteratur«, in: F. Cambi (Hg.): Gedächtnis und Identität, Würzburg 2008, 293–303, hier: 295.

Erwähnte und zitierte Literatur

Ahuja, Ravi: »Geschichte der Arbeit jenseits des kulturalistischen Paradigmas. Vier Anmerkungen aus der Südasienforschung«, in: J. Kocka/K. Offe (Hg.): Geschichte und Zukunft der Arbeit, Frankfurt a.M./New York 2000, S. 121–134.

Albrecht, Susanne: »Regionale Arbeitsmärkte und Flexibilisierungsprozesse«, in: Geographische Zeitschrift, 3/4 90 (2002), S. 180–193.

Albrecht, Susanne: Arbeitsmärkte in großstädtischen Agglomerationen. Auswirkungen der Deregulierung und Flexibilisierung am Beispiel der Regionen Stuttgart und Lyon, Münster 2005.

Albrecht, Susanne: »Arbeitsmärkte im Umbruch – Erosion der Erwerbsgesellschaft?«, in: Geographische Zeitschrift, 1/2 96 (2008), S. 1–20.

Alvesson, Mats: Knowledge Work and Knowledge-intensive Firms, Oxford 2004.

Amann, Wilhelm/Bloch, Natalie/Mein, Georg (Hg.): Ökonomie – Narration – Kontingenz. Kulturelle Dimensionen des Markts, Paderborn 2014.

Antonovsky, Aaron: Salutogenese. Zur Entmystifizierung der Gesundheit. Erweiterte deutsche Ausgabe von A. Franke, Tübingen 1997.

Arnold, Heinz-Ludwig (Hg.): Gruppe 61. Arbeiterliteratur – Literatur der Arbeitswelt, Stuttgart/München/Hannover 1971.

Arps, Jan Ole: Frühschicht. Linke Fabrikintervention in den 1970er Jahren, Berlin/Hamburg 2011.

Artus, Ingrid: Interessenhandeln jenseits der Norm. Mittelständische Betriebe und prekäre Dienstleistungsarbeit in Deutschland und Frankreich, Frankfurt a.M./New York 2008.

Bachmann-Medick, Doris: »Einleitung«, in: Dies. (Hg.): Kultur als Text. Die anthropologische Wende in der Literaturwissenschaft, Frankfurt a.M. 1996, S. 7–64.

Backes-Gellner, Uschi/Lazear, Edward P./Wolff, Brigitta: Personalökonomik. Fortgeschrittene Anwendungen für das Management, Stuttgart 2001.

Badura, Bernhard u.a. (Hg.): Fehlzeiten-Report 2012. Gesundheit in der flexiblen Arbeitswelt: Chancen nutzen – Risiken minimieren, Berlin/Heidelberg 2012.

Baethge, Martin: »Arbeit, Vergesellschaftung, Identität. Zur zunehmenden normativen Subjektivierung der Arbeit«, in: Soziale Welt, 1/42 (1991), S. 6–19.

Bal, Mieke: »Close Reading Totay: From Narratology zo Cultural Analysis«, in: W. Grünzweig/A. Solbach (Hg.): Grenzüberschreitungen. Narratologie im Kontext/Transcending Boundaries. Narratology in Context, Tübingen 1998, S. 19–40.

Bakker, Arnold B./Daniels, Kevin (Hg.): A day in the life of a happy worker, London/New York 2013.

Erwähnte und zitierte Literatur

Barck, Simone: »Die Chiffre Bitterfeld. Eine kulturhistorische Annäherung im Dreierschritt«, in: D. Kift/H. Palm (Hg.): Arbeit – Kultur – Identität. Zur Transformation von Arbeitslandschaften in der Literatur, Essen 2007, S. 135–154.

Bartelheimer, Peter: »Unsichere Erwerbsbeteiligung und Prekarität«, in: WSI-Mitteilungen, 8/64 (2011), 386–393.

Barthes Roland: Leçon/Lektion. Französisch und Deutsch. Antrittsvorlesung im Collège de France, aus dem Französischen von Helmut Scheffel, Frankfurt a.M. 1980.

Barthes, Roland: »Der Tod des Autors«, in: Ders.: Das Rauschen der Sprache (Kritische Essays IV), aus dem Französischen von Dieter Hornig, Frankfurt a.M. 2006, S. 57–63.

Baßler, Moritz: »New Historicism und der Text der Kultur. Zum Problem synchroner Intertextualität«, in: M. Csáky/R. Reichensperger (Hg.): Literatur als Text der Kultur, Wien 1999, 23–40.

Bathelt, Harald/Glückler, Johannes: Wirtschaftsgeographie, Stuttgart ^{3}2012.

Bauer, Joachim: Arbeit: Warum unser Glück von ihr abhängt und wie sie uns krank macht, München 2013.

Bauman, Zygmunt: Flüchtige Zeiten. Leben in der Ungewissheit, aus dem Englischen von Richard Barth, Hamburg 2008.

Behrend, Olaf/Ludwig-Mayerhofer, Wolfgang/Sondermann, Ariadne: »Disziplinieren und Motivieren: Zur Praxis der neuen Arbeitsmarktpolitik«, in: A. Evers/R. Heinze (Hg.): Sozialpolitik. Ökonomisierung und Entgrenzug, Wiesbaden 2008, S. 276–300.

Bell, Daniel: Die nachindustrielle Gesellschaft [1973], aus dem Amerikanischen von Siglinde Summerer und Gerda Kurz, Frankfurt a.M./New York 1985.

Berger, John: Von ihrer Hände Arbeit. Eine Trilogie, aus dem Englischen von Jörg Trobitius, München/ Wien 1995.

Berndt, Christian/Fuchs, Martina: »Geographie der Arbeit: Plädoyer für ein disziplinübergreifendes Forschungsprogramm«, in: Geographische Zeitschrift, 3/4 90 (2002), S. 157–166.

Berndt, Christian: »Methodologischer Nationalismus und territorialer Kapitalismus – mobile Arbeit und die Herausforderungen für das deutsche System der Arbeitsbeziehungen«, in: Geographische Zeitschrift, 1/2 96 (2008), S. 41–61.

Besenthal, Andrea u.a.: »Struktur und Dynamik der weiblichen Erwerbstätigkeit«, in: H. Faßmann/B. Klagge/P. Meusburger (Hg.): Arbeit und Lebensstandard. Nationalatlas Bundesrepublik Deutschland, München 2006, S. 84–87.

Biendarra, Anke S.: »Prekäre neue Arbeitswelt. Narrative der New Economy«, in: J. Schöll/J. Bohley (Hg.): Das erste Jahrzehnt. Narrative und Poetiken des 21. Jahrhunderts, Würzburg 2011, S. 69–82.

Birke, Peter: Wilde Streiks im Wirtschaftswunder. Arbeitskämpfe, Gewerkschaften und soziale Bewegungen in der Bundesrepublik und Dänemark, Frankfurt a.M. u.a. 2008.

Birke, Peter: »Macht und Ohnmacht des Korporatismus. Eine Skizze zu den aktuellen Arbeitskämpfen in Deutschland«, in: Sozial.Geschichte Online, 5 (2011), S. 144–163.

Birke, Peter/Henninger, Max (Hg): Krisen Proteste. Beiträge aus Sozial.Geschichte Online, Berlin/ Hamburg 2012.

Birke, Peter u.a.: »Gute Arbeit nach dem Boom. Pilotprojekt zur Längsschnittanalyse arbeitssoziologischer Betriebsfallstudien«, in: Mitteilungen aus dem SOFI, 7/17 (2013), S. 10–13.

Blien, Uwe/Bogai, Dieter/Fuchs, Stefan (Hg.): Die regionale Arbeitsmarktforschung des IAB: Aufbau, Leitbild und Forschungsperspektiven, 2007, online unter: http://doku.iab.de/grauepap/2007/dachpapier_regionalforschung_2007.pdf

Bode, Volker/Burdack, Joachim: »Junge Menschen ohne Arbeit«, in: H. Faßmann/B. Klagge/P. Meusburger (Hg.): Arbeit und Lebensstandard. Nationalatlas Bundesrepublik Deutschland, München 2006, S. 48–49.

Bogai, Dieter/Hirschenauer, Franziska: »Erwerbsbeteiligung und Arbeitslosigkeit der Älteren«, in: H. Faßmann/B. Klagge/P. Meusburger (Hg.): Arbeit und Lebensstandard. Nationalatlas Bundesrepublik Deutschland, München 2006, S. 78–81.

Bogdal, Klaus-Michael: Zwischen Alltag und Utopie. Arbeiterliteratur als Diskurs des 19. Jahrhunderts, Opladen 1991.

Böhle, Fritz/Voß, G. Günter/Wachtler, Günther (Hg.): Handbuch Arbeitssoziologie, Wiesbaden 2010.

Böhle, Fritz/Voß, G. Günter/Wachtler, Günther: Einführung, in: F. Böhle/G. G. Voß/G. Wachtler (Hg.): Handbuch Arbeitssoziologie, Wiesbaden 2010, S. 11–22.

Böhme, Hartmut/Scherpe, Klaus R.: »Zur Einführung«, in: Dies.: Literatur und Kulturwissenschaften. Positionen, Theorien, Modelle, Reinbek 1996, S. 7–24.

Bojadžijev, Manuela: Die windige Internationale. Rassismus und Kämpfe der Migration, Münster 2008.

Boltanski, Luc/Chiapello, Ève: Der neue Geist des Kapitalismus, aus dem Französischen von Michael Tillmann, Konstanz 2003.

Bönig, Jürgen: Die Einführung von Fließbandarbeit in Deutschland bis 1933. Zur Geschichte einer Sozialinnovation, Münster/Hamburg 1993.

Bönig, Jürgen: »Drucken an der Schnellpresse – eine Arbeitsanalyse im Museum«, in: G. Bayerl/W. Weber (Hg.): Sozialgeschichte der Technik. Ulrich Troitzsch zum 60. Geburtstag, Münster u.a. 1998, S. 219–228.

Bönig, Jürgen: »Zur Geschichte der Kinderarbeit in Deutschland und Europa", in: Aus Politik und Zeitgeschichte. Themenheft Kinderarbeit, 43 (2012), S. 3–9.

Borst, Renate u.a. (Hg.): Das neue Gesicht der Städte. Theoretische Ansätze und empirische Befunde aus der internationalen Debatte, Basel/Boston/Berlin 1990.

Bourdieu, Pierre: »Prekarität ist überall! Vortrag während der Rencontres européennes contre la précarité, Grenoble, 12. – 13. Dezember 1997«, aus dem Französischen von Andreas Pfeuffer, in: Ders.: Gegenfeuer. Wortmeldungen im Dienste des Widerstands gegen die neoliberale Invasion, Konstanz 1998, S. 96–102.

Böventer, Edwin von: Standortentscheidung und Raumstruktur, Hannover 1979.

Braeg, Dieter: »Wilder Streik – das ist Revolution«. Der Streik bei Pierburg in Neuss 1973, Berlin 2013.

Braun, Boris/Schulz, Christian: Wirtschaftsgeographie, Stuttgart 2012.

Breloer, Heinrich: Nachtschalter. Die Buchmaschine. Dokumentation [D 1983].

Brenner, Peter J.: Neue deutsche Literaturgeschichte, Tübingen 1996.

Bröckling, Ulrich: Das unternehmerische Selbst. Soziologie einer Subjektivierungsform, Frankfurt a.M. 2007.

Brogi, Susanna u.a.: »Arbeit und ihre Repräsentation«, in: S. Brogi u.a. (Hg.): Repräsentationen von Arbeit. Transdisziplinäre Analysen und künstlerische Produktionen, Bielefeld 2013, S. 9–31.

Bruder, Ralph/Luczak, Holger/Schlick, Christopher: Arbeitswissenschaft, Berlin/Heidelberg ³2010.

Bude, Heinz: »Der Sozialforscher als Narrationsanimateur. Kritische Anmerkungen zu einer erzähltheoretischen Fundierung der interpretativen Sozialforschung«, in: Kölner Zeitschrift für Soziologie und Sozialpsychologie, 37 (1985), S. 310–326.

Bude, Heinz: »Die soziologische Erzählung«, in: T. Jung/S. Müller-Doohm (Hg.): »Wirklichkeit« im Deutungsprozeß. Verstehen und Methoden in den Kultur- und Sozialwissenschaften, Frankfurt a.M. 1993, S. 409–429.

Bude, Heinz: »Nostalgische Reserven«, in: Mittelweg 36, 5/17 (2008), S. 46–49.

Bude, Heinz/Willisch, Andreas (Hg.): Exklusion. Die Debatte über die »Überflüssigen«, Frankfurt a.M. 2007.

Bühler, Elisabeth: »Formen der Vereinbarkeit von Erwerbsarbeit und Familie. Strukturen und Entwicklungstendenzen in der Schweiz«, in: Geographische Zeitschrift, 90 3/4 (2002), S. 167–179.

Bukow, Wolf-Dietrich/Spindler, Susanne: »Die biographische Ordnung der Lebensgeschichte. Eine einführende Diskussion«, in: W.-D. Bukow u.a. (Hg.): Biographische Konstruktionen im multikulturellen Bildungsprozess. Individuelle Standortsicherung im globalisierten Alltag, Wiesbaden 2006, S. 9–36.

Burchard, Hans-Jürgen/Peters, Stefan/Weinmann, Nico (Hg.): Arbeit in globaler Perspektive. Facetten der Informalisierung, Frankfurt a.M. u.a. 2013.

Bürkner, Hans-Joachim: »Transnationale Migration Cultural turn und die Nomaden des Weltmarkts«, in: Zeitschrift für Wirtschaftsgeographie, 2/49 (2005), S. 113–122.

Butterwegge, Christoph/Lösch, Bettina/Ptak, Ralf: Kritik des Neoliberalismus, Wiesbaden 2007.

Castel, Robert/Dörre, Klaus (Hg.): Prekarität, Abstieg, Ausgrenzung. Die soziale Frage am Beginn des 21. Jahrhunderts, Frankfurt a.M./New York 2009.

Castel, Robert: Die Stärkung des Sozialen. Leben im neuen Wohlfahrtsstaat, Hamburg 2005.

Castree, Noel u.a.: Places of Work. Global Capitalism and Geographies of Labour, London/Thousand Oaks/New Delhi 2004.

Castree, Noel: »Labour Geography: A Work in Progress«, in: International Journal of Urban and Regional Research, 4/31 (2007), S. 853–862.

Cepl-Kaufmann, Gertrude/Grande, Jasmin (Hg.): Schreibwelten – Erschriebene Welten. Zum 50. Geburtstag der Gruppe 61, Essen 2011.

Chilese, Viviana: »Menschen im Büro: Zur Arbeitswelt in der deutschen Gegenwartsliteratur«, in: F. Cambi (Hg.): Gedächtnis und Identität, Würzburg 2008, S. 293–303.

Cho, Kyu-Hee: Zum literarischen Wirkungskonzept des Werkkreises Literatur der Arbeitswelt. Realismus und Arbeiterliteratur, Frankfurt a.M. u.a. 2000.

Clausen, Lars: Produktive Arbeit, Destruktive Arbeit: Soziologische Grundlagen, Berlin/New York 1988.

Dahrendorf, Ralf: »Wenn der Arbeitsgesellschaft die Arbeit ausgeht«, in: J. Matthes (Hg.): Krise der Arbeitsgesellschaft? Verhandlungen des 21. Deutschen Soziologentags in Bamberg 1982, Frankfurt a.M. 1983, S. 35–37.

Deutschmann, Christoph: Postindustrielle Industriesoziologie: Theoretische Grundlagen, Arbeitsverhältnisse und soziale Identitäten, Weinheim/Basel 2001.

Doering-Manteuffel, Anselm: »Nach dem Boom. Brüche und Kontinuitäten der Industriemoderne seit 1970«, in: Vierteljahreshefte für Zeitgeschichte, 4 (2007), S. 559–582.

Doering-Manteuffel, Anselm/Raphael, Lutz: Nach dem Boom. Perspektiven auf die Zeitgeschichte nach 1970, Göttingen 2008.

Dörre, Klaus: »Prekäre Arbeit. Unsichere Beschäftigungsverhältnisse und ihre sozialen Folgen«, in: Arbeit – Zeitschrift für Arbeitsforschung, Arbeitsgestaltung und Arbeitspolitik, 1/15 (2006), S. 181–193.

Dörre, Klaus/Lessenich, Stephan/Rosa, Hartmut: Soziologie – Kapitalismus – Kritik. Eine Debatte, Frankfurt a.M. 2009.

Dörre, Klaus: »Ende der Planbarkeit? Lebensentwürfe in unsicheren Zeiten«, in: Aus Politik und Zeitgeschichte, 41 (2009), S. 19–24.

Dunkel, Wolfgang/Kratzer, Nick/Menz, Wolfgang: »Permanentes Ungenügen und Veränderung in Permanenz – Belastungen durch neue Steuerungsformen«, in: WSI-Mitteilungen, 7/63 (2010), S. 357–364.

Ebert, Ralf/Kunzmann, Klaus R./Lange, Bastian: Kreativwirtschaftspolitik in Metropolen, Detmold 2012.

Ecker, Gisela/Lillge, Claudia (Hg.): Kulturen der Arbeit, Paderborn 2011.

Eckert, Andreas: »What is Global Labour History Good For?«, in: J. Kocka (Hg.): Work in a Modern Society. The German Historical Experience in Comparative Perspective, New York/Oxford 2010, S. 169–181.

Eisel, Ulrich: Landschaft und Gesellschaft. Räumliches Denken im Visier, Münster 2009.

Engels, Friedrich: »Anteil der Arbeit an der Menschwerdung des Affen«, in: H. Heid/K. Rodax/E. Hoff (Hg.): Ökologische Kompetenz, Wiesbaden 2000, S. 96–104.

Erdbrügger, Torsten/Nagelschmidt, Ilse/Probst, Inga (Hg.): Omnia vincit labor? Narrative der Arbeit – Arbeitskulturen in medialer Reflexion, Berlin 2013.

Erdbrügger, Torsten/Probst, Inga: »Arbeitsplätze die neueste Literatur betreffend«, in: Gegenblende. Das gewerkschaftliche Debattenmagazin 25 (2014).

Faßmann, Heinz/Meusburger, Peter: Arbeitsmarktgeographie. Erwerbstätigkeit und Arbeitslosigkeit im räumlichen Kontext, Stuttgart 1997.

Fehmel, Thilo: »Institutioneller Wandel durch semantische Kontinuität: Die bruchlose Transformation der Tarifautonomie«, in: K. Andresen/U. Bitzegeio/J. Mittag (Hg.): Nach dem Strukturbruch? Kontinuität und Wandel von Arbeitswelten, Bonn 2011, S. 267–291.

Festl, Michael G.: »Ende der Gemütlichkeit. Zum Verhältnis der normativen Theorie zur Soziologie am Beispiel der Arbeit«, in: Salzburger Beiträge zur Sozialethik, 4 (2013).

Florida, Richard: The Rise of the Creative Class – And How It's Transforming Work, Leisure, Community and Everyday Life, New York 2002.

Foucault, Foucault: »Die Geburt einer Welt [Gespräch mit J.-M. Palmier]«, aus dem Französischen von Michael Bischoff, in: Ders.: Dits et écrits. Bd.1, hrsg. von D. Defert/F. Ewald unter Mitarbeit von J. Lagrange, Frankfurt a.M. 2001, S. 999–1002

Foucault, Michel: »Was ist ein Autor?«, aus dem Französischen von Kocyba, in: Michel Foucault: Schriften zur Literatur. hrsg. v. D. Defert und F. Ewald unter Mitarbeit von J. Lagrange. Frankfurt a.M. 2003, S. 234–270.

Franck, Michael: »Mismatch-Arbeitslosigkeit auf dem deutschen Arbeitsmarkt«, in: Zeitschrift für Wirtschaftsgeographie, 1/47 (2003), S. 42–55.

Freunde des Museums der Arbeit e.V. (Hg.): 25 Jahre Verein Museum der Arbeit [Sonderheft der Mitarbeit, Zeitschrift der Freunde des Museums der Arbeit e.V.], Hamburg 2005.

Fromhold-Eisebith, Martina/Schrattenecker, Wolfgang: »Qualifikationsentwicklung der Beschäftigten in Deutschland. Eine raumbezogene Analyse«, in: Raumforschung und Raumordnung, 4 (2006), S. 258–269.

Fuchs, Martina: »Neue räumliche Verflechtungen und veränderte Arbeitsbeziehungen im Produktionssystem ›Automobil‹ – Das Beispiel Puebla (Mexiko)«, in: Zeitschrift für Wirtschaftsgeographie, 2/39 (1995), S. 124–132.

Fuchs, Martina: »Gewerkschaften und Arbeitskämpfe«, in: H. Faßmann/B. Klagge/P. Meusburger (Hg.): Arbeit und Lebensstandard. Nationalatlas Bundesrepublik Deutschland, München 2006, 66–67.

Fuchs, Tatjana: »Qualität der Arbeit«, in: Forschungsverbund Sozioökonomische Berichterstattung (Hg.): Berichterstattung zur sozioökonomischen Entwicklung in Deutschland. Teilhabe im Umbruch. Zweiter Bericht, Wiesbaden 2012, S. 417–447.

Fujita, Masahisa/Krugman, Paul/Venables, Anthony J.: The Spatial Economy. Cities, Regions, and International Trade, Cambridge, Massachusetts 1999.

Füllsack, Manfred: Arbeit, Wien 2009.

Fürstenberg, Friedrich: Konzeption einer interdisziplinär organisierten Arbeitswissenschaft, Göttingen 1975

Geertz, Clifford: »Dichte Beschreibung. Bemerkungen zu einer deutenden Theorie von Kultur«, in: Ders.: Dichte Beschreibung. Beiträge zum Verstehen kultureller Systeme, aus dem Englischen von Brigitte Luchesi und Rolf Bindemann, Frankfurt a.M. 1983, S. 7–43.

Genette, Gérard: Die Erzählung, aus dem Französischen von Andreas Knop, München 1998.

Gerhard, Ute/Palm, Hanneliese (Hg.): Schreibarbeiten an den Rändern der Literatur. Die Dortmunder Gruppe 61, Essen 2012.

Gerlach, Ingeborg: Bitterfeld. Arbeiterliteratur und Literatur der Arbeitswelt in der DDR, Kronberg 1974.

Gohrbandt, Elisabeth/Weiss, Günther: »Arbeitsmarktpolitik zwischen Integrationserfolg und Sisyphusarbeit«, in: H. Faßmann/B. Klagge/P. Meusburger (Hg.): Arbeit und Lebensstandard. Nationalatlas Bundesrepublik Deutschland, München 2006, S. 68–69.

Gottschall, Karin: »Arbeit, Beschäftigung und Arbeitsmarkt aus der Genderperspektiv«, in: F. Böhle/G. G. Voß/G. Wachtler: Handbuch Arbeitssoziologie, Wiesbaden 2010, S. 671–698.

Franke, Alexa: Modelle von Gesundheit und Krankheit, Bern 2008.

Greiner, Bernhard: Die Literatur der Arbeitswelt in der DDR, Heidelberg 1974.

Grossmaas, Ute: Arbeiterliteratur als Beitrag zur Gesellschaftsveränderung? Romane aus dem »Werkkreis Literatur der Arbeitswelt«, Frankfurt a.M./Bern 1983.

Grundmann, Hilmar: Berufliche Arbeit macht krank. Literaturdidaktische Reflexionen über das Verhältnis von Beruf und Privatsphäre in den Romanen von Marin Walser, Frankfurt a.M. u.a. 2003.

Habermas, Jürgen: »Der Marsch durch die Institutionen hat auch die CDU erreicht«, in: Frankfurter Rundschau vom 11.03.1988.

Hachtmann, Rüdiger: »Gewerkschaften und Rationalisierung: Die 1970er-Jahre – ein Wendepunkt«, in: K. Andresen/U. Bitzegeio/J. Mittag (Hg.): Nach dem Strukturbruch? Kontinuität und Wandel von Arbeitsbeziehungen und Arbeitswelt(en) seit den 1970er-Jahren, Bonn 2011, S. 181–209.

Hall, David: Working Lives. The Forgotten Voices of Britain's Post-War Working Class, London 2012.

Hann, Christopher: »Echte Bauern, Stachanowiten und die Lilien auf dem Felde. Arbeit und Zeit aus sozialanthropologischer Perspektive«, in: J. Kocka/C. Offe (Hg.): Geschichte und Zukunft der Arbeit, Frankfurt a.M./New York 2000, S. 23–53

Hanson, Susan/Pratt, Geraldine: Gender, Work and Space, New York 1995.

Hardering, Friedericke: Unsicherheiten in Arbeit und Biographie. Zur Ökonomisierung der Lebensführung, Wiesbaden 2011.

Hardt, Micheal/Negri, Antonio: Empire. Cambridge, Massachusetts/London 2000.

Haslinger, Joseph: »Literatur und Arbeitswelt«. In: Wespennest, 55 (1984): Lesen ist Fernsehen im Kopf. Texte über Literatur, S. 38–46.

Hart, Keith: »Informal Income Opportunities and Urban Employment in Ghana«, in: The Journal of Modern African Studies, 11, S. 61–89

Harvey, David: The Limits to Capital, Oxford 1982.

Haubl, Rolf/Hausinger, Brigitte/Voß, G. Günter: Riskante Arbeitswelten: Zu den Auswirkungen moderner Beschäftigungsverhältnisse auf die psychische Gesundheit und die Arbeitsqualität, Frankfurt a.M. 2013.

Hauff, Sven: »Zwischen Flexibilität und Sicherheit. Zur aktuellen Entwicklung von Werten in der Arbeitswelt«, in: Soziale Welt, 59 (2008), S. 53–74.

Hauff, Sven/Kirchner, Stefan: »Wandel der Arbeitsqualität Arbeits- und Beschäftigungsbedingungen zwischen 1989 und 2006 in einer evaluativ-relationalen Perspektive«, in: Zeitschrift für Soziologie, 4/42 (2012), S. 337–355.

Haug, Frigga: »Arbeit«, in: F. Haug (Hg.): Historisch-Kritisches Wörterbuch des Marxismus. Band 1: Abbau des Staates bis Avantgardismus, Hamburg/Berlin 1994, S. 401–422.

Haunschild, Axel: »›Keiner kann sich mehr verschenken‹ Arbeitswissenschaft und Gesellschaft«, in: R. Ortlieb/B. Sieben (Hg.): Geschenkt wird einer nichts – oder doch? Festschrift für Gertraude Krell, München/Mering 2012, S. 41–46.

Haunschild, Axel: »Stellungnahme zur Arbeitsorientierung in den Wirtschaftswissenschaften«, in: Laske/Schweres (Hg.): Arbeitsorientierung in den Wirtschaftswissenschaften, S. 73–75.

Hausen, Karin: »Die Polarisierung der ›Geschlechtscharaktere‹ – Eine Spiegelung der Dissoziation von Erwerbs- und Familienleben«, in: W. Conze (Hg.): Sozialgeschichte der Familie in der Neuzeit Europas, Stuttgart 1976, S. 363–393.

Hausen, Karin: »Arbeit und Geschlecht«, in: J. Kocka/C. Offe (Hg.): Geschichte und Zukunft der Arbeit, Frankfurt a.M./New York 2000, S. 343–361.

Heeg, Susanne: »Differenzierung und Dezentralisierung der Tarifpolitik«, in: H. Faßmann/B. Klagge/P. Meusburger (Hg.): Arbeit und Lebensstandard. Nationalatlas Bundesrepublik Deutschland, München 2006, S. 64–65.

Heeg, Susanne: »Maßstäblichkeit von Arbeitsbeziehungen – räumliche Bezüge der Tarifpolitik in Deutschland«, in: Geographische Zeitschrift, 1/2 96 (2008), S. 21–40.

Heeg, Susanne: »Erosion of corporatism? Rescaling of industrial relations in Germany«, in: European Urban and Regional Studies, 2012. prepublished, doi: 10.1177/0969776412445724.

Hegel, Georg Wilhelm Friedrich: Grundlinien der Philosophie des Rechts. Vorred, in: Ders.: Werke Bd. 7, Frankfurt a.M. 1979.

Heimburger, Susanne: Kapitalistischer Geist und literarische Kritik. Arbeitswelten in deutschsprachigen Gegenwartstexten, München 2010.

Hentrich, J. (Hg.) 2013. Eschborner Thesen zur Arbeitsforschung. RKW Kompetenzzentrum Eschborn. http://www.rkw-kompetenzzentrum.de/fileadmin/media/Dokumente/Publikationen/2013_Eschborner_Thesen.pdf (letzter Zugriff am 23.02.2014).

Herbert, Ulrich (Hg.): Wandlungsprozesse in Westdeutschland. Belastung, Integration, Liberalisierung 1945–1980, Göttingen 2002.

Herod, Andrew: »From a Geography of Labor to a Labor Geography«, in: Antipode, 1/29 (1997), S. 1–31.

Herod, Andrew: Labour Geographies. Workers and the Landscapes of Capitalism, New York 2001.

Hobsbawm, Eric John Ernest: Industry and Empire. From 1750 to the Present Day, London 1968.

Hobsbawm, Eric John Ernest: The Age of Extremes. A History of the World 1914–1991, London 1994.

Hochschild, Arlie R.: The Managed Heart: Commercialization of Human Feeling, Berkeley/London/Los Angeles 1983.

Hodgson, Geoffrey: How Economics Forgot History: The Problem of Historical Specificity in Social Science, London 2001

Holtgrewe, Ursula/Voswinkel, Stephan/Wagner, Gabriele (Hg.): Anerkennung und Arbeit, Konstanz 2000.

Honneth, Axel: Kampf um Anerkennung. Zur moralischen Grammatik sozialer Konflikte, Frankfurt a.M. 1994

Honneth, Axel (Hg.): Befreiung aus der Mündigkeit. Paradoxien des gegenwärtigen Kapitalismus, Frankfurt a.M. 2002.

Honneth, Axel: »Organisierte Selbstverwirklichung. Paradoxien der Individualisierung«, in: Ders. (Hg.): Befreiung aus der Mündigkeit. Paradoxien des gegenwärtigen Kapitalismus, Frankfurt a.M./New York 2002, S. 141–158.

Honneth, Axel: »Arbeit und Anerkennung. Versuch einer Neubestimmung«, in: Deutsche Zeitschrift für Philosophie, 3/56 (2008), S. 327–341.

Erwähnte und zitierte Literatur

Horwitz, Hugo Theodor: Das Relais-Prinzip. Schriften zur Technikgeschichte, hrsg. von T. Brandstetter/U. Troitzsch, Wien 2008.

Howaldt, Jürgen/Schwarz, Michael: »Die Rolle der Sozialwissenschaftler bei der Erforschung und Gestaltung sozialer Innovation«, in: Dies. (Hg.): Soziale Innovation im Fokus. Skizze eines gesellschaftstheoretisch inspirierten Forschungskonzepts, Bielefeld 2010, S. 99–113.

Huchler, N. (Hg.): Ein Fach wird vermessen. Positionen zur Zukunft der Disziplin Arbeits- und Industriesoziologie, Berlin 2008.

Hürtgen, Renate: »Niedergang und Neuanfang einer autonomen Arbeiterbewegung in der DDR. Das Streikgeschehen von den 1950er Jahren bis 1989«, in: Technomuseum (Hg.): Durch Nacht zum Licht? Geschichte der Arbeiterbewegung 1863–2013. Katalog zur großen Landesausstellung Baden-Württemberg, Mannheim 2013, S. 287–308.

Huwer, Jörg: »Gastarbeiter« im Streik. Die Arbeitsniederlegung bei Ford Köln im August 1973, Köln 2013.

Inglehart, Ronald: The Silent Revolution. Changing Values and Political Styles among Western Publics, Princeton 1977.

Jäger, Michael/Seibert, Thomas: Alle zusammen. Jede für sich. Die Demokratie der Plätze. Hamburg 2012.

Jäger, Wieland/Pfeiffer, Sabine: »›Die Arbeit ist das Lebendig gestaltende Feuer…‹ – Der Marxsche Arbeitsbegriff und Lars Clausens Entwurf einer modernen Arbeitssoziologie«, in: Arbeit – Zeitschrift für Arbeitsforschung, Arbeitsgestaltung und Arbeitspolitik, 2/5 (1996), S. 223–247.

Janssens, Maddy/Steyaert, Chris: »The Inhuman Space of HRM: Sensing the Subject«, in: Organization, 2/6 (1999), 371–383.

Jirgl, Reinhard: Abtrünnig. Roman aus der nervösen Zeit, München 2005.

Jürgens, Kerstin: »Arbeit und Leben«, in: F. Böhle/G. G. Voß/G. Wachtler: Handbuch Arbeitssoziologie, Wiesbaden 2010, S. 483–510.

Kädtler, Jürgen: Finanzialisierung und Finanzmarktrationalität. Zur Bedeutung konventioneller Handlungsorientierungen im gegenwärtigen Kapitalismus, SOFI-Arbeitspapier, 5 (2009), Göttingen 2009.

Kahlert, Heike: »Die soziologische Erzählung der ›Zweiten Moderne‹. Skizzen zu einem aktuellen Versuch, das ›Neue‹ zu denken«, in: Potsdamer Studien für Frauen- und Geschlechterforschung, 6 (2002): Transformationen Wissen – Mensch – Geschlecht, S. 124–136.

Käsler, Dirk: »Post-klassische Theorien im Haus der Soziologie«, in: D. Käsler (Hg.): Aktuelle Theorien der Soziologie: Von Shmuel N. Eisenstadt bis zur Postmoderne, München 2005, S. 11–40.

Keupp, Heiner u.a.: Identitätskonstruktionen. Das Patchwork der Identitäten in der Spätmoderne, Reinbek bei Hamburg ³2006.

Klagge, Bitta: »Arbeitsmärkte im Umbruch«, in: R. Glaser/H. Gebhardt/W. Schenk (Hg.): Geographie Deutschlands, Darmstadt 2007, S. 195–202.

Kleemann, Frank: »Subjektivierung von Arbeit – Eine Reflexion zum Stand des Diskurses«, in: Arbeits- und Industriesoziologische Studien (AIS), 2/5 (2012), S. 6–202.

Klein, Markus: »Gibt es die Generation Golf? Eine empirische Inspektion«, in: Kölner Zeitschrift für Soziologie und Sozialpsychologie, 5/5 (2003), S. 99–115.

Klein, Markus/Ohr, Dieter: »Ändert der Wertewandel seine Richtung? Die Entwicklung gesellschaftlicher Werteorientierungen in der Bundesrepublik Deutschland zwischen 1980 und 2000«, in: A. Koch/R.- Schmitt-Beck/M. Wasmer: Sozialer und politischer Wandel in Deutschland, Wiesbaden 2004, S. 153–178.

Kocka, Jürgen: »Arbeit früher, heute, morgen: Zur Neuartigkeit der Gegenwart«, in: J. Kocka,/C. Offe (Hg.): Geschichte und Zukunft der Arbeit, Frankfurt a.M./New York 2000, S. 476–493.

Kocka, Jürgen: »Mehr Last als Lust. Arbeit und Arbeitsgesellschaft in der europäischen Geschichte«, in: Jahrbuch für Wirtschaftsgeschichte, 2 (2005), S. 185–206.

Kohli, Martin: »Der institutionalisierte Lebenslauf: ein Blick zurück und nach vorn«, in: J. Allmendinger (Hg.): Entstaatlichung und soziale Sicherheit. Verhandlungen des 31. Kongresses der Deutschen Gesellschaft für Soziologie in Leipzig 2002, Opladen 2003, S. 525–545

Komlosy, Andrea: »Arbeit und Werttransfer im Kapitalismus. Vielfalt der Erscheinungsformen und Operationalisierung«, in: Sozial.Geschichte Online, 9 (2012), S. 36–62.

Koschorke, Albrecht: Wahrheit und Erfindung. Grundzüge einer allgemeinen Erzähltheorie, Frankfurt a.M. 2012

Kosok, Lisa (Hg.): Katalog. Museum der Arbeit, Hamburg 1997.

Krätke, Stefan: Strukturwandel der Städte. Städtesystem und Grundstücksmarkt in der »post-fordistischen« Ära, Frankfurt a.M./New York 1991.

Krätke, Stefan: Stadt – Raum – Ökonomie. Einführung in aktuelle Problemfelder der Stadtökonomie und Wirtschaftsgeographie, Basel/Boston/Berlin 1995.

Krätke, Stefan: »›Creative Cities‹ and the Rise of the Dealer Class. A critique of R. Florida's Approach to Urban Theory«, in: International Journal of Urban and Regional Research, 4/34 (2010), S. 835–853.

Krätke, Stefan: The Creative Capital of Cities. Interactive Knowledge Creation and the Urbanization Economies of Innovation, Oxford 2011.

Kratzer, Nick: Arbeitskraft in Entgrenzung. Grenzenlose Anforderungen, erweiterte Spielräume, begrenzte Ressourcen, Berlin 2003.

Kratzer, Nick/Lange, Andreas: »Entgrenzung von Arbeit und Leben: Verschiebung, Pluralisierung, Verschränkung. Perspektiven auf ein neues Re-Produktionsmodell,« in W. Dunkel/D. Sauer (Hg.): Von der Allgegenwart der verschwindenden Arbeit: Neue Herausforderungen für die Arbeitsforschung, Berlin 2006, S. 171–202.

Kraus, Wolfgang: »Narrative Psychologie«, in: S. Grubitzsch/K. Weber (Hg.): Psychologische Grundbegriffe. Ein Handbuch, Reinbek bei Hamburg 1998.

Krebs, Angelika: Arbeit und Liebe. Die philosophischen Grundlagen sozialer Gerechtigkeit, Frankfurt a.M. 2002.

Krell, Gertraude: Ingenieure des Lebens. Zur Kritik der Arbeitswissenschaft. Dissertation, Universität Oldenburg 1983.

Krell, Gertraude: Das Bild der Frau in der Arbeitswissenschaft, Frankfurt a.M./New York 1984.

Krell, Gertraude: Vergemeinschaftende Personalpolitik, München/Mering 1994.

Kruse, Jan: »Kritik der disziplinierenden Simulation. Ein soziologisches Fragment über ›postmoderne‹ Arbeitsgesellschaften«, in: parapluie, 27/2011, o.S.

Kühl, Stefan: »Von der Krise, dem Elend und dem Ende der Arbeits- und Industriesoziologie«, in: Soziologie, 2/33 (2004), S. 7–16.

Kulke, Elmar: Wirtschaftsgeographie, Paderborn ³2008.

Küsters, Ivonne: Narrative Interviews: Grundlagen und Anwendungen. Zur Analyse Narrativer Interviews, Wiesbaden 2009.

Lange, Bastian: Die Räume der Kreativszenen: Culturepreneurs und ihre Orte in Berlin, Bielefeld 2007.

Lange, Bastian u.a. (Hg.): Governance der Kreativwirtschaft. Diagnosen und Handlungsoptionen, Bielefeld 2009.

Laske, Stephan/Schweres, Manfred (Hg.): Arbeitsorientierung in den Wirtschaftswissenschaften. Vielfalt als Krisenindikator oder als Potenzial?, München/Mering 2014.

Leggewie, Claus/Welzer, Harald: Das Ende der Welt, wie wir sie kannten: Klima, Zukunft und die Chancen der Demokratie, Bonn 2010.

Lengfeld, Holger/Hirschle, Jochen: »Die Angst der Mittelschichten vor dem sozialen Abstieg. Eine Längsschnittanalyse 1984–2007«, in: Zeitschrift für Soziologie, 5 (2009), S. 379–398.

Linebaugh, Peter/Rediker, Marcus: The Many-Headed Hydra. Sailors, Slaves, Commoners, and the Hidden History of the Revolutionary Atlantic, Boston 2000.

Link, Jürgen: »Flexibilisierung minus Normalität gleich Prekarität? Überlegungen über Prekarisierung als Denormalisierung«, in: O. Marchart (Hg.): Facetten der Prekarisierungsgesellschaft. Prekäre Verhältnisse. Sozialwissenschaftliche Perspektiven auf die Prekarisierung von Arbeit und Leben, Bielefeld 2013, S. 205–215.

Luczak, Holger u.a.: Arbeitswissenschaft. Kerndefinition Gegenstandskatalog Forschungsgebiete. Bericht an den Vorstand der Gesellschaft für Arbeitswissenschaft und die Stiftung Volkswagenwerk, Eschborn 1987.

Lyotard, Jean François: Das postmoderne Wissen. Ein Bericht, aus dem Französischen von Otto Pfersmann, Wien 1987.

Mackinnon, Danny/Cumbers, Andrew: An Introduction to Economic Geography. Globalization, Uneven Development and Place, Harlow ²2011.

Martinez, Matias/Scheffel, Michael: Einführung in die Erzähltheorie, München 1999.

Marx, Karl: Das Kapital, Band 1, in: Ders./Friedrich Engels: MEW 23, Berlin 1980.

Massey, Doreen: Spatial Divisions of Labor. Social Structures and the Geography of Production, New York 1984.

Massey, Doreen: Place, Space and Gender, Cambridge 1994.

Matthies, Annemarie/Preisinger, Alexander: »Literarische Welten der Ökonomisierung. Gouvernementale Schreibweisen im Gegenwartsroman«, in: T. Erdbrügger/I. Nagelschmidt/I. Probst (Hg.): Omnia vincit labor? Narrative der Arbeit – Arbeitskulturen in medialer Reflexion, Berlin 2013, S. 139–152.

Mayer-Ahuja, Nicole: »Arbeit, Unsicherheit, Informalität«, in: K. Dörre/D. Sauer/V. Wittke (Hg.): Kapitalismustheorie und Arbeit. Neue Ansätze soziologischer Kritik, Frankfurt a.M./New York 2012, S. 289–301.

McCloskey, Deidre N.: The Rhetoric of Economics, Madison, Wisconsin ²1998.

McDowell, Linda: Capital Culture. Gender at Work in the City, Oxford 1997.

Meier Kruker, Verena/Schier, Michaela/Streit, Anne von: »Geography and Gendered Labour Markets«, in: GeoJournal, 4/56 (2002), S. 243–251.

Menasse, Robert: »Arbeit, Freiheit und Wahn«, in: Ders: Permanente Revolution der Begriffe. Vorträge zur Kritik der Abklärung, Frankfurt a.M. 2009, S. 11–25.

Meuter, Norbert: »Geschichten erzählen, Geschichten analysieren. Das narrativistische Paradigma in den Kulturwissenschaften«, in: F. Jaeger/J. Straub (Hg.): Handbuch der Kulturwissenschaften. Bd. 2: Paradigmen und Diskurse, Stuttgart 2004, S. 140–155.

Minssen, Heiner: Arbeits- und Industriesoziologie. Eine Einführung, Frankfurt a.M. 2006.

Minssen, Heiner: Arbeit in der modernen Gesellschaft. Eine Einführung, Wiesbaden 2011.

Moldaschl, Manfred /Sauer, Dieter: »Internalisierung des Marktes – Zur neuen Dialektik von Kooperation und Herrschaft«, in: H. Minssen (Hg.): Begrenzte Entgrenzungen. Wandlungen von Organisation und Arbeit, Berlin 2000, S. 205–224

Müller, Jan: »Ist ›Arbeit‹ eine Metapher? Und wie arbeiten wir mit ihr?«, in: F. Heidenreich/J.-C. Manod/A. Oster (Hg.): Arbeit neu denken. Reponser le travail. Berlin 2003, S. 2–6.

Müller-Funk, Wolfgang: Die Kultur und ihre Narrative. Eine Einführung, Wien/New York 2008.

Müller-Funk, Wolfgang: »Tu nix. Ein kleines Panorama der Arbeitsverweigerung«, in: T. Erdbrügger/I. Nagelschmidt/I. Probst (Hg.): Omnia vincit labor? Narrative der Arbeit – Arbeitskulturen in medialer Reflexion, Berlin 2013, S. 429–442.

Museum der Arbeit, Hamburg (Hg.): Das Museum der Arbeit in Hamburg – Denkanstöße, Themen, Aufgaben, Hamburg 1993.

Neumaier, Otto: »Was ›Arbeit‹ bedeutet«, in: T. Böhler/O. Neumaier/G. Schweiger/C. Sedemak (Hg.): Menschenwürdiges Arbeiten. Eine Herausforderung für Gesellschaft, Politik und Wissenschaft, Wiesbaden 2009, S. 11–38.

Ngai, Pun/Huilin, Lu: »Unvollendete Proletarisierung – Das Selbst, die Wut und die Klassenaktionen der zweiten Generation von BauernarbeiterInnen im heutigen China«, in: Sozial.Geschichte Online, 4 (2010), S. 36–69.

Nienhüser, Werner: »Political (Personnel) Economy – A political Economy Perspective to Explain Different Forms of Human Resource Management«, in: Management Revue, 2/15 (2004), S. 228–248.

Noelle-Neumann, Elisabeth/Petersen, Thomas: »Zeitenwende. Der Wertewandel 30 Jahre später«, in: Aus Politik und Zeitgeschichte, 29 (2001), S. 15–22.

Offe, Claus: »Arbeit als Soziologische Schlüsselkategorie?«, in: J. Matthes (Hg.): Krise Der Arbeitsgesellschaft? Verhandlungen des 21. Deutschen Soziologentags in Bamberg 1982, Frankfurt a.M. 1983, S. 38–65.

O'Neill, Shane/Smith, Nicholas H. (Hg.): Recognition Theory as Social Research. Investigating the Dynamics of Social Conflict, Basingstoke/New York 2012.

Osterland, Martin: »›Normalbiographie‹ und ›Normalarbeitsverhältnis‹«, in: P. Berger/S. Hradil (Hg.): Lebenslagen, Lebensläufe, Lebensstile. Soziale Welt (Sonderband 7), Göttingen 1990, S. 351–362.

Otremba, Erich: Allgemeine Agrar- und Industriegeographie, Stuttgart ^{2}1960.

Palm, Hanneliese: »›Nützt die aufgezwungene Freizeit zu Eurer Fortbildung, lest Bücher!‹ Fritz Hüser: Sammler, Bibliothekar, Literaturvermittler, Mentor«, in: V. Zaib/Fritz-Hüser-Gesellschaft (Hg.): Kultur als Fenster zu einem besseren Leben und Arbeiten. Festschrift für Rainer Noltenius, Bielefeld 2003, S. 222–366.

Parnreiter, Christof: »Von Mauern und Löchern: Zuwanderung in die USA«, in: Geographische Rundschau, 6/60 (2008), S. 40–47.

Peck, Jamie: Work-Place. The Social Regulation of Labor Markets, London 1996.

Peck, Jamie: »Struggling With the Creative Class«, in: International Journal of Urban and Regional Research, 4/24 (2005), S. 740–770.

Pfeiffer, Sabine: »Ein? Zwei? – Viele! Und noch mehr Arbeitsvermögen! Ein arbeitssoziologisches Plädoyer für die Reanimation der Kategorie des Arbeitsvermögens als Bedingung einer kritikfähigen Analyse von (informatisierter) Arbeit«, in: D. Baatz/C. Rudolph/A. Satilmis (Hg.): Hauptsache Arbeit? Feministische Perspektiven auf den Wandel von Arbeit. Arbeit – Demokratie – Geschlecht, Münster 2004, S. 212–226.

Pfeiffer, Sabine: »Technisierung von Arbeit«, in: F. Böhle/G. G. Voß /G. Wachtler (Hg.): Handbuch Arbeitssoziologie, Wiesbaden 2010, S. 231–262.

Sabine Pfeiffer: »Leib und Stoff als Quelle sozialer Ordnung«, in F. Böhle/M. Weihrich (Hg.): Die Körperlichkeit sozialen Handelns: Soziale Ordnung jenseits von Normen und Institutionen, Bielefeld 2010, S. 129–161.

Pfeiffer, Sabine: »Web, Wert und Arbeit«, in: U. Dolata/J. Schrape (Hg.): Internet, Mobile Devices und die Transformation der Medien. Radikaler Wandel als Schrittweise Rekonfiguration, Berlin 2013, S. 177–198.

Pongratz, Hans J. /Voß, G. Günter: Arbeitskraftunternehmer. Erwerbsorientierungen in entgrenzten Arbeitsformen, Berlin 2003.

Pongratz, Hans J./Trinczek Rainer (Hg.): Industriesoziologische Fallstudien: Entwicklungspotenziale einer Forschungsstrategie, Berlin 2010.

Erwähnte und zitierte Literatur

Preisinger, Alexander: »Der ganze Haufen las sich wie eine Zeitrafferreise in Richtung Desillusionierung.« Kapitalismuskritik als diskursive Formation am Beispiel des Genres Praktikantenroman«, in: S. Brogi u.a. (Hg.): Repräsentationen von Arbeit. Transdisziplinäre Analysen und künstlerische Produktionen, Bielefeld 2013, S. 415–432.

Priemel, Kim Christian: »Heaps of Work. The Ways of Labour History«, in: H-Soz-u-Kult, 23.01.2014, online unter: http://hsozkult.geschichte.hu-berlin.de/forum/201--01.pdf.

Pries, Ludger: »Mexikanische Arbeitswanderung in die USA. Gegenwärtige Struktur und neue Formen transnationaler Migration«, in: Geographische Rundschau, 7/8 (1999), S. 382–387.

Pries, Ludger: »Transnationalismus, Migration und Inkorporation. Herausforderungen an Raum- und Sozialwissenschaften«, in: Geographische Revue, 3/5 (2003), S. 23–40.

Raithel, Thomas/Schlemmer, Thomas (Hg.): Die Rückkehr der Arbeitslosigkeit. Die Bundesrepublik Deutschland im europäischen Kontext 1973–1989, München 2009.

Reckwitz, Andreas: Subjekt, Bielefeld ²2010.

Reh, Sascha: Gibraltar, Frankfurt a.M. 2013.

Rödder, Andreas: Das »Modell Deutschland« zwischen Erfolgsgeschichte und Verfallsdiagnose, in: Vierteljahreshefte für Zeitgeschichte, 54 (2006), S. 345–363.

Roethlisberger Fritz J./Dickson, William J.: Management and the Worker, Cambridge, Massachsetts 1939.

Rosa, Hartmut: »Kapitalismus als Dynamisierungsspirale – Soziologie als Gesellschaftskritik, in«: K. Dörre/S. Lessenich/H. Rosa (Hg.): Soziologie, Kapitalismus, Kritik. Eine Debatte, Frankfurt a.M. 2009, S. 87–125.

Ruckus, Ralf: »Hintergründe der Proletarisierung und Klassenneuzusammensetzung in China«, in: Sozial.Geschichte Online, 4 (2010), S. 30–35.

Sarbin, Theodore R. (Hg.): Narrative Psychology. The Storied Nature of Human Conduct, New York 1986.

Sayer, Andrew: »Contributive Justice and Meaningful Work«, in: Res Publica, 15 (2009), S. 1–16.

Schatz, Holger: Arbeit als Herrschaft. Die Krise des Leistungsprinzips und seine neoliberale Rekonstruktion, Münster 2004.

Schätzl, Ludwig: Wirtschaftsgeographie. 1: Theorie, Paderborn 1978.

Schätzl, Ludwig: Wirtschaftsgeographie. 3: Politik, Paderborn 1986.

Scheuplein, Christoph: »Die Regulationstheorie in der deutschsprachigen Wirtschaftsgeographie: Bilanz und Perspektiven«, in: W. Krumbein u.a. (Hg.): Kritische Regionalwissenschaft. Gesellschaft, Politik, Raum – Theorien und Konzepte im Überblick, Münster 2008, S. 50–167.

Schier, Michaela: Münchener Modefrauen. Eine arbeitsgeographische Studie über biographische Erwerbsentscheidungen in der Bekleidungsbranche, München/Mering 2005.

Schildt, Axel: »Fünf Möglichkeiten, die Geschichte der Bundesrepublik zu erzählen«, in: Blätter für deutsche und internationale Politik, 10 (1999), S. 1234–1244.

Schlick, Christopher M./Bruder, Ralph/Luczak, Holger: Arbeitswissenschaft, Heidelberg/Berlin 2010.

Schmidt am Busch, Hans-Christoph: »Lassen sich die Ziele der Frankfurter Schule anerkennungstheoretisch erreichen? Überlegungen im Ausgang von Nancy Fraser und Axel Honneths politisch-philosophischer Kontroverse«, in: Deutsche Zeitschrift für Philosophie Sonderband 21: Anerkennung, hrsg. von Hans-Christoph Schmidt am Busch und Christopher F. Zurn, Berlin 2009, S. 243–268.

Schmidt, Gert: »Arbeit und Gesellschaft«, in: F. Böhle, F./G. G. Voß/G. Wachtler (Hg.): Handbuch Arbeitssoziologie, Wiesbaden 2010, S. 127–147.

Schmitz, Charlotte: Regulation und Raum. Das Lohnverhältnis in Produktionsnetzwerken der Autozulieferindustrie in Mosel/Sachsen und Martorell/Katalonien, Frankfurt a.M. 1999.

Schöfer, Erasmus: Zwielicht. Die Kinder des Sisyfos Bd. 2, Berlin 2011.

Schößler, Franziska: Augen-Blicke. Erinnerung, Zeit und Geschichte in Dramen der neunziger Jahre, Tübingen 2004.

Schößler, Franziska: Börsenfieber und Kaufrausch. Ökonomie, Judentum und Weiblichkeit bei Theodor Fontane, Heinrich Mann, Thomas Mann, Arthur Schnitzler und Émile Zola, Bielefeld 2009.

Schößler, Franziska/Bähr, Christine: Ökonomie im Theater der Gegenwart. Ästhetik, Produktion, Institution, Bielefeld 2009.

Schumann, Michael: Entwicklungstrends der Industriearbeit – Ansatzpunkte für gewerkschaftliche Arbeitspolitik, Göttingen 2014, online unter: http://www.sofi-goettingen.de/fileadmin/Michael_Schumann/Material/Statement_zur_IG_Metall_2014.pdf

Erhard Schütz: »›Niemand kann sich freuen wie ein guter Arbeiter.‹ Von der Arbeiterliteratur zur Literatur der Arbeitswelt und zur Arbeitswelt der Literatur«, in: www.kurt-schumacher-akademie.de/_data/Schuetz.pdf

Schütz, Erhard: »Literatur – Museum der Arbeit?«, in: D. Kift/H. Palm (Hg.): Arbeit – Kultur – Identität. Zur Transformation von Arbeitslandschaften in der Literatur, Essen 2007, S. 13–33.

Schweiger, Gottfried/Brandl, Bernd (Hg.): Der Kampf um Arbeit. Dimensionen und Perspektiven, Wiesbaden 2010.

Schweiger, Gottfried: »Die zeitliche Dimension sozialer Wertschätzung im Lebenslauf«, in: Prolegomena, 2/10 (2011), S. 239–264.

Schweiger, Gottfried: »Poverty and Critique in the Modern Working Society«, in: Critique. Journal of Socialist Theory, 4/41 (2013), S. 515–529.

Sennett, Richard: Der flexible Mensch. Die Kultur des neuen Kapitalismus, aus dem Amerikanischen von Martin Richter, Berlin 1998.

Sennett, Richard: Handwerk, aus dem Amerikanischen von Michael Bischoff, Berlin 2008.

Sennett, Richard: Zusammenarbeit. Was unsere Gesellschaft zusammenhält, aus dem Amerikanischen von Michael Bischoff, München 2012.

Silver, Beverly: Forces of Labor. Arbeiterbewegungen und Globalisierung seit 1870, aus dem Amerikanischen von Wildcat & friends. Berlin/Hamburg 2005.

Smith, Neil: Uneven Development. Nature, Capital and the Production of Space, Oxford 1984.

Stahl, Enno: »Alltag ohne Arbeit? Die Abwesenheit von Arbeit und Broterwerb in der jüngeren deutschen Erzählprosa«, in: H.-P. Preußer/A. Visser (Hg.): Alltag als Genre, Heidelberg 2009, S. 87–94.

Storper, Michael/Walker, Richard: The Capitalist Imperative. Territory, Technology, and Industrial Growth, New York 1989.

Strangleman, Tim: »The Nostalgia for Permanence at Work? The End of Work and Its Commentators«, in: The Sociological Review, 1/55 (2007), S. 81–103.

Strangleman, Tim: »Work Identity in Crisis? Rethinking the Problem of Attachment and Loss at Work«, in: Sociology, 46 (2012), S. 411–425.

Straub, Jürgen: »Biographische Sozialisation und narrative Kompetenz. Zu einigen psychologischen Voraussetzungen lebensgeschichtlichen Denkens«, in: E. Hoerning (Hg.): Biographische Sozialisation, Stuttgart 2000, S. 137–163.

Straub, Jürgen/Zielke, Barbara: »Autonomie, narrative Identität und die postmoderne Kritik des sozialen Konstruktionismus. ›Relationales‹ und ›dialogisches‹ Selbst als zeitgemäße Alternativen?«, in: J. Straub/F. Jäger, (Hg.): Was ist der Mensch, was Geschichte? Perspektiven einer kulturwissenschaftlichen Anthropologie, Bielefeld 2005, S. 165–210.

Süß, Winfried/Süß, Dietmar: »Zeitgeschichte der Arbeit: Beobachtungen und Perspektiven«, in: K. Andresen/U. Bitzegeio/J. Mittag (Hg.): Nach dem Strukturbruch? Kontinuität und Wandel von Arbeitswelten, Bonn 2011, S. 345–365.

Erwähnte und zitierte Literatur

Suwala, Lech: »Regionale Arbeitsmärkte«, in: E. Kulke (Hg.): Wirtschaftsgeographie Deutschlands. Heidelberg ²2010, S. 43–70.

Sydow, Jörg/Wirth, Carsten (Hg.): Arbeit, Personal und Mitbestimmung in Unternehmungsnetzwerken, München/Mering 1999.

Terkel, Studs: Working. People Talk About What They Do All Day and How They Feel About What They Do, New York 1974.

Thiel, Joachim: Creativity and Space. Labour and the Restructuring of the German Advertising Industry, Aldershot/Burlington 2005.

Thiel, Joachim: »Lokale Dimensionen der Entgrenzung von Arbeit: ein arbeits-geographischer Blick auf die Kultur- und Medienwirtschaft«, in: Geographische Zeitschrift, 1/2 96 (2008), S. 62–77.

Thompson, Edward P.: The Making of the English Working Class, London 1963.

Tommek, Heribert: »Das deutsche literarische Feld der Gegenwart, eine Welt für sich? Skizzen einer strukturellen Entwicklung, in das Beispiel der (westdeutschen) ›Tristesse-Royale‹-Popliteraten mündend«, in: I. Gilcher-Holtey (Hg.): Zwischen den Fronten. Positionskämpfe europäischer Intellektueller im 20. Jahrhundert, Berlin 2006, S. 397–417.

Townley, Barbara: Reframing Human Resource Management. Power, Ethics and the Subject of Work, London 1994.

Troitzsch, Ulrich/Wohlauf, Gabriele (Hg.): Technik-Geschichte. Historische Beiträge und neuere Ansätze, Frankfurt a.M. 1980.

Unger, Thorsten: Diskontinuitäten im Erwerbsleben. Vergleichende Untersuchungen zu Arbeit und Erwerbslosigkeit in der Literatur der Weimarer Republik, Tübingen 2004.

Unger, Thorsten: »Arbeit und Nichtarbeit in der Literatur. Texte dreier Jahrhundertwenden«, in: S. Brogi u.a. (Hg.): Repräsentationen von Arbeit. Transdisziplinäre Analysen und künstlerische Produktionen, Bielefeld 2013, S. 59–85.

van der Linden, Marcel: Transnational Labour History. Explorations (= Studies in Labour History), Aldershot u.a. 2003.

van der Linden, Marcel: Workers of the World. Essays toward a Global Labor History, Leiden/Boston 2008.

van der Linden, Marcel/Roth, Karl Heinz (Hg.): Über Marx hinaus, Arbeitsgeschichte und Arbeitsbegriff im 21. Jahrhundert, Berlin 2009.

van der Linden, Marcel: »Global Labor History«, in: Jahrbuch für Forschungen zur Geschichte der Arbeiterbewegung, 1 (2010), S. 72–75.

van der Linden, Marcel: Transnational Labour History, in: G. Budde, S. Conrad, O. Lanz (Hg.): Transnationale Geschichte. Themen, Tendenzen und Theorien, Göttingen 2010, S. 265–284.

van Dyk, Silke/Lessenich, Stephan: »Unsichere Zeiten. Die paradoxale ›Wiederkehr‹ der Unsicherheit«, in: Mittelweg 36, 5 (2008), S. 13–45.

Vasek, Thomas: Work-Life-Bullshit. Warum die Trennung von Arbeit und Leben in die Irre führt, München 2013.

Vogel, Berthold: Die Staatsbedürftigkeit der Gesellschaft, Hamburg 2007.

Vogel, Berthold: »Überflüssige in der Überflussgesellschaft?«, in: H. Bude/A. Willisch (Hg.): Exklusion. Die Debatte über die »Überflüssigen«, Frankfurt a.M. 2009, S. 154–160.

Vogl, Joseph: Kalkül und Leidenschaft. Poetik des ökonomischen Menschen, München 2002.

Vogl, Joseph: Das Gespenst des Kapitals, Zürich 2010.

Voswinkel, Stephan: »Bewunderung ohne Würdigung? Paradoxien der Anerkennung doppelt subjektivierter Arbeit«, in: A. Honneth (Hg.): Befreiung aus der Mündigkeit. Paradoxien des gegenwärtigen Kapitalismus, Frankfurt a.M. 2002, S. 65–92.

Voswinkel, Stephan: Welche Kundenorientierung? Anerkennung in der Dienstleistungsarbeit, Berlin 2005

Voswinkel, Stephan: »Arbeit und Subjektivität«, in: K. Dörre/D. Sauer/V. Wittke (Hg.): Kapitalismustheorie und Arbeit. Neue Ansätze soziologischer Kritik, Frankfurt a.M./New York 2012, S. 302–315.

Voß, G. Günter/Pongratz, Hans J.: »Der Arbeitskraftunternehmer. Eine neue Grundform der Ware Arbeitskraft?«, in: Kölner Zeitschrift für Soziologie und Sozialpsychologie, 1/50 (1998), S. 131–158.

Voß, G. Günter: »Was ist Arbeit? Zum Problem eines allgemeinen Arbeitsbegriffs«, in: F. Böhle/G. G. Voß/G. Wachtler (Hg.): Handbuch Arbeitssoziologie, Wiesbaden 2010, S. 23–80.

Weber, Alfred: Ueber den Standort der Industrien. Erster Teil. Reine Theorie des Standorts. Tübingen 1909.

Weber, Alfred: »Industrielle Standortslehre (Allgemeine und kapitalistische Theorie des Standortes)«, in: E. Gothein/F. Leitner/E. Schwiedland (Hg.): Grundriss der Sozialökonomik. Abt. VI: Industrie, Bergwesen, Bauwesen, Tübingen 1914, S. 54–82.

Weiskopf, Richard (Hg.): Menschenregierungskünste. Anwendungen poststrukturalistischer Analyse auf Management und Organisation, Wiesbaden 2003.

Hayden White: »The Value of Narrativity in the Representation of Reality«, in: W.J.T. Mitchell (Hg.): On Narrative, Chicago 1981, S. 1–23.

Williams, Bernard: Ethics and the Limits of Philosophy, Cambridge 1985.

Wirsching, Andreas: »Durchbruch des Fortschritts. Die Diskussion über die Computerisierung in der Bundesrepublik«, in: M. Sabrow (Hg.): ZeitRäume. Potsdamer Almanach, Göttingen 2009, S. 207–218.

Wolf, Harald: Arbeit und Autonomie. Ein Versuch über die Widersprüche und Metamorphosen kapitalistischer Produktion, Münster 1999.

Zahl, Peter-Paul: Von einem, der auszog, Geld zu verdienen [1970], Frankfurt a.M. 1976.

Zeller, Christian: »Rescaling power relations between trade unions and corporate management in a globalising pharmaceutical industry: the case of the acquisition of Boehringer Mannheim by Hoffman-La Roche«, in: Environment and Planning A, 9/32 (2000), S. 1545–1568.

Zeller, Christian: »Bausteine zu einer Geographie des Kapitalismus«, in: Zeitschrift für Wirtschaftsgeographie, 3/4 47 (2003), S. 215–230.

Zeller, Christian: »Globalisierung der Arbeit und der Verunsicherung«, in: Geographische Zeitschrift, 1/2 96 (2008), S. 76–96.

Die Beiträger_innen des Bandes

Peter Birke, Dr. phil, zwischen 1985 und 1997 Offsetdrucker in Frankfurt am Main und Hamburg. Studium der Geschichtswissenschaft, Skandinavistik und Politologie in Hamburg und Kopenhagen. Dissertation (2006): Wilde Streiks im Wirtschaftswunder. Arbeitskämpfe und soziale Bewegungen in der Bundesrepublik und Dänemark, Frankfurt a.M./New York 2008. 2007–2013 Erwachsenenbildner (u.a. Arbeit und Leben e.V.), 2007–2012 freier Mitarbeiter der Rosa-Luxemburg Stiftung, Berlin, Projekte zur Geschichte der Neuen Linken, zur Prekarisierung der Arbeits- und Lebensverhältnisse sowie zur gewerkschaftlichen Organisierung im transnationalen Maßstab. 2009–2012 Lehrbeauftragter und Lehrkraft für besondere Aufgaben am Fachbereich Sozialökonomie der Universität Hamburg. Forschende Arbeit zu urbanen sozialen Bewegungen, insbesondere zu den »Recht auf Stadt«-Netzwerken sowie zu Hausbesetzungen in Protesten in der (sozialen und sozial-geografischen) Peripherie von Großstädten. Seit 2012 wissenschaftlicher Mitarbeiter im Soziologischen Forschungsinstitut Göttingen: derzeit im Projekt Re_SOZ_IT, in dem arbeitssoziologische Datensätze aus über 40 Jahren SOFI-Forschung sekundäranalytisch ausgewertet werden. Lehrforschungsprojekt (mit Jürgen Kädtler) zu Arbeitsbedingungen und Tarifpolitik in Sozial- und Erziehungsdiensten.

Jürgen Bönig, Dr., Studium der Soziologie, Philosophie, Informatik und Technikgeschichte an der Universität Hamburg, 1978 VW-Forschungsprojekt zu determinierenden Faktoren und zur Struktur des Entwicklungsprozesses technischer Neuerungen (ca.1850–1960); Promotion bei U. Troitzsch: Die Einführung von Fließbandarbeit in Deutschland bis 1933. Zur Geschichte einer Sozialinnovation, Münster/Hamburg 1990; beteiligt an der Entwicklung des Hamburger Instituts für Sozialforschung. Museum der Arbeit, Hamburg: ab 1982 ehrenamtlich im Museumsverein, seit 1990 wissenschaftlicher Angestellter. Mitglied des Personalrats der Kulturbehörde und des Museum der Arbeit während der Umwandlung der staatlichen Museen in Stiftungen. Als Technikgeschichtler zuständig für grafisches Gewerbe mit zahlreichen Büchern in traditionellen Techniken; Arbeiterbewegung, Nahrungs- und Genussmittelindustrie, Gummi-Industrie, Metallbearbeitung und Verkehrswesen; Ausstellungen mit Begleitpublikationen Ausstellungen mit Begleitpublikationen u.a.

Die Beiträger_innen des Bandes

2002 *Unterwegs, 90 Jahre Hamburger U-Bahn;* 2005 *Zwangsarbeit in Hamburg 194–945;* 2008 *Tempo – auf 3 Rädern durch die Stadt;* 2009 *Hamburg und seine Brücken;* 2010 *Zwiebelfische, Jimmy Ernst – Glückstadt – New York;* 2011 *Tunnel, Hamburg und seine Unterwelt;* 2012 *Die Stadt und das Auto, Wie der Verkehr Hamburg veränderte.* »Zur Geschichte der Kinderarbeit in Deutschland und Europa«, in: Aus Politik und Zeitgeschichte 43/2012. Seit 2010 Lehraufträge bei den Q-studies der HafenCityUniversität.

Torsten Erdbrügger, M.A., Studium der Komparatistik, Germanistik und Geschichtswissenschaft in Bielefeld und Prag (Erasmus), Mitglied des Graduiertenzentrums Geistes- und Sozialwissenschaften der Universität Leipzig, Stipendiat der Landesgraduiertenförderung des Freistaates Sachsen 2009–2011, wissenschaftliche Hilfskraft am Geisteswissenschaftlichen Zentrum Geschichte und Kultur Ostmitteleuropas (01/02 2013/14) und am Zentrum für Frauen- und Geschlechterforschung an der Universität Leipzig (07–09 2014), Arbeit an einer Promotion zu intellektuellen und poetologischen Differenzsetzungsstrategien in der Gegenwartsliteratur; Aufsätze und Forschungsinteressen im Bereich kulturwissenschaftlicher Paradigmen der Literaturwissenschaft, Literarisierung von Gender und Memoria, Intellektuellensoziologie und -geschichte, Erzählbarkeit von Arbeit und Krise. Zuletzt erschienen: Omnia vincit labor? Narrative der Arbeit – Arbeitskulturen in medialer Reflexion, hrsg. zusammen mit Ilse Nagelschmidt und Inga Probst, Berlin 2013; Leibesvisitationen. Der Körper als mediales Politikum in den (post)sozialistischen Kulturen und Literaturen, hrsg. zusammen mit Stephan Krause, in Verbindung mit Gudrun Heidemann und Artur Pełka, Heidelberg 2014.

Friedericke Hardering, Dr. phil., Studium der politischen Wissenschaft, deutschen Philologie und Geschichte an der RWTH Aachen, seit 2012 wissenschaftliche Mitarbeiterin am Fachbereich Gesellschaftswissenschaften der Goethe-Universität Frankfurt am Main. Aktuell Projektleitung im DFG geförderten Projekt: Gesellschaftliche Vorstellungen sinnvoller Arbeit und individuelles Sinnerleben in der Arbeitswelt (2014–2016). 2011 Promotion an der RWTH Aachen zum Thema »Unsicherheiten in Arbeit und Biographie«. Zwischen 2010 und 2012 Mitarbeit in verschiedenen Forschungsprojekten. Arbeitsschwerpunkte: Arbeitssoziologie, Sinn und Zufriedenheit in der Arbeitswelt, Arbeit und Gesundheit. Zuletzt erschienen: »Zwischen Glücksjagd und Sinnsuche in der Arbeitswelt. Über die Beschaffenheit und subjektive Aneignung moderner Glücksvorstellungen der Arbeit«, in: Sozialwissenschaften und Berufspraxis, 2/37 (2014).

Axel Haunschild, Prof. Dr., studierte Wirtschaftsingenieurwesen in Hamburg und ist seit 2011 Direktor des Instituts für interdisziplinäre Arbeitswissenschaft sowie Leiter des Weiterbildungsstudiums Arbeitswissenschaft an der Leibniz Universität Hannover. Er lehrte an den Universitäten Hamburg, Innsbruck und Trier sowie am Royal Holloway College der University of London. Seine Forschungsgebiete sind u.a. neue Arbeits- und Organisationsformen, Organisationstheorien, kreative Industrien und Künstlerarbeitsmärkte, Mitbestimmung und Work-Life Boundaries sowie aktuell theoretische und methodologische Grundfragen einer interdisziplinären Arbeitswissenschaft. Er publizierte u.a. in den Zeitschriften Human Relations, Journal of Organizational Behavior, British Journal of Industrial Relations und International

Journal of Human Resource Management. Neuere Buchpublikationen als Koautor bzw. Mitherausgeber: »Niemand weiß immer alles« – Über den Zusammenhang von Kompetenz- und Organisationsentwicklung in der Wissensarbeit, Berlin 2013 und: Work-Learn-Life-Balance in der Wissensarbeit, Wiesbaden 2014.

Ilse Nagelschmidt, Prof. Dr., studierte Germanistik, Geschichte und Pädagogik an der Universität Leipzig. 1975–1978 Arbeit als Lehrerin, 1978–1992 Assistentin im Hochschuldienst an der Universität Leipzig. Promotion 1983 zum Thema »Das Bild der Frau in der DDR-Literatur der fünfziger und sechziger Jahre«. 1991 Habilitation über »Frauenliteratur in der DDR. Soziales und literarisches Bedingungsgefüge, Wesen und Erscheinungsformen«. Seit 1992 wissenschaftliche Mitarbeiterin, seit 1996 Professorin an der Universität Leipzig. Seit 2005 Direktorin des Zentrums für Frauen- und Geschlechterforschung der Universität Leipzig. Forschungsschwerpunkte: Methoden der Frauen- und Geschlechterforschung, Literatur des 20. Jahrhunderts unter Berücksichtigung der von Frauen geschriebenen Texte sowie kulturwissenschaftliche Konzepte der Germanistik. Zuletzt erschienen: Heimat als Chance und Herausforderung. Repräsentationen der verlorenen Heimat, hrsg. zusammen mit Carme Bescansa, Berlin 2013 und Omnia vincit labor? Narrative der Arbeit – Arbeitskulturen in medialer Reflexion, hrsg. zusammen mit Torsten Erdbrügger und Inga Probst, Berlin 2013.

Sabine Pfeiffer, Prof. Dr. phil., nach der Ausbildung und mehreren Jahren Tätigkeit als Werkzeugmacherin im Zweiten Bildungsweg Studium der Soziologie, Philosophie und Psychologie in Hagen; Mitglied im Sonderforschungsbereich »Reflexive Modernisierung« (1999–2009), wissenschaftliche Mitarbeiterin am Institut für Sozialwissenschaftliche Forschung e.V. (ISF München; 2000–2010); 2003 Promotion zu Arbeitsvermögen und Informatisierung; 2009 Habilitation über die Dialektik von Stoff und Leib. 2010–2014 Professur für Innovation und kreative Entwicklung an der Hochschule München; seit 2014 Lehrstuhl für Soziologie an der Universität Hohenheim. Aktuelle Forschungsschwerpunkte: Digitalisierung von Arbeit und Industrie 4.0, Berufliche Bildung und organisationales Arbeitsvermögen sowie Ernährungsarmut und Armutskonsum. Zuletzt erschienen: Die verdrängte Realität. Ernährungsarmut in Deutschland, Wiesbaden 2014; »Digital Labour and the Use-value of Human Work«, in: Journal for a Global Sustainable Information Society 2014; »Erfahrungswissen, oder: Von der Bedeutung des sinnlichen Lernens in der ›Wissensgesellschaft‹«, in: W. Schröter (Hg.): Identität in der Virtualität. Mössingen-Talheim 2014.

Inga Probst, M.A., Studium der Komparatistik, Germanistik und Anglistik in Bielefeld, Promotionsstudium am Leipziger Graduiertenzentrum Geistes- und Sozialwissenschaften, Stipendiatin der Landesgraduiertenförderung des Freistaates Sachsen 2011–2013, wissenschaftliche Mitarbeiterin am Geisteswissenschaftlichen Zentrum Geschichte und Kultur Ostmitteleuropas (GWZO) an der Uni Leipzig. Forschungsprojekt in der Projektgruppe »Spielplätze der Verweigerung. Topographien und Inszenierungsweisen von Gegenöffentlichkeit in Ostmitteleuropa«, Arbeit an einer Promotion zu »Vakante Landschaft. Postindustrielle Geopoetik bei Volker Braun, Kerstin Hensel und Wolfgang Hilbig.« Arbeitsschwerpunkte: In/Offizielle DDR-Literatur, Literarische Raum- und Landschaftskonstruktionen, Interkulturelle Literatur, Deutschsprachige Literatur im ostmitteleuropäischen Vergleich, Arbeit

Die Beiträger_innen des Bandes

und Mobilität (in) der Literatur. Zuletzt erschienen: Omnia vincit labor? Narrative der Arbeit – Arbeitskulturen in medialer Reflexion, Berlin 2013, hrsg. zusammen mit Torsten Erdbrügger und Ilse Nagelschmidt; »›Mein Name ist Georg‹ – Zur Subjektinszenierung im Werk Jan Faktors«, in: V. Lengyel (Hg.): Konturen der Subjektivität in den Literaturen Ostmitteleuropas im 20. und 21. Jahrhundert, Hildesheim 2013, 159–182.

Christoph Scheuplein, Dr. phil., Studium der Soziologie und Volkswirtschaftslehre an der FU Berlin, wissenschaftlicher Mitarbeiter an der FU Berlin (1995–1997), Promotionsstipendiat der Hans-Böckler-Stiftung, wiss. Mitarbeiter an der Europa-Universität Viadrina Frankfurt (Oder) (2000–2004) und Promotion an der Viadrina im Jahr 2005. Wiss. Mitarbeiter bei einer Fraktion des Abgeordnetenhauses von Berlin und der IMU-Institut Berlin GmbH (2004–2007), ab 2007 Akademischer Rat an der Westfälischen Wilhelms-Universität Münster, im Sommersemester 2015 Vertretung der Professur für Kulturgeographie an der Katholischen Universität Eichstätt-Ingolstadt. Forschungsinteressen in der Wirtschafts-, Industrie- und Kulturgeographie sowie in der Geschichte der Humangeographie. Zuletzt erschienen: Private Equity Monitor 2013. Eine aktuelle Bestandsaufnahme zur Übernahmetätigkeit von Private Equity Investoren in Deutschland (Reihe: Mitbestimmungsförderung Report, Nr. 7), Düsseldorf 2015; »Internationalisierung des deutschen Beteiligungskapital-Marktes«, in: Geographische Rundschau, 2 (2015), 26–31.

Gottfried Schweiger arbeitet seit 2011 am Zentrum für Ethik und Armutsforschung an der Universität Salzburg und leitet dort seit April 2014 das dreijährige Forschungsprojekt »Social Justice and Child Poverty«, gefördert vom Österreichischen Wissenschaftsfonds (FWF). Er ist Gründungsmitglied und Ko-Herausgeber der Zeitschrift für Praktische Philosophie sowie Gründungsmitglied des Netzwerks Philosophie & Kindheit und Board Member von Academics Stand Against Poverty (ASAP) Austria sowie des Global Chapter Committee von ASAP Global. Seine Forschungsinteressen und Arbeitsgebiete liegen im Bereich der Sozial- und politischen Philosophie mit einem Schwerpunkt auf Armut, Arbeit, (soziale & globale) Gerechtigkeit, Kindheit sowie Sportphilosophie. Jüngere Publikationen umfassen u.a.: (mit Gunter Graf) A Philosophical Examination of Social Justice and Child Poverty, Basingstoke 2015; (mit Helmut P. Gaisbauer & Clemens Sedmak, Hrsg) Philosophical Explorations of Justice and Taxation. National and Global Issues, Dordrecht/New York, NY 2015; »Recognition Theory and Global Poverty«, in: Journal of Global Ethics 3/10 (2014), 267–273; »Social Justice and Professional Sports«, in: International Journal of Applied Philosophy 2/28 (2014), 373–389 sowie »Absolute und relative Kritik der Armut«, in: Zeitschrift für philosophische Forschung 2/67 (2013), 263–286. Weitere Informationen finden sich auf seiner Homepage: www.uni-salzburg.at/zea/schweiger